MADONNA

Pop Confessions

par Daniel ICHBIAH

City Editions
Biographie

© **City Editions 2006**

Photo de couverture: © Photo-Journalists International / Corbis Kipa

ISBN : 2-915320-70-5
Code Hachette : 50 1988 0

Rayon : Musique / Biographies

Collection dirigée par Christian English et Frédéric Thibaud

Catalogues et manuscrits : www.city-editions.com

Dépôt légal : premier semestre 2006
Imprimé en France par France Quercy, Cahors
N° d'impression : 60274/

SOMMAIRE

Itinéraire d'une légende

Une rue, une place des fêtes, une manifestation populaire, une piste de danse… Des personnes avancent, se croisent et s'entremêlent. Des regards s'échangent ou se rejettent, des mains s'effleurent ou se cherchent...

Tandis que s'anime la comédie humaine, quelques rayons de soleils émergent d'un col ou d'une capuche. Quelques enfants découvrent le monde avec un mélange d'appréhension, de désir et d'effarement. À quoi jouent au juste les grands ?

Celui qui observe ces visages de poupons pris sur le vif serait bien en mal de prédire lesquels d'entre eux seront les Merryl Streep, les Mick Jagger et les Salvador Dali de demain. Tant d'ingrédients semblent participer au *making of* d'une destinée qu'il serait hasardeux de se livrer à des paris précoces. Cette petite fille studieuse de cinq ans sera-t-elle une anonyme heureuse de son sort ou une star adulée de tous mais vivant dans l'angoisse d'un potentiel désamour ?

Un regard rétroactif sur la jeunesse d'une célébrité est trompeur, car teinté de la connaissance de l'ultérieur. Un peu comme ces diseuses de bonne aventure qui affirment qu'elles auraient prédit, à mots couverts, quelques événements récents. Le mutisme de Michael Stipe l'a-t-il prédestiné à libérer son expression au sein du groupe REM ? La jeunesse tranquille de Bill Gates a-t-elle favorisé son ascension sociale tout comme la rébellion de Steve Jobs ? Madonna serait-elle devenue ce qu'elle est si elle n'avait été confrontée à un drame familial au cours de sa plus tendre enfance ? Difficile de le dire...

Parvenir au sommet est une chose. Y demeurer au fil des décennies est plus impressionnant encore. Chaque génération réclame de nouvelles idoles, de préférence jeunes et dans l'air du temps. Pour plaire à ceux qui auraient tôt fait de vous déclarer « ringard », il faut entretenir une forte capacité à se remettre en question, une faculté à accaparer les courants en émergence avec intelligence, sans trahir ce que l'on est fondamentalement. Gainsbourg et Bono y sont parvenus. Madonna maîtrise la chose avec brio et raffinement.

Les légendes sont souvent admirables à plus d'un titre et Madonna ne fait pas exception. Si les qualités de chanteuse, de danseuse et d'organisatrice de spectacles de Madonna sont bien connues, il est plus rare que l'on fasse son éloge comme auteur, actrice ou mannequin. Pourtant, elle a écrit ou coécrit la majeure partie de ses propres *hits*. Il suffit par ailleurs de voir le film *Evita* pour constater qu'elle a le don d'entrer dans un rôle au point de faire oublier sa propre nature. Madonna est aussi un *model* apprécié des grands couturiers pour son aisance à doter chaque parure de son immense classe personnelle.

L'itinéraire de la Ciccone est pourtant complexe et l'a amenée à prendre bien des routes sinueuses et risquées, où d'autres se seraient perdus. Pourtant, l'un de ses atouts est d'être multiforme à un tel point que chacun peut puiser en elle ce qui fait écho à sa propre sensibilité.

Certains adulent la reine de la *dance*, d'autres se laissent happer par l'ambigu pollen qu'elle sait distiller pour ensorceler les mâles de tous poils. D'autres encore s'ajustent davantage à l'image de délicatesse qu'elle sait adopter à tout moment, balayant les clichés de la môme canaille des premières heures.

Incroyablement douée, Madonna surfe sur la vague de la beauté, avec délice…

- 1 -

Un appel à la frénésie

« *Si je n'avais ressenti un tel vide à l'âge de cinq ans, je n'aurais peut-être pas été aussi motivée. La vie paraissait trop brève et il fallait que je me dépêche. D'une certaine façon, une part de mon absence d'inhibition a été consécutive à la disparition de ma mère.* »

Quelque chose distingue sans doute ceux qui choisissent la voie de la célébrité, une force intérieure savamment entretenue. Un désir d'infléchir à sa façon le cours des événements. Un immense besoin d'être aimé à grande échelle.

Des dizaines de millions d'individus ont connu une jeunesse similaire à celle de Madonna. Pourtant, très peu ont su ou simplement souhaité atteindre la position enviable, mais aussi très inconfortable, qui consiste à resplendir dans le firmament au vu et au su de tous. Madonna, pour sa part, a très tôt cultivé ce germe qui mène à l'éclosion des stars.

D'origine italienne, la famille Ciccone a émigré aux Etats-Unis au tout début du XX° siècle et s'est installée dans la banlieue de Pittsburgh dans le Michigan. Né en 1934, Sylvio, que l'on prénomme couramment Tony s'est montré plus déterminé que ses quatre frères à gravir l'échelle sociale. Au terme d'études supérieures menées dans une école de Detroit, il est ressorti avec le statut envié d'ingénieur, pas peu fier d'être le premier de la famille à décrocher un diplôme. L'ambitieux Tony Ciccone est alors tombé amoureux d'une paisible fille de descendance franco-canadienne, portant l'étrange nom de Madonna Fortin. Ils se sont mariés en 1955 et peu après, Sylvio s'est vu embauché par le constructeur automobile Chrysler.

Sylvio Ciccone applique à la lettre le précepte de la Bible, « Croissez et multipliez. » Entre les années 1956 et 1962, lui-même et son épouse vont avoir six enfants. Madonna Fortin s'évertue à tenir la barre en s'occupant à plein temps de l'éducation de sa progéniture. Pour nourrir la petite famille, le père peut compter sur le salaire confortable qu'il perçoit de la société Chrysler.

Née le 16 août 1958, Madonna Louise est le troisième enfant des Ciccone et la première fille (deux frères, Anthony et Martin, l'ont précédée). La petite Madonna Louise aura ensuite deux petites sœurs et un frère : Paula, Christopher et Mélanie.

Les Ciccone sont de fervents catholiques. Dès son plus jeune âge, Madonna se rappelle que sa grand-mère l'implorait de venir à l'église avec elle et d'aimer Jésus. Sa mère, Madonna Fortin vit sa foi d'une manière si intense qu'elle en vient parfois à pratiquer la mortification des chairs. Il lui arrive de s'agenouiller sur des grains de riz ou de dormir sur des cintres.

Tony est un homme strict et travailleur, qui interdit à ses enfants de regarder les dessins animés du samedi matin à la télévision. La mère, Madonna Fortin, compense la dureté de son époux par d'énormes démonstrations de tendresse envers ses enfants, une immense disponibilité et de la gaieté à revendre ; lorsqu'elle réussit à se détendre, elle adore danser.

« Ce dont je me souviens, c'est qu'elle était très douce, gentille et féminine. C'était comme un ange pour moi... »

La présence d'un grand nombre d'enfants crée une atmosphère générale bruyante et parfois chaotique. Comme les aînés sont des garçons, Madonna doit se battre dès le plus jeune âge pour imposer ses vues.

« C'était comme de vivre dans un zoo, se rappelle Madonna. Il fallait tout partager. Durant plusieurs années, j'ai dormi dans le même lit que mes deux sœurs (un lit simple et non pas un lit double). »

Très tôt, la petite Madonna Louise, celle que l'on appelle couramment « Nonnie » au sein du foyer, se distingue par sa nature insoumise, tenant tête à ses frères aînés et refusant de se laisser intimider par eux. Elle aime par ailleurs attirer l'attention sur elle. À la télévision, elle découvre un jour l'enfant star qu'est Shirley Temple en train de danser et chanter, et se plaît alors à l'imiter. Un jour à l'âge de cinq ans, elle saute sur une table et soulève sa jupe tandis qu'elle danse et récolte un tonnerre d'applaudissements.

« J'avais déjà l'impression que le monde était à moi », dira plus tard la chanteuse.

La petite Madonna n'aura connu que cinq années d'enfance insouciante. Une faille s'immisce bientôt dans le calme édifice. Une lézarde qui ne cesse de grandir et de craqueler les fondations. Le cocon familial s'étiole pour laisser place à la cruauté de l'absence.

Au début de l'année 1963, les Ciccone apprennent en effet que Madonna Fortin est affectée par un cancer du sein. Pour les enfants, une telle annonce demeure long-temps irréelle. Trop jeune pour comprendre ce que sa mère ressent au juste, Madonna la voit dépérir durant de longs mois, négligeant parfois les tâches domestiques qu'elle assumait avec tant d'énergie. De temps à autre, elle tente de la secouer, mais en vain. « Arrête d'être comme cela ! », lui lance-t-elle un jour.

Madonna conserve le souvenir d'une femme courageuse qui tentait de dissimuler la peur au fond d'elle et n'a jamais tenu ses enfants au courant de ce qu'elle éprouvait. « Elle ne s'est jamais plainte. » Pourtant, alors que sa mère traverse les dernières semaines de sa vie, la petite Madonna a parfois l'impression que celle-ci se comporte comme une enfant et sent comme un besoin urgent de la cajoler. Et puis un jour, elle n'est plus là. Pour Madonna Fortin le rideau s'abaisse le 1er décembre 1963 alors qu'elle n'a que trente ans.

Comme dans un mauvais film, un tournant vient d'être pris et il intervient d'une façon précoce dans l'histoire. Comment intégrer une telle infortune dans la vision de l'existence ? Quelque chose ne tourne pas rond…

« La mort de ma mère a été un grand mystère pour moi quand j'étais enfant et personne ne me l'a vraiment expliqué. Elle était très religieuse et je n'ai donc jamais compris pourquoi on nous l'avait enlevée. Cela paraissait si injuste. Elle n'avait jamais rien fait de mal, donc souvent, je me demandais ce que j'avais fait de mal. [1] »

Le sentiment de manque sera durable et rien n'arrivera réellement à le résorber.

---

[1] *In Bed with Madonna*, Alec Keshishian.

Le destin de Madonna s'est-il forgé dans la force qu'elle a dû trouver en elle pour combler ce manque, suppléer à cette pénurie d'amour maternel, contre-attaquer avec panache l'injustice perçue ? Elle dira plus tard que cette disparition a été l'un des événements les plus douloureux auxquels elle ait dû faire face et que même adulte, même devenue l'une des plus grandes stars, elle n'avait toujours pas réussi à surmonter cette épreuve.

« Une telle absence m'a laissé avec l'ardent désir de remplir une sorte de vide [2]. »

Quelque chose va toutefois demeurer en filigrane durant son existence. Le sentiment d'amour donné sans compter par celle qui a lâché prise entretient un lien invisible qui va perdurer et trouver écho dans l'œuvre et les actes de Madonna.

Après une enfance écourtée, vient le temps des responsabilités trop vite assumées. Madonna prend en charge le rôle de mère de substitution pour les plus petits de la famille Ciccone, s'occupant de les nourrir et de les habiller. Si elle affectionne les moments de tendresse, elle déteste les corvées que représentent le changement des couches-culottes et la vaisselle.

Le vide affectif est d'autant plus profond qu'il n'est pas compensé par un surcroît de tendresse de la part de Tony. Il faut désormais vivre avec un père renfermé sur lui-même, capable de demeurer silencieux des heures durant, sans ressentir le moindre besoin de communiquer. « Mon père ne m'a jamais donné de conseils, il me donnait des ordres. » Madonna a toutefois rapporté que Tony avait pour qualité d'être cohérent dans ses paroles et ses actes. « Il ne prêchait

---

[2] *American Film*, juillet/août 1987.

pas une chose pour agir ensuite différemment. Il avait beaucoup d'intégrité. »

Tony Ciccone emploie de nombreuses nourrices pour s'occuper des tâches ménagères, mais celles-ci sont mal acceptées par les enfants. Un grand nombre de ces gouvernantes d'un jour rendent leur tablier au bout de quelques mois, ne pouvant supporter l'hostilité manifestée à leur égard.

Chrétien convaincu, Sylvio insiste pour que ses enfants reçoivent une stricte éducation catholique. En conséquence, Madonna Louise est obligée d'aller à la messe tous les matins avant l'école. Au niveau scolaire, elle fréquente de nombreux établissements religieux : Saint Andrews, Saint Fredericks et l'Académie du Sacré-Cœur. La petite Ciccone évolue dans un environnement où la peur de la punition se mêle à des images de sainteté. Bien qu'elle déplore la cruauté de quelques nonnes, Madonna est fascinée par l'aura que dégagent certaines d'entre elles. Ces femmes qui ont fait vœu de piété et arborent des croix immenses, ne se maquillent pas, ce qui fait ressortir la grâce de leurs visages placides. Durant un court moment de sa prime jeunesse, Madonna envisage d'inscrire sa propre vie dans un tel sillage :

« Durant ces années de pensionnat religieux, les bonnes sœurs apparaissaient comme des êtres surnaturels, magnifiques et merveilleux. Elles correspondaient tout à fait à l'idée que je me faisais des célébrités. Elles étaient l'élégance même. Je me répétais "je vais être bonne sœur", comme vous auriez dit "je vais être célèbre." »

En 1966, alors que Madonna a huit ans, Tony Ciccone épouse l'une des nourrices, la blonde et austère Joan Gustafson. Portée sur la discipline, mais foncièrement gentille, Joan ne parvient aucunement à se faire appeler

« Maman » par les enfants, qui rechignent tout autant à exécuter ses ordres. L'aînée des Ciccone cultive un sentiment de rancune envers son père pour avoir voulu remplacer sa mère. Les deux femmes entretiennent une lutte pour obtenir l'attention du chef de famille. Tony Ciccone aura deux nouveaux enfants avec sa nouvelle compagne : Jennifer et Mario.

Au moment de sa confirmation religieuse en 1967, Madonna choisit comme second prénom Véronica.

« C'est la femme qui a nettoyé le visage de Jésus, expliquera-t-elle plus tard. Les gens n'étaient pas supposés aider le Christ sur le chemin de sa crucifixion. Elle n'a pas eu peur de sortir du rang et d'essuyer sa sueur. Je l'ai aimé pour avoir fait cela et j'ai donc pris son nom. »

Dès l'école primaire, Madonna est la meilleure en classe et semble animée d'une soif de réussite irrésistible. Une autre raison la motive en ce sens : son père ne donne de l'argent de poche qu'à ceux de ses enfants qui obtiennent de bonnes notes en classe.

« Mon père cultivait une foi envers l'excellence orientée vers le leadership. Il était bon de maintenir un avantage compétitif. En étant fier de soi-même et en réussissant à l'école, il serait possible de tirer les bénéfices de son investissement. »

Au risque de rendre ses frères jaloux, Madonna obtient systématiquement le maximum de récompenses lors de la présentation du carnet de notes.

Dans le quartier de Pontiac où réside la famille, blancs et noirs cohabitent en bonne entente. Fort naturellement, la jeune Madonna a beaucoup d'amis de couleur. Lorsque ces derniers viennent chez elle, ils lui font écouter la musique du label Motown. Elle accroche spontanément à ces rythmes, à cette façon de poser la voix, ces chœurs et cet entrain. Dans le jardin ou dans le salon des Ciccone, ses copains se livrent à des numéros de danse qui la laissent pantoise.

« Lorsque j'étais petite, je regrettais de ne pas être née noire, reconnaît Madonna. J'étais incroyablement jalouse des filles de couleur car elles pouvaient porter des nattes dans leurs cheveux dressés. Je passais par un incroyable calvaire consistant à placer des fils de fer dans mes cheveux et à les tresser pour obtenir un effet similaire. »

Madonna dira plus tard qu'elle était la plus délurée des huit enfants Ciccone. À l'école, elle tente de surprendre une bonne sœur en train de se déshabiller, se demandant si les nonnes ont des poils comme tout le monde ! Elle aura confirmation de la chose mais devra s'éclipser avant d'avoir pu surprendre la religieuse totalement nue, sa complice de voyeurisme l'ayant convaincue de fuir avant d'être attrapée.

Au niveau personnel, Madonna a rapidement compris le pouvoir qu'elle détenait en affirmant sa féminité. Elle se sert adroitement de sa séduction pour obtenir des oncles et autres proches les cadeaux qu'elle désire et fait mouche.

« Je me suis battue en permanence pour attirer l'attention sur moi », dira plus tard la diva. Cette attirance pour les *sunlights* démarre très tôt et se double d'une propension à l'exhibitionnisme.

À la fin de l'année scolaire 1989, une fête est organisée à l'école religieuse de St Andrew's. La jeune Madonna y fait son premier scandale public. Sur la scène, elle se livre à une imitation de l'actrice Goldie Hawn et se dandine, quasiment nue, uniquement vêtue d'un bikini minuscule, le corps peint en vert fluo. Le public composé d'élèves et de parents demeure interloqué. Le verdict tombe sous trois formes distinctes :

« À la suite de cela, les garçons n'ont pas cessé de me courir après. Mes copines ne voulaient plus me parler. Quant à mon père, il m'a punie durant deux semaines. »

Avec l'adolescence, viennent les années de lycée. La famille ayant quitté Pontiac pour le quartier plus aisé de Rochester Hills, Madonna se retrouve dans une école publique. Elle est assez jolie et pourtant, à cette époque, elle n'apprécie pas son physique et se trouve trop grosse.

En cette fin des années soixante, la société américaine vit à l'heure des remises en question. Toutefois, à la maison, la discipline demeure stricte.

« Mon père catholique passait son temps à me réprimer », se souvient-elle.

Madonna n'a pas le droit de se maquiller, de porter des bas ou de se couper les cheveux. Pire encore, sa belle-mère Joan habille toutes les filles de la même manière, ce qui a le don d'horripiler l'aînée des Ciccone, soucieuse de manifester son individualité (Joan a formellement démenti cette affirmation de sa belle-fille). Cependant, il en faut davantage pour dompter une personnalité aussi têtue. Malgré la rigueur d'un tel écrin, Madonna parvient à se distinguer par des façons originales de se mettre en valeur, portant ses vêtements à l'envers, attachant des rubans à ses cheveux ou sa ceinture, ornant ses bras de bracelets ou superposant deux vêtements d'une manière inattendue. Par la force des choses, elle développe une façon de s'habiller et d'accessoiriser ses tenues qu'elle transformera en mode une décennie plus tard.

Dans le lycée de Rochester, Madonna brille par ses résultats scolaires tout en aimant afficher une attitude dévergondée. Elle fait partie des quelques élèves qui arrivent en uniforme et partent se changer dans les toilettes afin d'enfiler une jupe courte et de mettre du rouge à lèvres. Elève modèle, elle participe volontiers à la vie sociale de manière active. Elle fonde ainsi une société théâtrale qui organise des représentations de *My Fair Lady* et *Godspell*. Son professeur d'art dramatique dira d'elle qu'elle était de la « magie pure » dès lors qu'elle se retrouvait sur le devant de la scène et qu'il était impossible de ne pas la regarder. Comme d'autres filles de son âge, elle joue les « cheerleader », supporter de l'équipe de football du lycée. L'une de ses collègues se rappellera qu'un jour, alors qu'elles avaient formé une pyramide, Madonna a grimpé jusqu'au sommet et s'est renversée, dévoilant des collants couleur chair qui pouvaient brièvement donner l'impression qu'elle était nue.

À la maison, Tony insiste pour que tous ses enfants suivent des cours de musique. Madonna s'essaye au piano durant quelques mois, mais n'y trouve aucun plaisir. Au niveau musical, elle préfère nettement le son Motown à celui des airs classiques. Ses idoles ont pour nom Diana Ross et les Supremes ou Stevie Wonder. Elle entretient par ailleurs la passion de la danse, née de la fréquentation de ses amis noirs. Convaincre son père de lui laisser suivre des cours de danse jazz demeure une autre affaire.

Alors qu'elle se trouve dans sa dixième année d'école, Madonna remarque une lycéenne qui a entrepris d'être danseuse de ballet. Cette jeune fille l'impressionne… « Elle avait réellement l'air plus intelligent que la fille moyenne, d'une manière intéressante et peu habituelle.»

Madonna se lie à elle. Chemin faisant, elle se voit invitée à une classe de ballet à Rochester. Elle découvre alors les cours dispensés par un homme stylé et raffiné, Christopher Flynn. Fascinée par ce qu'elle voit, Madonna fait de son mieux pour se mêler à la classe qui compte de nombreux danseurs de ballet professionnels, travaillant de manière acharnée pour se mettre à niveau.

À partir de 1974, elle s'inscrit officiellement aux cours de Christopher Flynn. Sur les musiques de compositeurs tels que Chopin ou Vivaldi, elle manifeste une assiduité incessante, ne craignant pas de s'entraîner durant cinq heures d'affilée. Son professeur ne manque pas d'être impressionné par un tel acharnement à bien faire et ses progrès rapides. Cette adolescente est animée d'un insatiable désir d'apprendre et de s'améliorer.

Grâce à Flynn, elle découvre ce que peut être une personne baignant dans l'univers de l'art. « Il passait son temps à me dire que j'étais différente. Il n'a jamais dit que je ferais une grande carrière comme danseuse. Il me disait simplement : vous êtes spéciale. »

Flynn est le premier à lui faire prendre conscience de sa beauté. Un jour, alors qu'elle a enveloppé sa tête d'une serviette, à la façon d'un turban, il s'approche d'elle :

— Tu sais, tu es vraiment belle.

Désarçonnée, Madonna bredouille :

— Quoi ?

Personne ne lui a jamais dit cela auparavant. Flynn poursuit :

— Tu as un visage d'aspect ancien. Un visage qui ressemble à une statue romaine.

« J'étais sidérée. Je savais certes que je dégageais une certaine sensualité pour mon âge mais ne je m'étais jamais sentie belle avant qu'il ne me le dise. Et la façon dont il me l'a dit impliquait que c'était quelque chose d'intérieur, bien plus profond qu'une beauté superficielle. »

Une telle déclaration la laisse pantoise. Personne ne l'a encore éveillée à cet aspect d'elle-même… Flynn s'est toutefois confié en toute sincérité sans aucune arrière-pensée.

Cet homme de 45 ans est gay. À l'époque, Madonna ne comprend pas au juste ce que cela signifie. « Tout ce que je savais, c'était que mon professeur de ballet était différent de tous les autres gens. Il était si vivant. Il y avait une certaine théâtralité en lui. Il vous rendait fier de vous-même.[3] »

Les cours qu'elle suit en compagnie de Flynn aident la petite lycéenne à surmonter l'austérité de sa vie quotidienne. Madonna ne peut envisager d'aller au cinéma avec des copines et sortir avec des garçons est hors de question. Dans l'enceinte de l'établissement scolaire, elle se sent comme une outsider, une personnalité décalée, une bizarroïde. De plus en plus attirée par la sensualité, elle aime lire *L'amant de Lady Chatterley* de D.H. Lawrence.

Madonna en pince pour un garçon blond aux yeux très bleus, Ronny Howard. En vain… L'intéressé se prend très au sérieux et l'ignore. Elle tente de lui faire comprendre qu'elle est attirée par lui de mille façons :

« J'écrivais son prénom sur mes tennis, j'enlevais mon pull et le pourchassais dans toute la cour de récréation. Lorsqu'il sortait du lycée, je me trouvais toujours sur son chemin. »

Hélas, rien n'y fait ! Un jour, le bellâtre décoche la phrase assassine :

— Du vent, crapaud !

Humiliée, Madonna ravale sa colère.

« Quand il m'a rejetée, c'était comme si le ciel m'était tombé sur la tête ! »

Madonna et Christopher Flynn développent bientôt une relation de franche amitié, qui amène ce dernier à initier Madonna à l'univers du glamour et de la sophistication. L'influence qu'il exerce alors sur elle est énorme. « C'était

[3] *The Advocate*, 7 & 21 mai 1991.

pour moi un mentor, un père, un amant imaginaire, un frère, un peu tout à la fois. Parce qu'il me comprenait... Il est celui qui m'a dit que je pouvais y arriver si je le désirais », dira Madonna en évoquant le souvenir de son ami.

Flynn l'emmène visiter des musées et lui fait assister à son premier concert de rock (David Bowie au Cobo Holl). Elle est fascinée par le show du chanteur britannique, qui a recours à une mise en scène digne du théâtre. Comme une confiance mutuelle s'est instaurée entre la Ciccone et son professeur, celui-ci l'emmène danser dans un bar *gay* de Detroit. C'est la première fois de sa vie que Madonna se rend dans un club et c'est une révélation. À l'intérieur de la boîte de nuit, elle se sent comme un poisson dans l'eau. Elle découvre même une nouvelle perception de la danse qui ne lui apparaît plus seulement comme une activité sociale (comme lors des fêtes organisées à l'école) mais comme une expression artistique à part entière. La vision qu'elle entretient d'elle-même évolue en parallèle :

« Jusqu'alors, je m'étais toujours vue au travers des yeux de machos hétérosexuels. Comme j'étais réellement agressive, les garçons me trouvaient vraiment étrange. Je sais que je leur faisais peur. Pour eux, il y avait quelque chose qui clochait dans ma personnalité. Ils ne m'invitaient pas à sortir avec eux, et moi-même je ne me sentais pas à ma place dans leur environnement. Je ne me trouvais pas belle. J'avais l'impression que je ne pourrais jamais trouver ma place au milieu des majorettes et des filles parfaites qui sortaient avec les joueurs de football. Lorsque Christopher m'a initiée à cette nouvelle vie, j'ai soudain senti que mon comportement était accepté. C'était la seule façon que j'avais d'être. »

Au lycée de Rochester, un seul garçon daigne danser avec elle, le lycéen Russell Long, de deux ans son aîné.

« Je dansais de façon totalement démente. Russell avait une même extravagance dans ses mouvements. Il a gagné mon cœur parce qu'il n'avait pas peur de moi. » En décembre 1973, après une longue relation avec Russell, la Ciccone perd sa virginité dans les bras de ce partenaire de figures libres. Ils demeureront ensemble durant six mois.

Flynn prend l'habitude d'emmener Madonna dans des clubs gay où ils peuvent rester jusqu'au petit matin. La découverte de ce monde de la nuit influe sur son look : elle se coupe les cheveux, suit un régime pour affiner sa ligne, et ne se rase plus les aisselles, préférant s'affirmer telle qu'elle est. Au lycée, elle a cessé depuis belle lurette d'être « cheerleader. »

Le père de Madonna ignore tout de la vie nocturne de sa fille, et comme elle l'a rapporté, « il aurait pété les plombs s'il l'avait su. » Il ne sait pas davantage que son fils Christopher, qui a deux ans de moins, est lui-même gay, ce que Madonna réalise progressivement grâce à ce qu'elle a découvert avec Flynn.

« Lorsqu'il était jeune, Christopher était très beau et il y avait toujours des filles autour de lui, beaucoup plus que pour mes autres frères. Je savais qu'il avait quelque chose de différent, mais je ne comprenais pas quoi. Il y avait toujours des filles en sa présence mais dans le même temps, il n'avait pas de petite amie. Il semblait attirer les filles. Elles semblaient éprouver une incroyable affection pour lui et se sentir proche de lui d'une manière que je n'avais pas perçue entre les hommes et les femmes. »

Un jour, Madonna emmène son frère à sa classe de ballet, Christopher Ciccone ayant émis le désir d'apprendre la danse. Dès lors, elle perçoit quelque chose d'étrange...

« Je ne pourrais décrire exactement ce que c'était, mais j'ai eu la pensée : ça y est j'ai compris ! Je n'en ai pas parlé à mon frère, car je ne suis pas sûre que lui-même en était alors conscient. »

Attirée par le style de vie de son professeur de ballet, Madonna fréquente de plus en plus de danseurs. La chose n'est pas sans poser de souci : la plupart des danseurs qu'elle rencontre sont gays. « J'ai à nouveau éprouvé un sentiment de décalage, car je tombais constamment amoureuse de tels hommes et me sentais misérable. »

Lorsqu'elle atteint l'âge de 17 ans, Madonna termine ses études au lycée de Rochester avec six mois d'avance. Entre temps, Christopher Flynn a obtenu un poste de professeur de ballet à temps partiel à l'Université de Michigan à Ann Arbor. Le mentor de Madonna intervient auprès de la responsable de l'orientation de l'université afin que sa protégée puisse passer une audition. Une fois acceptée à l'université, Madonna se voit octroyer une bourse d'études, ce qui provoque, une fois n'est pas coutume, une grande fierté du côté paternel.

Arrivée à l'université, Madonna continue d'affirmer sa différence en adoptant une coiffure punk, et en soulignant ses yeux de larges traits noirs. Elle porte des combinaisons de vêtements originaux qui amènent à la remarquer du premier coup d'œil (par exemple, elle n'hésite pas à déchirer son justaucorps pour lui donner une allure inattendue.)

Au niveau de la danse elle-même, Madonna fait preuve une fois de plus d'une ténacité de tous les instants, démarrant ses exercices au petit matin alors que les autres élèves sont encore endormis. Elle combine cette ardeur de l'effort à un goût de la recherche dans les mouvements.

Sentimentalement, elle commence une liaison avec Steve Bray, un jeune serveur noir du café *Blue Frogge*, un établissement qui attire toutes sortes d'étudiants. Steve est alors batteur dans un groupe de R&B.

« Steve Bray est le premier garçon que j'ai jamais autorisé à m'offrir à boire. Il avait une allure irrésistible. »

La romance qu'ils vivent ensemble pousse Madonna à voyager dans le Michigan aux côtés de son boyfriend tandis qu'il se produit avec son groupe dans divers clubs nationaux. Ils vivent une relation passionnée qui connaît des hauts et des bas.

Le cycle de formation de danseuse que suit Madonna à l'Université du Michigan s'étale sur une année et demie. Pourtant, le cadre de ce simple enseignement lui paraît bien trop restrictif. Les mois passent et Madonna s'ennuie dans le Michigan. Flynn lui-même est persuadé que son destin est ailleurs. « Arrête de perdre ton temps chez les ploucs ! scande-t-il. Bouge tes fesses et file à New York ! »

Au bout de ces trois semestres de danse classique, elle décide de suivre son conseil. Elle va bientôt avoir 20 ans et s'effraye de voir son existence stagner. Une seule solution : partir sans attendre pour New York. Il lui faut préalablement affronter l'ire de son père et de sa belle-mère qui fulminent à l'idée qu'elle puisse abandonner ses études avant d'avoir obtenu un diplôme. Durant plusieurs semaines, des scènes quasiment hystériques se déroulent lors des dîners à la maison, mais l'aînée des Ciccone refuse de lâcher prise.

Madonna part donc sans le moindre sou, et sans pouvoir aucunement compter sur une aide de sa famille. C'est un envol vers l'inconnu, un pari insensé pour une fille qui ne connaît absolument personne à New York et ignore encore au matin de son départ où elle va dormir au juste… Elle est simplement animée d'une furieuse envie d'en découdre avec la vie, quelque chose qui ressemble à un feu sacré :

« J'ai toujours été certaine que j'aurais le monde à mes pieds. Je savais que je n'aurais pas le même destin que mes camarades de classe qui ne rêvaient que de trouver le mari idéal. »

- 2 -

Les années galère

« Chaque mois, c'était une course folle pour payer le loyer et faire entrer un peu de nourriture dans l'appartement. J'ai eu à me nourrir dans les poubelles. [1] »

Nous sommes en juillet 1978. Madonna s'envole pour New York avec en tout et pour tout 35 dollars en poche. C'est la première fois de sa vie qu'elle monte dans un avion et dans sa valise, elle a fourré, outre sa poupée préférée, une paire de chaussures de ballet et de nombreux bodys. Un tel attirail devrait amplement suffire puisque Madonna a le don de développer des looks originaux à peu de frais.

Elle peut ainsi déchirer un body pour en rattacher les parties au moyen d'épingles à nourrice. Malgré la chaleur ambiante, elle a revêtu son manteau d'hiver, ayant entendu

---

[1] Conférence de presse au printemps 1983.

dire que les gelées de Noël sont ardues dans la ville des gratte-ciel.

À l'aéroport de La Guardia, elle avise un chauffeur de taxi qui lui demande où elle veut se rendre.

— Emmenez-moi là où ça bouge ! se contente de répliquer la nouvelle arrivante.

Ce sera donc direction Time Square ! Lorsqu'elle descend de la voiture jaune, la fille du Michigan se retrouve dans le cœur touristique de New York. Le souffle coupé, elle se retrouve au milieu des cinémas, musées et boutiques, autant de façades surmontées de la lumière artificielle des néons et panneaux publicitaires. Instantanément, elle ajuste sa vibration personnelle à l'atmosphère ambiante, comme si elle attendait ce moment depuis trop longtemps. Pas de doute, cette ville est *funky* ! Time Square grouille d'une activité débordante, chaque signe, chaque panneau rivalisant avec son voisin pour capter l'attention. Si les passants paraissent indifférents au bruit incessant de la circulation, alors pourquoi ne s'y habituerait-elle pas ?

Le souci immédiat de la jeune provinciale fraîchement débarquée est de trouver un toit pour la nuit. Comme grisée par la frénésie ambiante, Madonna aborde tout simplement des inconnus dans la rue, demandant à la volée si quelqu'un connaît un bon endroit pour dormir. Et ce culot lui porte chance : une bonne âme lui offre une pièce munie d'un sofa pour deux semaines, le temps de dénicher un lieu où se poser dans la mégalopole.

Quinze jours passent. La chambre que Madonna parvient à louer avec ses maigres sous se situe au quatrième étage du 232 de la 4ème Rue et brille par son absence du moindre confort. Elle n'abrite pas même l'ombre d'un lit. Été comme hiver, la jeune fille du Michigan va donc dormir à même le sol, une situation d'autant moins reluisante que la chambre est visitée par des cafards... Les installations sanitaires sont à l'avenant : la pièce n'est pas alimentée en eau chaude. Afin de pouvoir au moins payer son loyer, Madonna se restreint sur la nourriture et subsiste en absorbant du pop-corn, des fruits et des yaourts. Il va parfois lui arriver de soulever le couvercle des poubelles afin de vérifier si elle peut trouver sur le sommet quelque chose de décent à consommer. Même si elle vit dans le plus grand dénuement, elle ne mange que des mets frais et se refuse à consommer de la viande, étant végétarienne. Une nuit, le radiateur met le feu au plancher de sa chambre. Elle n'aura que le temps de courir dans la rue où elle se retrouve en chemise de nuit.

Pour survivre dans la tentaculaire New York, Madonna multiplie les petits boulots précaires. Elle fait office de serveuse chez *Burger King* ou chez *Amy's*, avant de trouver un poste d'assistante dans un club de sport à raison d'une journée par semaine. Chez *Dunkin' Donuts*, où l'on sert des beignets fourrés de confiture 24 heures sur 24, elle devient vendeuse à mi-temps. Elle se fait toutefois mettre à la porte pour avoir éclaboussé un client avec un beignet à la confiture.

« Un grand nombre de mes jobs ne duraient qu'une journée. J'avais pour défaut de ne pas me laisser faire et de répondre sans mâcher mes mots. Du coup, je me faisais parfois virer au bout d'une journée. [2] »

Si Madonna est montée à New York, c'est pour mener une carrière dans l'univers du spectacle. À cette fin, elle multiplie les démarches auprès des services de la municipalité et son acharnement paie : elle décroche rapidement une bourse et dès lors, elle peut suivre un entraînement

---

[2] Mark Bego, *Madonna Blonde Ambition*, Cooper Square.

de danseuse dans la troupe mondialement célèbre d'Alvin Ailey. Un temps, elle est employée à l'Alvin Ailey Dance Theater en parallèle à sa formation.

La danseuse en herbe obtient ensuite un emploi au vestiaire de la Russian Tea Room (Salon de Thé russe) pour 4 dollars cinquante de l'heure. Au bout de deux mois, le manager Gregory Camillucci la congédie. Il dira plus tard combien il s'en sentait désolé.

« Elle l'a plutôt bien pris. Pourtant, je me sentais mal à son égard car elle avait l'air terriblement seul. Les autres filles qui travaillent ici avaient une famille sur laquelle s'appuyer, elles dégageaient une impression de sécurité et l'on pouvait sentir qu'elles parviendraient à survivre même si elles ne perçaient pas comme actrice ou chanteuse. Madonna ne donnait jamais une telle impression », raconte Camilluci.

Une scène humiliante se déroule quelques mois après son arrivée à New York. De façon inattendue, son père débarque dans l'appartement miteux où elle réside dans la 4ème Rue. Tony est atterré de découvrir des cafards se balader sur les murs, de sentir l'odeur de bière rance et plus généralement, d'appréhender l'indigence dans laquelle évolue l'aînée des Ciccone.

— S'il te plaît, reviens à la maison, la supplie Tony.

— Il n'en est pas question, répond Madonna, blessée au plus profond d'elle-même mais totalement déterminée à tenir bon.

— Tu vis comme une vagabonde... argue Tony, intérieurement désespéré.

— Non, comme une danseuse ! réplique-t-elle avec hargne.

Au moment de partir, Tony tente de lui donner un peu d'argent mais elle le refuse. Il se retrouve désarmé face à une attitude qu'il ne parvient aucunement à décoder. Leurs rapports n'ont jamais été sereins, mais il n'en ressent pas moins un mélange incommode d'apitoiement et de fierté. Pour sa part, la chanteuse traverse quelques moments d'abattement et il lui arrive de s'asseoir près d'une fontaine du Lincoln Center et de fondre en larmes.

Plutôt que de faire la serveuse et gagner cinquante dollars par jour durant 8 longues heures, Madonna découvre qu'elle peut gagner le double si elle accepte de poser nue pour des cours de dessin. Vers la fin de l'année 1978, elle devient donc modèle pour des groupes privés de trois à quatre personnes.

« J'avais de jolies formes. Comme j'étais plutôt maigre, mes muscles et mon squelette ressortaient. J'étais l'un de leurs modèles favoris, parce que j'étais facile à dessiner. De plus, cela me permettait de rencontrer des gens d'une façon amicale. »

À partir de novembre 1978, elle auditionne afin de suivre l'apprentissage d'une chorégraphe renommée, Pearl Lang. Celle-ci est admirative face à l'assiduité et à la volonté manifestées par cette battante côtoyée durant de nombreux mois :

« Madonna n'est pas seulement déterminée, elle est passionnée. Elle parvient à faire exactement ce qu'elle a voulu et son énergie est inépuisable. [3] »

Ce qui frappe alors Pearl Lang, au-delà de la détermination et du talent de Madonna, c'est son imagination débordante.

« Dans le répertoire qu'elle a dansé chez moi, il y avait une grande diversité. Or, elle a montré une capacité à s'adapter à n'importe quel style. Elle y met toutes ses forces et toutes ses tripes. Elle écoute ce qu'on lui demande de

---

[3] *La véritable histoire de Madonna*, UGC Office.

faire et puis, elle apporte quelque chose de très personnel. Elle s'y implique et c'est ce qu'adorent ceux qui montent des spectacles. »

Selon Pearl Lang, il existait dans le travail de Madonna quelque chose de beau et mélancolique, presque triste, qu'elle n'a plus retrouvé par la suite. « C'était poétique et délicat, avec un mouvement profond et une certaine agressivité. »

Pearl Lang estime que l'un des talents de Madonna a été de savoir utiliser ses faiblesses, sans que le spectateur s'en aperçoive jamais. « Réussir cela, c'est très subtil, intelligent et louable. »

Au début de l'année 1979, lors d'une soirée dansante où elle se trémousse avec frénésie, Madonna se fait aborder par Norris Burroughs, un graphiste dont les œuvres sont reproduites sur des T-shirts. Après l'avoir d'abord rejeté, elle l'appelle quelques semaines plus tard et lui suggère de démarrer une relation sentimentale. Impossible de résister à une telle avance.

Afin d'arrondir ses fins de mois, Madonna a décidé de capitaliser davantage sur sa plastique. Elle a ainsi répondu à des annonces passées par des photographes recherchant des modèles dévêtus pour des photos.

Anthony Panzera, l'un des premiers photographes auxquels elle rend visite n'est pas convaincu par son potentiel : il lui reproche de trop ressembler à un garçon. Comme par défi, Madonna déboutonne son chemisier, expose ses seins et scande :

— Est-ce que les garçons ont cela ?

Dans la foulée, elle se dénude et demande où il désire au juste qu'elle prenne la pose.

Le 12 février 1979, le photographe Martin Schreiber lui offre la somme de trente dollars pour quatre-vingt dix minutes de pose nue. Une séance anodine à laquelle elle se prête sans y penser et sans réfléchir aux éventuelles conséquences. Cinq années plus tard, de tels clichés vont pourtant ressortir alors qu'elle est devenue célèbre…

« Parfois, les modèles se montraient flamboyantes et sociables. Elles aimaient parler avec tout le monde. Madonna, pour sa part, était tranquille, se rappelle Schreiber. Lorsqu'elle est venue, elle portait un pantalon de pyjama et ressemblait à une petite fille. Un jour, elle est venue à une soirée dans un appartement de la partie Est de New York, et elle portait ce même pantalon de pyjama ! Il y avait des gens de tous les âges et quelques enfants. Elle a préféré s'asseoir sur le sol en bois et jouer avec eux. »

Progressivement, le quotidien de Madonna s'améliore. Le peu d'agent gagné lui permet en premier lieu de changer d'hôtel. Madonna déménage bientôt ses quelques affaires à Greenwich Village. Pearl Lang, pour sa part, estimant qu'elle peut aisément se reposer sur cette fille d'une grande fiabilité, lui propose de devenir son assistante.

Mais alors que le printemps éclaire les bâtiments de New York d'une luminosité nouvelle, les relations se dégradent doucement entre Madonna et la chorégraphe. Pearl Lang reproche à son assistante de faire cavalier seul et de manquer d'esprit d'équipe. De son côté, Madonna ne vit pas toujours bien sa relation avec Pearl Lang, estimant que la discipline qu'elle fait régner est excessive. Un jour elle finit par craquer tant les efforts physiques demandés lui semblent surhumains. Elles se séparent alors, sans espoir de retour, au début du mois de mai.

D'autres raisons expliquent ce changement de cap. Madonna a progressivement compris que le métier de la danse n'est pas facile et que les offres d'emploi y sont rares. Si elle veut percer au grand jour, il semblerait avisé d'opérer une diversification. Elle annonce d'ailleurs la couleur à Pearl Lang :

— Je trouve le métier de danseuse très dur. J'ai un copain qui écrit des chansons rock. Je vais devenir chanteuse de rock !

Le copain en question dont Madonna a fait la connaissance s'appelle Dan Gilroy. Elle l'a rencontré le 1er mai au cours d'une soirée à laquelle elle s'est rendue en compagnie de son petit ami Norris Burroughs. Ce soir-là, elle danse comme une furie sur les tubes disco de l'époque, tels que *I Will Survive*. Parmi les invités, figurent les frères Dan et Ed Gilroy.

Entre Dan Gilroy et Madonna, il se produit quelque chose qui ressemble à un coup de foudre. Ils deviennent immédiatement amants. « Avant que j'aie pu comprendre ce qui se passait, c'était fini avec moi et elle était avec Dan », relate Burroughs.

Tous deux musiciens, les frères Gilroy font tourner depuis quatre ans un spectacle comique, dans le club Coronba du quartier Queens. À cette époque, les Gilroy envisagent de monter un groupe de rock s'inscrivant dans la mouvance punk. Dan propose donc à Madonna d'apprendre comment jouer de la guitare, de l'orgue ou de la batterie. Ils entretiennent par ailleurs une relation amoureuse intense.

Pourtant, la nouvelle idylle va rapidement voler en éclats. Au cours de ce même mois de mai, Madonna découvre que la production de Patrick Hernandez organise des auditions à New York afin de dénicher des danseurs et choristes pour la tournée de ce chanteur.

Depuis l'année 1979, le Français Patrick Hernandez triomphe dans le monde entier avec sa chanson disco, « Born to be alive ». Fait rare, ce single a même percé dans les classements américains. Lors des auditions à New York, les producteurs Claude Pellerin et Jean Van Lieu, qui découvrent Madonna, s'avouent pareillement estomaqués par son potentiel, et son éclatante présence. La Ciccone est embauchée sur-le-champ. Au-delà du rôle de support qui lui est attribué auprès de Patrick Hernandez, Pellerin et Van Lieu laissent entendre qu'ils aimeraient faire d'elle une vedette à part entière.

Dan Gilroy montre sa déception de voir Madonna envisager de partir pour l'Europe alors que leur histoire personnelle vient tout juste de démarrer. Pourtant, Madonna affiche sans retenue ses priorités : avoir la chance d'exposer ses talents de danseuse et de chanteuse passe en première position. La chose n'est même pas discutable. Gilroy décrira plus tard Madonna comme « très intense avec les gens et très amicale », tout en ajoutant qu'elle peut soudain se montrer très froide, et que cela est souvent vécu comme un rejet.

La parenthèse française se déroule comme un rêve éveillé. La fille solitaire qui, jusqu'alors avait comme préoccupation de payer son loyer quitte à rationner son alimentation quotidienne, se retrouve plongée dans la *dolce vita*. Au moment de partir pour la France, elle grimpe à l'intérieur d'un Concorde. À Paris, elle est royalement logée dans un vaste appartement, dîne dans de fameux restaurants et dispose d'un crédit pour se vêtir chez les grands couturiers. Accompagnée d'une secrétaire privée, elle prend des cours de chant. Pourtant, l'existence dorée que lui procurent Pellerin et Van Lieu la laisse de marbre.

« Ils me faisaient rencontrer des jeunes gens très riches, que je ne pouvais souffrir. Ils m'emmenaient dîner dans un restaurant chic et je faisais alors mon numéro. Je refusais de manger et au lieu de cela, leur demandais de l'argent. Une fois qu'ils m'en avaient donné, je m'éclipsais. »

Cette attitude est, chez elle, irrépressible. Elle fait la connaissance de loubards et se sent bien plus à l'aise en leur compagnie. Alors, elle part faire de la moto avec ses « potes », comme pour se ré oxygéner l'esprit.

« J'étais condamnée, comme par le passé, au rôle de l'enfant terrible. J'étais piégée dans un environnement où je ne pouvais pas me sentir libre. »

Si Pellerin et Van Lieu ont fait miroiter la perspective de faire d'elle une star, ils souhaiteraient faire d'elle une réplique de Donna Summer, ce qui ne lui plaît guère. Durant la tournée que Patrick Hernandez effectue au Maroc et en Tunisie, Madonna seconde le chanteur *disco* en tant que danseuse choriste. Les semaines passent et elle ne voit rien venir de concret pour ce qui la concerne, car la carrière de Patrick Hernandez monopolise l'essentiel de l'attention des producteurs. Pire encore, New York lui manque. Elle s'y est fait des amis et en apprécie la vie nocturne.

Au milieu de l'été, lassée de son escapade française, elle décide de retraverser l'Atlantique en direction de Big Apple.

« Comme je n'avais pas de contrat, je leur ai simplement dit qu'il fallait que je rentre à New York pour voir un ami malade. Ils ont alors appelé une limousine qui m'a déposée à l'aéroport. Ils m'ont demandé quand je reviendrais et je leur ai dit : dans deux semaines. Je ne suis jamais revenue. »

Madonna est de retour à New York en août 1979. La chance veut qu'elle découvre alors dans le magazine *Backstage* une annonce passée par un réalisateur avant-gardiste, Stephen Lewicki, qui dit ceci : « Wanted : une femme pour un film à petit budget. Type dominateur. » Actrice ? Voilà une autre voie bien séduisante pour cette jeune femme prête à tout pour sortir de l'ombre.

Le film que Lewicki désire tourner, *A certain sacrifice,* est un thriller érotique et il sait déjà qu'il devra batailler durement pour en obtenir le financement. Pour l'heure, il lui faut déjà repérer celle qui pourrait tenir le rôle-clé.

Au début de l'automne, Lewicki se terre dans son studio dépourvu d'air conditionné et passe en revue plusieurs centaines de *curriculum* que des postulantes lui ont adressé avec des photographies qu'il trouve conventionnelles. Il tombe enfin sur le dossier de Madonna. Celle-ci s'est contentée d'envoyer quelques photographies et une lettre de trois pages qui dit ceci :

« Cher Stephen,

Je suis née et j'ai été élevée à Detroit, et c'est là-bas que j'ai démarré ma carrière d'une manière agressive et précoce à la fois. Lorsque j'étais à l'école primaire, je me demandais si j'allais devenir nonne ou star de cinéma. Neuf mois passés au couvent m'ont guérie de la première maladie. Durant le lycée, je suis devenue un peu schizophrène car je n'arrivais pas à choisir entre le rôle de vierge de la classe ou l'autre sorte de fille. Chacune d'entre elles avait ses propres valeurs, pour autant que je puisse le voir. »

Une telle profession de foi, simple et directe frappe Stephen. Les photographies qu'elle a envoyées confirment cette bonne impression : elles montrent une fille sexy mais aucunement vulgaire, avec un zeste de fragilité et d'innocence. Un autre détail troublant influe sur sa décision : elle et lui ont la même date d'anniversaire !

Un rendez-vous est pris avec la candidate. Madonna fait alors preuve d'une infernale audace en renversant les rôles :

— Ecoutez, je vais faire votre film, lui dit Madonna. Mais il n'est pas question de coucher avec moi !

Lewicki demeure abasourdi par une telle approche. Au fond, s'il voulait une fille dominatrice, il l'a trouvée.

Le tournage du film *A certain sacrifice* démarre en octobre 1979. Dans ce film expérimental et souvent improvisé, Bruna (le personnage interprété par Madonna) est la petite amie d'un jeune rebelle du nom de Dashiell. Elle est entourée d'une kyrielle d'amants qui lui reprochent d'avoir transféré son amour sur un seul homme. Dashiell, pour sa part, ne cesse de rencontrer un quadragénaire mystérieux du nom de Hall.

Un soir, dans un restaurant, Bruna se rend aux toilettes et se fait alors violer par Hall. Les deux amants, Bruna et Dashiell assouvissent ensuite leur vengeance dans le sang.

Durant la scène de viol, Madonna se dénude mais Lewicki affirmera plus tard que la chose n'était pas prémé- ditée :

« Cela s'est fait naturellement tandis qu'elle interprétait la scène. Elle était très à l'aise avec son corps et avec la nudité. »

Un après-midi, Madonna invite Lewicki à lécher du yaourt aux myrtilles qu'elle a déposé sur son oreille. Il s'exé- cute. Il rapportera plus tard : « Cette femme a davantage de sensualité dans son oreille que la plupart des femmes en ont où que ce soit dans le corps. »

Si Lewicki apprécie le professionnalisme de Madonna, il affirme qu'elle se montrait impatiente et distraite dès lors qu'elle n'avait pas la caméra pointée sur elle.

Le tournage de *A certain sacrifice* connaît bientôt une coupure, le temps pour Lewicki d'en assurer le financement complet. Il ne sera achevé qu'en novembre 1981.

En ce début de l'année 1980, Madonna juge opportun de relancer Dan Gilroy. Le musicien ne résiste pas à l'appel d'une renaissance de l'amour et leur relation sentimentale redémarre d'autant plus aisément qu'il se sent toujours attaché à elle.

Les frères Gilroy rêvent encore et toujours de former un groupe de rock et ont investi une synagogue désaffectée dans le Queens qu'ils utilisent comme lieu de répétition. Désireuse de participer à l'expérience, Madonna s'adonne de plus belle à l'étude des instruments qu'elle pourrait tenir : la guitare et la batterie. Le matin, Dan et elle se livrent à un jogging athlétique de cinq kilomètres dans le Parc de Flushing Meadows, à la suite de quoi Madonna frappe sans discontinuer sur ses cymbales et caisses. Elle se lance également dans l'écriture de morceaux.

« Je pratiquais la batterie quatre heures par jours, au point de rendre les autres complètement dingues », se souvient-elle.

Après avoir coécrit plusieurs chansons, Madonna et les frères Gilroy forment un groupe appelé *The Breakfast club*, qui inclut également la bassiste Angie Smith. Madonna tient la batterie et partage le chant avec Dan. Le groupe répète durant la nuit avant de se restaurer le matin, ce qui explique le nom de « Club du petit déjeuner ». Lorsqu'elle ne patrouille pas dans les environs à la recherche de prestations pour le groupe, Madonna s'en va marchander quelques légumes à l'épicerie du coin. Lors des prestations du *Breakfast club*, elle se démène sans réserve, dansant sur les tables ou répandant du champagne sur elle.

Pourtant, la frustration n'est pas loin. Demeurer derrière la batterie ne convient pas à celle qui aspire à se montrer sur le devant de la scène. Pour cette âme vorace, la fin justifie les moyens. Après avoir manœuvré pour qu'Angie Smith quitte le groupe, elle fait venir un nouveau bassiste, Gary Burke et un batteur, Mike Monahan. Ayant imposé ses proches, Madonna demande alors à devenir la chanteuse du groupe. Lorsqu'il prend conscience de l'appétit de pouvoir de sa petite amie, Dan Gilroy échoue à trouver ses repères. Un jour, il craque et lâche quelques mots malheureux :

— Tu n'es faite que de pure ambition et n'as aucun talent !

— S'il en est ainsi, va te faire voir, réplique Madonna.

Ainsi s'achève la *Love Story* de Gilroy et Madonna... Le musicien est profondément affecté par une telle séparation car il avait développé un réel attachement pour la chanteuse. Il se trouve juste qu'un point de non-retour a été franchi. Une réelle amitié va toutefois survivre à ces déboires amoureux.

De son côté, Madonna touche à nouveau le fond. Sans domicile fixe, elle couche sur le divan de divers amis et connaissances.

« À New York, il m'est arrivé de dormir dans un asile de nuit de manger les restes des poubelles [4] », expliquera-t-elle.

Les aléas du quotidien n'ont aucune prise sur son implacable volonté et sur le sentiment de confiance qu'elle sent poindre et qu'elle arrose, butine et cajole. Elle est désormais persuadée qu'il lui faut se mettre en avant en tant que chanteuse. Quant au style qu'elle entend s'approprier, c'est celui de chanteuses noires comme Diana Ross.

---

[4] *Spin*, mai 1985.

Les circonstances vont alors lui dérouler le tapis rouge. Steve Bray, ce garçon si charmant à la peau d'ébène qu'elle a fréquenté à l'université du Michigan lui a fait part de son désir de monter à son tour à New York. Madonna s'empresse de le faire venir afin qu'ensemble ils développent un projet musical.

Dès que Steve Bray arrive à New York, Madonna et lui forment un nouveau groupe dans lequel Bray tient la batterie et Gary Burke la basse. La chanteuse tente de convaincre son ami du Michigan de baptiser la formation du nom de *Madonna* mais il s'y refuse. Après essayé des appellations telles que *Les Millionnaires* ou *Modern Dance*, ils le baptisent finalement *Emmy*. Madonna qui déborde d'idées en tout genre s'attelle à l'écriture de chansons, aidée en cela par son compère Steve. Et comme la plaie de la séparation est en voie de cicatrisation, elle demande aux frères Gilroy s'ils aimeraient se joindre à eux. Ils acceptent de prêter main forte à Emmy.

Le groupe enregistre une cassette de démonstration et se produit dans divers clubs de New York. Pour imposer Emmy, Madonna harcèle les maisons de disques, agences et managers, leur présentant leur cassette avec deux titres.

Au mois de janvier 1981, Gary Burke découvre Madonna sanglotant dans la chambre misérable qu'elle s'est trouvée dans la 37ème rue. L'hiver new-yorkais est glacial et elle survit tant bien que mal sans chauffage.

« Il n'y avait pas d'eau chaude. Il n'y avait même pas une pauvre douche [5] », se souvient-elle.

Burke a la solution : Steve Bray a lui-même trouvé asile au Music Building, un immeuble de douze étages qui abrite

---

[5] *Rolling Stone*, 23 mars 1989.

de nombreux studios et pièces de répétition en tout genre. Le batteur de Emmy se débrouille chaque soir pour dormir au chaud dans un espace du Music Building et il invite Madonna à faire de même. Résider sur place a d'autres avantages. Le groupe Emmy peut y répéter quotidiennement, améliorant ainsi sa prestation. De plus, un grand nombre de chanteurs et de musiciens viennent y travailler chaque jour, ce qui fait de l'endroit un vivier de créativité.

C'est dans ce complexe situé dans le quartier des confectionneurs de la ville de New York que Madonna fait la connaissance de la productrice Camille Barbone. Après avoir travaillé durant plusieurs années dans des maisons de disque, cette séduisante femme brune de 29 ans a monté sa propre agence artistique, Gotham Agency. Madonna et elle se rencontrent souvent dans l'ascenseur et échangent quelques blagues absurdes.

Un jour, Adam Alter, le partenaire de Camille Barbone en matière de production, la persuade d'aller écouter Madonna au club Max où se produit le groupe Emmy. Barbone ayant négligé de se rendre au concert à cause d'une migraine, la chanteuse se précipite le matin suivant dans son bureau et l'apostrophe :

— Vous êtes toutes les mêmes ! Vous ne comprenez pas que ma vie dépend de cela ?

Stupéfaite, Barbone promet qu'elle viendra l'écouter une autre fois et Madonna décroche alors son téléphone afin de réserver une nouvelle date de concert au Max.

Une fois qu'elle voit le groupe Emmy de ses propres yeux, Camille Barbone se montre fascinée par le potentiel de Madonna. Certes, elle trouve que le groupe est quelconque, voire médiocre. En revanche, cette chanteuse, qui porte un pyjama d'homme sur scène, la laisse sans voix.

Camille admire l'incroyable coordination qu'elle manifeste au niveau du corps et de l'esprit.

« C'était clairement l'une des meilleures interprètes vivantes ! Les études de danse qu'elle avait effectuées lui permettaient de transmettre une image vive et affinée », explique-t-elle.

La productrice découvre avec stupeur la précarité dans laquelle subsiste Madonna. Elle et Steve Bray se nourrissent le plus souvent d'un yaourt et de cacahuètes, ne dépensant qu'un dollar par jour. Il peut arriver à la chanteuse de porter les mêmes vêtements durant une dizaine de jours.

Barbone offre à la chanteuse de lui signer un contrat à condition qu'elle abandonne le groupe Emmy. Madonna plaide pour que Steve Bray soit conservé dans le *deal* mais ne parvient pas à convaincre la productrice. Barbone rassemble un groupe de musiciens de studio et organise quelques concerts.

À partir du moment où Camille Barbone prend en charge sa carrière débutante, Madonna voit sa vie se transformer. La productrice offre de la loger dans l'appartement d'un ami, dans le quartier bourgeois de Riverside Drive. Elle lui propose un salaire de 100 dollars par semaine. Madonna reçoit également une clé du studio de répétition de Barbone et en fait bon usage, travaillant sans relâche à écrire des chansons et peaufiner leur interprétation.

« Son dynamisme, sa ténacité ne pouvaient qu'impressionner », relate Camille Barbone.

La productrice découvre également des facettes plus déroutantes de la personnalité de Madonna. Barbone a ainsi édicté une règle stipulant que si un membre du groupe avait une relation sexuelle avec la chanteuse, il serait immédiatement renvoyé. Selon ce que Barbone a rapporté, il semblerait que Madonna ait séduit le batteur Bob Riley et qu'elle ait ensuite demandé à Barbone de le virer, afin que Steve Bray puisse prendre sa place. Même si la productrice refusa de marcher dans la combine, Riley préféra démissionner de lui-même, s'affirmant dégoûté.

Barbone découvre aussi que Madonna aime allumer les hidalgos de passage : « Il est arrivé que Madonna et une danseuse, Janice, s'asseyent à l'arrière de ma voiture et se mettent à s'embrasser, sans aller plus loin. L'homme qu'elles voulaient séduire était soumis à un test : s'il n'était pas intimidé par de telles effusions, il était bon pour le service. Elles s'arrangeaient juste pour décider celle qui y avait droit. »

Le 22 juillet 1981, Camille Barbone fait signer à Madonna un contrat portant sur un premier disque. Il est convenu que la chanteuse touchera 250 dollars pour chaque chanson enregistrée et deux fois plus si un contrat de distribution est décroché avec une maison de disque, ainsi qu'une part de 3% sur les ventes.

Il n'existe alors qu'une pierre d'achoppement entre la productrice et la chanteuse. Barbone aimerait que Madonna chante dans le style rock de Pat Benatar ou Chryssie Hynde des Pretenders. Or, celle-ci a choisi une autre voie. Elle aime la musique des clubs, celle que fait une chanteuse telle que Debby Harry du groupe Blondie, qu'elle admire énormément. À contre-cœur, elle accepte toutefois de se plier aux désirs de la productrice.

Un mois plus tard, Camille Barbone recrute le guitariste Jon Gordon (qui, des années plus tard, accompagnera Suzanne Vega) afin de produire une maquette digne de ce nom pour Madonna. La séance a lieu au Media Sound, une église reconvertie en studio d'enregistrement. La chanteuse arrive avec une cassette de chansons qu'elle a composées et enregistrées sommairement en s'aidant d'une boîte à rythme.

Quatre titres sont mis en boîte : « Love on the Run », « High Society », «Take me (I want you) » et « Get up ». Bien qu'une telle démo soit produite avec des moyens limités, elle fait ressortir l'incroyable énergie de la fille du Michigan. Toutefois, le résultat n'est pas à la hauteur des espérances de Madonna qui s'estime desservie par de tels enregistrements.

Selon Barbone, si la maquette échoue à rendre grâce à Madonna, c'est parce que le talent de la chanteuse n'est jamais aussi perceptible que lorsqu'elle est sur scène. C'est dans ce contexte, lorsqu'elle chante et danse avec ses invraisemblables tenues et son art d'aguicher le public, qu'elle donne toute sa mesure. Barbone s'acharne donc à exposer les capacités de Madonna au grand jour. Pour ce faire, elle persuade un organisateur de concerts, Bill Lomuscio, de faire tourner Madonna dans des clubs de New York. Il accepte qu'elle se produise en ouverture du groupe dont il s'occupe à l'époque et ne va pas tarder à être médusé par l'impact de Madonna.

« Jusqu'alors le groupe dont je m'occupais était très populaire, explique Lomuscio. Et puis Madonna est arrivée et c'était la fin du groupe. Madonna était réellement phénoménale et vous pouviez le percevoir immédiatement. Une fois qu'elle avait terminé ses trois chansons, le public ne cessait d'en réclamer d'autres. Mon groupe avait le plus grand mal à lui succéder... »

Pourtant, si le public ne boude pas son plaisir, les directeurs artistiques demeurent réservés. La maquette enregistrée au Media Sound est mal accueillie. Le « showcase » concert organisé pour la presse et les professionnels du disque en novembre ne produit aucun résultat. Impatiente,

Madonna commence à trouver à redire au management de Barbone.

Au niveau de la scène, l'impact de Madonna ne cesse de grandir. Dans les milieux branchés, son nom circule et sa façon de s'habiller en mélangeant foulards et bracelets commence à faire des émules. Certains fans la suivent partout où elle se produit.

Une telle aura finit par faire boule de neige : certaines maisons de disque qui ont originellement boudé la maquette présentée par Camille Barbone commencent à lui faire les yeux doux. Geffen, Atlantic Records manifestent leur intérêt tout comme Columbia...

Pourtant, Madonna a déjà pris ses distances et changé de cap.

En février 1982, coup de théâtre : la chanteuse annonce à Camille Barbone qu'elle entend rompre le contrat qui les lie.

— Tes démarches prennent trop de temps, dit Madonna qui explique qu'elle voit les jours passer et ne désire plus attendre.

Camille Barbone, qui a investi de fortes sommes sur la chanteuse est choquée par la nouvelle.

— Regarde-moi, Madonna. Je suis fauchée. J'ai tout misé sur toi ...

Madonna refuse pourtant de continuer avec Barbone, négligeant la perspective éventuelle d'une signature chez Columbia. Elle argue qu'elle n'aime pas les titres que l'on veut lui faire chanter et n'a pas le désir se lancer dans une carrière de chanteuse de rock.

Barbone est obligée de la laisser partir, en attendant que la justice veuille bien trancher la situation. Elle perdra énormément d'argent dans l'affaire, et devra notamment se délester de son studio d'enregistrement.

Une fois de plus, Madonna replonge dans une vie précaire. Elle reprend ses petits boulots, avec pour différence qu'ils ont désormais un rapport avec son activité artistique. Elle intervient dans les chœurs d'un grand nombre d'enregistrements, dont un disque d'Ozzy Osbourne. Elle est parfois aussi engagée pour ses talents de danseuse, comme dans le clip d'un groupe appelé Konk.

Madonna n'a rien. Elle ne mange pas à sa faim et vit dans la précarité. Pourtant, son appétit de succès est trop fort pour qu'elle abandonne. La fille des Ciccone sait clairement où elle veut aller. Elle a déjà pris des contacts avec une autre équipe de production, qui travaille dans un style proche de la musique de club qu'elle souhaite développer.

Le temps des galères tire à sa fin. New York, tiens-toi prêt, la petite provinciale entend bien te dévorer tout cru !

- 3 -
Disco girl

« Je voulais être directe. J'aimais danser et tout ce que je désirais, c'était de réaliser un disque sur lequel j'aimerais moi-même danser. Un disque que j'aurais plaisir à écouter à la radio. »

Le rock, à la Pat Benatar ? Ce n'est pas la tasse de thé de Madonna. S'il est une tendance à laquelle elle adhère spontanément, c'est la scène *dance* qui s'est mise à fleurir dans la ville de New York. Elle s'y sent comme un poisson dans l'eau.

Dans le monde des night-clubs, les personnages clés sont les DJ. Ils ont pouvoir de vie ou de mort sur la carrière d'une chanson. Si l'un d'eux programme à outrance un titre, il se trouve toujours une maison de disque pour sortir le 45 tours correspondant. Madonna en a conscience et fait son possible pour se faire connaître auprès de la population des clubs. Une fois qu'un DJ a mordu à l'hameçon, elle déploie son arme secrète : des cassettes de démonstration où elle chante sur des *beats* marqués.

Les chansons de Madonna ont été enregistrées à l'aide de son ami Steve Bray sur un magnétophone à 4 pistes. Parmi les chansons, figurent « Everybody » et « Burning up » qu'elle a elle-même écrites et aussi « Stay » et « Ain't no big deal ». Pour les faire connaître, elle se produit de temps à autres sur certaines scènes underground. Elle commence à acquérir une réputation de chanteuse extrêmement sexy, attirant une clientèle branchée et plutôt subversive.

Pour attirer l'attention des DJ, Madonna peut compter sur l'allure qu'elle a instinctivement élaborée, à partir d'influences punk et glam-rock, à l'instar du David Bowie grimé et maquillé de la première époque. Elle se plaît alors à superposer les tenues multicolores, combinant toutes sortes d'articles achetés dans les boutiques de récupération de vêtements aux prix les plus bas. Le soutien-gorge noir, les foulards noués à la ceinture, les gants blancs, les mèches teintes, les bracelets et bijoux de pacotille font partie d'une panoplie qui est en train de faire école. Elle aime par ailleurs mâchonner un chewing-gum. De plus, comme elle déborde d'énergie et qu'elle est encline à se déhancher d'une manière extravagante ou provocante, elle capte aisément l'attention des *clubbers* et de ceux qui assurent la programmation musicale.

À force de patrouiller dans les clubs de danse de New York, Madonna a réussi à se faire embaucher au vestiaire du *Danceteria* où opère un DJ fameux, le dénommé Mark Kamins. L'un des employés du club Danceteria dira plus tard d'elle : « C'était un missile thermo-guidé en quête des DJ's les plus hot. »

Lors d'une pause, la petite chanteuse se glisse jusqu'à la cabine de Kamins et lui demande de programmer « Everybody », affirmant sans détour que tout le monde va adorer. Kamins est sur sa réserve mais emporte la démo à son domicile pour l'écouter tranquillement. Il en apprécie l'entrain et juge opportun de la programmer au *Danceteria*. Dès le lendemain soir, il peut juger sur pièce de son impact festif sur les danseurs. Le DJ est séduit à plus d'un titre. En premier lieu, Madonna l'impressionne par son mélange d'audace et de naïveté :

« Elle avait son style à elle, le nombril toujours à l'air, sa brassière en résille et ses bas. »

De plus, sa voix a quelque chose d'unique. Or, Kamins a été chargé d'une mission de recherche de talents par le réputé Seimour Stein du label Sire Records.

Seimour Stein a co-fondé la maison de disque Sire Records, en compagnie du producteur Richard Gottehrer en 1966. Le dénicheur de talents opère selon la philosophie suivante : « Trouver de bons artistes avec de bonnes chansons ». C'est ainsi qu'il a mis la main sur des groupes tels que les Ramones et Talking Heads. Parmi ses faits de gloire se trouve la diffusion de « Ça plane pour moi » de Plastic Bertrand aux USA.

Il se trouve que Seimour Stein est un grand admirateur de Mark Kamins. « Quel que soit le club où il opérait en tant que DJ, je m'arrangeais pour être là. » Il s'avère alors que Mark Kamins souhaite devenir producteur. Stein ne fait qu'une objection à la chose :

— Écoute, Mark, je pourrais te présenter certains de mes artistes. Mais à mon avis, ils ne voudront pas travailler avec toi, sous prétexte que tu n'as produit personne auparavant. Je ne vois donc qu'une solution : il faut que tu trouves toi-même tes poulains...

Stein a alloué un budget à Mark Kamins afin qu'il puisse lui rapporter des maquettes de six artistes différents. La quatrième démo qui lui est présentée est celle de Madonna chantant « Everybody »...

Nous sommes en avril 1982 et, Stein se trouve pour un court séjour à l'hôpital Lenox Hill, obligé de garder la chambre pour un goutte-à-goutte de pénicilline. En l'attente de son rétablissement, Mark Kamins fait découvrir Madonna à Michael Rosenblatt, directeur artistique chez Sire Records.

Au cours de la soirée du samedi, Rosenblatt se présente au *Danceteria* en compagnie de George Michael et Andrew Ridgeley du groupe Wham!, qui sont de passage à New York. Il découvre alors Madonna en plein exploit.

« Au départ, je croyais que c'était juste une fille avec qui Mark Kamins avait une liaison. Je suis arrivé au *Danceteria* et j'ai alors vu cette fille qui se dirigeait vers la cabine du DJ. Elle avait un look similaire à celui du film *Recherche Susan désespérément* », raconte Rosenblatt, faisant référence au style vestimentaire qui est alors la marque distinctive de la chanteuse.

Dès le lundi suivant, Rosenblatt rencontre Madonna en compagnie de Mark Kamins dans les bureaux de Sire Records. La chanson « Everybody » ne lui fait pas grande impression, et pourtant, une sorte d'intuition lui souffle qu'il est en présence d'une star en puissance. Comme il le fait pour chaque nouvel artiste qu'il rencontre, Rosenblatt pose à Madonna la question rituelle :

— Que désirez-vous accomplir ?

— Je veux être maître du monde, lâche Madonna, le sourire aux lèvres.

« C'était la meilleure réponse possible, considère rétrospectivement Rosenblatt. Ce que l'on recherche chez un artiste, c'est qu'il comprenne que tout cela est un *business*. Il n'y a rien de *hippy* dans une telle démarche. Lancer un chanteur coûte des millions de dollars. »

En compagnie de Mark Kamins, Michael Rosenblatt se rend à l'hôpital Lenox Hill, qui se trouve à proximité des bureaux de Sire Records, afin de faire écouter « Everybody » à son patron, Seymour Stein.

« Cette fille va avoir plus de succès qu'Olivia Newton-John ! » clame Rosenblatt, faisant référence à la chanteuse popularisée par le film *Grease*. Stein est immédiatement subjugué par ce qu'il écoute.

« Lorsque j'ai entendu la démo de "Everybody", j'étais tellement excité que j'ai dit : je veux la signer immédiatement. Je veux que tu l'amènes ici à l'hôpital », témoigne Stein.

Kamins réplique :

— Aucun souci, je peux la faire venir ce soir. Elle veut réellement obtenir un contrat !

Une fois qu'il a raccroché le téléphone, Stein se regarde dans le miroir et ce qu'il voit le déconcerte. Il est vêtu d'une robe d'hôpital avec une incision au niveau du fessier. Ses cheveux sont ébouriffés, et depuis plusieurs jours, il ne s'est ni lavé ni rasé. Stein prend aussitôt les choses en main : il commande un coiffeur pour se faire couper les cheveux, et somme sa secrétaire de lui apporter un pyjama et une robe de chambre. « Je voulais qu'elle voie quelqu'un qui serait en mesure de l'épauler durant plusieurs années sur sa carrière, pas un malade en train de dépérir à l'hôpital », explique Stein.

Une fois que Madonna est en face de lui, Stein découvre que tous ces efforts étaient inutiles. La chanteuse semble prête à tout pour démarrer sa carrière. « Si j'avais été allongé dans un cercueil et capable de sortir ma main pour signer un contrat, elle s'en serait contentée », relate Seimour Stein.

Blagueur, Stein commence par faire marcher Madonna en expliquant qu'il n'a pas l'intention de la signer. Elle réplique par un juron.

— C'est bon, je plaisantais, explique alors Stein.

— À quoi cela vous sert de me faire ce genre de plan ? grogne Madonna.

— Pourquoi devrais-je m'en empêcher, la taquine alors Stein. La chanteuse se détend et sourit.

Vingt-quatre heures plus tard, le contrat est signé. Il ne porte que sur un seul single, « Everybody » couplé avec « Ain't no big deal » et inclut une option sur un éventuel album. Madona empoche 5 000 dollars au passage, une fortune dans le contexte de ses premières années à New York. Après quatre années de galère, un futur se dessine enfin…

Une fois de plus, Madonna tente d'imposer son ami Steve Bray dans le nouveau *deal*. Hélas, il apparaît légitime pour Sire Records que Mark Kamins assume la production de « Everybody ». Michael Rosenblatt tente tout de même de trouver un compromis. Il s'en va voir Steve Bray et lui propose de coproduire le *single* avec le DJ du *Danceteria*. Bray refuse pourtant la proposition du directeur artistique, persuadé que Madonna saura l'imposer comme unique producteur. Rosenblatt se montre plus pragmatique : puisque Bray n'accepte pas cette collaboration, il est écarté du projet ! Vexé par ce qu'il ressent comme un désaveu, Bray demeurera en froid avec Madonna durant près de deux années (elle veillera toutefois à le réintégrer dans son équipe dès l'été 1984).

Mark Kamins fait ses débuts de producteur sur « Everybody » et s'en tire de manière fort honorable. Le maxi-single qui sort en octobre 1982 ne comporte finalement que cette seule chanson, enregistrée sous deux formes différentes. Madonna n'apparaît pas sur la pochette et le visuel (la photographie d'une rue ordinaire de Harlem), donne l'impression que la chanteuse est noire. Stein et Rosenblatt sont persuadés que la chanson sera diffusée plus facilement dans les radios si les programmateurs sont ainsi dupés.

« Everybody » est une chanson d'une surprenante efficacité, qui n'est pas sans rappeler les divers tubes de *Like a Virgin* qui sortira deux ans plus tard. Elle s'inscrit pleinement dans la couleur musicale du Madonna de la première période, celle qui assène les morceaux de musique *dance*. « Everybody » démarre par un riff de synthétiseur qui paraît taillé pour propulser les *clubbers* sur la piste. Madonna inscrit sa voix dans le registre aigu, et déclame chaque vers avec une énergie tranquille et limpide. Il est à noter que le texte envoie un message clair et limpide : « Allez-y ! éclatez-vous ! ».

La nouvelle étoile s'attelle activement à la promotion de son premier *single*. À l'intérieur dee chaque club de New York où elle est de passage, elle s'assure que son disque sera programmé. « Tous les samedis soirs, nous montions dans ma voiture et nous rendions dans trois discothèques », raconte Rosenblatt.

Madonna insiste par ailleurs pour assister aux réunions professionnelles qui se déroulent le vendredi chez Sire Records dans le bureau de Bobby Shaw, le responsable de la promotion aux discothèques. C'est la première fois qu'un artiste maison pose une telle exigence. Madonna obtient gain de cause et peut ainsi écouter les nouveaux disques, sentir quelles sont les directions musicales qu'il serait bon d'adopter et recueillir les avis d'experts du domaine.

Le vidéo-clip de « Everybody », tourné à l'économie par Ed Steinberg pour la somme de 1 500 dollars, balaye tout doute quant à la couleur de la peau de Madonna. Elle y apparaît, le plus souvent filmée de loin, affublée d'une fourrure, en compagnie de quelques danseurs dans l'obscurité d'un club de New York dans une atmosphère à la *Saturday Night Fever* au milieu des lumières colorées. En revanche, ce qui fait toute l'excentricité de sa personnalité ne ressort aucunement dans ce clip plutôt ordinaire. Les rares gros plans qui dévoilent son visage avec des lèvres bardées de rouge, les cheveux ramenés donnent l'impression d'une chanteuse comme il en sort des milliers chaque année.

« Everybody » remporte un franc succès dans les discothèques. Le single atteindra même la 3ème position du classement Hot Dance Music le 8 janvier 1983. En revanche, il échoue à faire son entrée dans le seul hit-parade qui compte : le Top 100 des singles. Qu'importe, Madonna s'attelle à présent à travailler sur un album.

Le temps de la déconvenue est arrivé pour Mark Kamins. Son inexpérience, lors de l'enregistrement de « Everybody » n'a pas échappé à Madonna. Pour son deuxième single « Burning up » / « Physical Attraction », la chanteuse entend s'appuyer sur un professionnel aguerri. Rosenblatt est chargé d'annoncer la nouvelle à Kamins, qui s'avoue heurté par ce changement de programme.

Sur le conseil de Sire Records, Madonna fait appel à Reggie Lucas, un ancien guitariste de Miles Davis qui vient de produire plusieurs *hits* pour des artistes tels que Robert Flack et Donny Hathaway. Lucas se retrouve aux commandes sur la production de « Burning up ». Ensemble, ils démarrent la confection d'un premier album et mettent en boîte trois titres, dont « Borderline » qu'a écrit Lucas et « Lucky Star », une composition de Madonna. Pourtant, la Ciccone trouve bientôt à redire aux arrangements imaginés par Lucas : « Il y a trop d'instruments, il se passe trop de choses », argue-t-elle. Elle tente de défendre ses visions avec vigueur, mais ne parvient pas à influencer Lucas.

En cette année 1982, les remix opérés par certains DJ deviennent à la mode. L'un des maîtres du genre s'appelle John Jellybean Benitez. À partir de la fin des années 70, ce jeune musicien portoricain s'est lancé dans le mixage de chansons en discothèque. Dans le club *Fun House* du quartier latino de New York où il est devenu le DJ attitré à partir de 1981, Jellybean s'est bâti une réputation de champion du remix, capable d'agréger plusieurs singles à la fois. Il est ainsi l'un des DJ les plus en vogue de la vibrante cité.

C'est par le biais du groupe Breakfast Club que Madonna entre en contact avec Jellybean. Un membre de ce groupe, Stephen Gray, est venu le voir afin qu'il remixe un de leurs morceaux. Madonna s'amourache rapidement du bel hidalgo et à partir de novembre ils entament une relation tumultueuse.

Madonna et le DJ portoricain s'installent dans un appartement spacieux à SoHo, un quartier de New York abritant maints entrepôts et usines, chéri par les artistes qui apprécient d'aménager dans ses lofts, au milieu des boutiques de marques et des restaurants. Jellybean se révèle un garçon original aimant les extravagances. Par exemple, un jour, Madonna reçoit une énorme caisse ornée d'un ruban rouge. À l'intérieur, elle y trouve Jellybean lui-même !

Le DJ qui partage la vie de Madonna s'attelle à produire un remix des chansons enregistrées avec Lucas : « Burning up », « Lucky Star » et « Physical Attraction ».

« Elle était insatisfaite par ce qui avait été fait et j'ai donc adouci le tout, ajouté des guitares, des voix, un peu de magie », explique Jellybean. En tant que producteur, il fait au passage l'éloge de la vision et l'instinct de Madonna en matière de réalisation. Au final, le remix opéré par Jellybean bonifie le matériau musical initialement confectionné par Lucas et les cadres de Sire Records se déclarent enthousiasmés par le résultat.

Madonna envisage déjà une carrière à grande échelle et ne se refuse rien. Au tout début de l'année 1983, elle s'envole pour Los Angeles afin d'aller à la rencontre de Freddie DeMann, ex-manager de l'artiste qui bat alors record sur record, Michael Jackson. Par chance, DeMann vient d'être licencié par le chanteur de « Billy Jean » et il se montre donc ouvert à de nouvelles collaborations.

DeMann est électricé par la présence de la jeune artiste. « Elle m'a totalement désarçonné, raconte l'intéressé. De ma vie, je n'ai jamais rencontré un être humain aussi physique. » L'impact est tel qu'il accepte de se charger de sa promotion. Il ne manque plus qu'un tube à grande échelle.

« Burning up » sort en mars 1983 sous la forme d'un maxi-single. Là encore, Madonna écume les boîtes de nuit, avec l'aide de Bobby Shaw, le responsable de la promotion des discothèques.

Réalisé avec davantage de moyens que « Holiday », le vidéoclip de « Burning up » rend davantage grâce à la personnalité de Madonna. Il la fait apparaître avec ses cheveux blonds décolorés, étendue ou agenouillée sur le bitume d'une route, dans une robe blanche et une attitude qui oscille entre l'agressif et le lascif. Un jeune homme au volant d'une voiture manque de la renverser. Pourtant, nous découvrons à la fin du clip qu'il s'agissait d'un leurre et qu'elle a pris sa place dans l'automobile bleue. L'ambiguïté qu'aime à dégager cette artiste ressort déjà. Le clip a été réalisé par Steve Baron dont le nom est devenu célèbre grâce à la vidéo qu'il a réalisée en 1981 pour le groupe Human League et la chanson « Don't you want me babe ». En ce printemps de 1983, Barron est un nom qui commence à dire quelque chose au grand public, car en janvier, il a tourné le clip de « Billy Jean » de Michael Jackson, diffusé en même temps que celui de « Burning up ».

La carrière de ce « Burning up » est similaire à celle de « Everybody » : il connaît un gros succès dans les boîtes de nuit, ce qui lui procure là encore une 3ème position dans le classement Hot Dance Music, sans qu'il lui soit toutefois possible de s'immiscer dans le Top 100.

Au niveau personnel, Madonna et Jellybean Benitez vivent une liaison orageuse avec de nombreuses ruptures et réconciliations. Ce qui est sûr, c'est que l'homme possède un indéniable talent pour la réalisation, à tel point que Sire Records entend désormais lui confier les commandes pour le premier album, dont l'enregistrement est prévu pour avril 1983. Pour l'occasion, une scène déjà vécue se répète alors. Michael Rosenblatt s'en vient trouver Reggie Lucas afin de lui demander s'il accepterait de coproduire l'album de Madonna avec John Jellybean Benitez. Lucas refuse et se voit éjecté au profit de l'as du remix !

En tout premier lieu, Benitez produit le troisième *single* de Madonna. Le DJ estime qu'il manque encore à la chanteuse un *hit* de taille, à même de la faire entrer dans les *charts* nationaux, plutôt que de la cantonner dans le ghetto des hit-parades spécialisés dans la musique de danse. Il suggère alors d'enregistrer une reprise de la chanson « Holiday », un morceau festif du groupe Pure Energy.

Tandis que l'album est remixé par Jellybean en avril, Madonna apparaît comme une boule d'énergie. Elle se démène sans réserve pour poser sa voix sur les arrangements conçus par Jellybean Benitez, qui confirme son don pour le mixage et montre au passage qu'il a bien compris comment mettre en valeur la chanteuse.

« Holiday » sort en juin 1983. Il s'agit là encore d'un morceau pour les clubs, mais il dévoile quelque chose de supplémentaire, une énergie et une bonne humeur communicatives, des ingrédients qui font la marque d'une chanson populaire. Dotée d'une rythmique que n'auraient pas reniée Michael Jackson ou Quincy Jones, la chanson constitue là encore un appel vers la piste de danse, avec une sorte d'évidence. Diffusée spontanément par les DJ de tous poils mais aussi sur les radios, cette chanson va constituer le premier succès international de la chanteuse.

L'album *Madonna* est présenté au public le 27 juillet. Il rassemble les trois singles qui ont précédé, les deux premiers ayant été remixés par le sorcier Jellybean Benitez.

Le single « Holiday » et l'album *Madonna* entament une lente ascension vers le sommet des charts. Aux USA, dès le 24 septembre, le single « Holiday » se classe n°1 du hit-parade des clubs. Le 29 octobre, il franchit les portes du mythique Top 100 en s'inscrivant à la 76ème position. Madonna tient enfin son premier *hit* et entend bien consolider cette première victoire.

En janvier 1984, elle apparaît dans le show télévisé de Dick Clark. Celui-ci se hasarde à lui demander ce qu'elle entend accomplir. Presque sans y penser, elle répond :
— Dominer le monde !

L'album *Madonna* est certifié disque d'or le 31 mars 1984, 500 000 exemplaires ont été vendus. Inconnue il y a encore un an, la jeune fille du Michigan semble partie pour une conquête en règle d'un large public.

D'ailleurs, elle a déjà démarré l'enregistrement de son prochain album, un opus qui s'intitulera *Like a Virgin*...

4

Comme une vierge

« Je suis allée à New York avec un rêve. Je voulais être une grande star, mais je ne connaissais personne. Je voulais danser, chanter, faire un tas de chose, rendre les gens heureux, être célèbre. Je voulais que tout le monde m'aime. J'ai travaillé très dur et mon rêve s'est réalisé. »

L e monde du show-business est ainsi fait que le temps y a une autre saveur. Il suffit parfois de quelques semaines pour bâtir une célébrité. Une brève apparition sur le petit écran peut rendre un visage familier à des dizaines de millions d'âmes, une prestance, une vivacité d'esprit, susciter une soudaine empathie, un étrange sentiment qui parfois, ressemble curieusement à de l'intimité, de l'amitié. En ce début de l'année 1984, une fille du Michigan attend son heure, fermement décidée à saisir ces moments fugaces où la fenêtre de la gloire s'entrouvre sur un personnage. Donnez-lui une bonne chanson et elle soulèvera la Terre...

Sire Records, le label qui a signé le premier contrat d'artiste de Madonna est une filiale de Warner Brothers. Au sein de cette multinationale du disque, l'un des vice-présidents, Michael Ostin fait preuve d'un flair tout particulier. À la manière d'un juge influencé par son intime conviction, Ostin pressent que la petite Madonna est davantage que Madonna. L'interprète de « Holiday » est un phénomène en puissance. Une Marilyn, une Streisand, une Lisa Minelli, taillée sur mesure pour épouser l'esprit des folles années 80. Une époque qui ressemble aux jeunes boursicoteurs peuplant la ville du *funk* qu'est New York : orgueilleuse, frimeuse, superficielle et rieuse. La Ciccone est l'icône tant attendue. C'est une infatigable lutteuse qui, en outre, a le goût du risque. Pareille à un aigle qui scruterait la plaine en quête de sa prochaine proie, elle a les sens aux aguets. Une volonté implacable d'entrer en intelligence avec les éléments, pour mieux les retourner en sa faveur. Autant d'atouts qui n'ont pas échappé à la vigilance du renard Ostin... Ce dernier a mis une priorité dans son ordre du jour personnel : repérer sans attendre le tube imparable qui manque au répertoire de la future reine du music-hall...

La révélation ne se fait pas attendre. Ce jour là, Michael Ostin est en réunion avec un duo d'écriture de chansons, composé de l'auteur Billy Steinberg et du compositeur Tom Kelly. Ensemble, ils ont conçu un hit pour la star du *country-rock* Linda Rondstadt et collaboré au dernier album de Pat Benatar. Lors de la réunion avec Ostin, ils exposent le fruit de leur travail, des compositions taillées dans le rock. Peu avant de prendre congé, ils dévoilent timidement au magnat de la Warner une échappée libre, un titre qui sonne à la manière des musiques de club, « Like a Virgin »...

Pour Steinberg, les paroles de « Like a Virgin » évoquent l'émerveillement lié au démarrage d'une nouvelle relation amoureuse, à la suite d'une rupture douloureuse. Kelly, qui sort d'un divorce, a d'abord imaginé en faire une ballade, mais la mélodie paraissait manquer de corps. Il a alors accéléré le tempo et introduit quelques notes haut perchées. Une telle création s'écarte de leur registre habituel et les deux artistes ignorent si « Like a Virgin » pourrait fonctionner en tant que thème pour les pistes de danse...

Durant l'écoute de « Like a Virgin », Ostin a comme une illumination. Il comprend aussitôt que la petite Madonna pourrait apporter une couleur inattendue à cette chanson d'amour banale en apparence.

Madonna saisit immédiatement le parti qu'elle peut tirer d'une telle rengaine. Dans sa bouche, les paroles peuvent revêtir suffisamment d'ambiguïté pour créer un effet d'attraction sur la multitude. Une fascination pour le virginal mêlée à la tentation de s'abandonner à la chaleur du contact des corps.

Pour habiller « Like a Virgin », il est impératif de mettre à contribution un as de la production. Madonna rêve d'embaucher Nile Rodgers, un ex-membre du mythique groupe Chic. Bon prince, Jellybean Benitez va aider celle avec laquelle il partage de manière épisodique sa vie sentimentale, à entrer en contact avec ce sorcier de la production.

Avec son partenaire Bernard Edwards, Nile Rodgers s'est illustré en décochant les riffs de guitare saccadés du morceau « Le Freak », déposant une classe inattendue sur le style disco vieillissant ou encore sur « Good Times » du même groupe. Edwards et Rogers ont également écrit et produit plusieurs hits, tels « We are Family » de Sister

Sledge et « Upside down » de Diana Ross. Après s'être séparé de Bernard Edwards, Rodgers a fait de la très haute cuisine sur l'album *Let's dance* de David Bowie, opérant une fusion subtile entre la musique de club et la pop mélodique. Autant dire qu'il est l'homme de la situation.

La rencontre avec Rodgers se déroule dans un club de New York, sur le conseil insistant de Jellybean. Madonna ouvre alors le *set* d'une chanteuse nommée Jenny Burton. Toutefois, Rodgers se montre plus impressionné par ce faire-valoir que par la vedette du show.

« Elle dansait et chantait simultanément à une époque où personne ne faisait cela. C'était de la musique noire revisitée. La réaction du public était chaleureuse. Elle était une star née », raconte Rodgers.

Conviée à venir dans son appartement pour lui faire écouter ses compositions, Madonna débarque avec ses cassettes. Est-ce par calcul ou pour surmonter sa timidité ? Toujours est-il qu'elle l'aborde avec une surprenante assurance :

— Si vous n'aimez pas mes chansons, nous ne pourrons pas travailler ensemble, dit-elle.

Rodgers est intérieurement amusé par une telle attitude et joue le jeu à sa façon. Espiègle, il lui explique que certaines des chansons ne sont pas sa tasse de thé mais qu'il les appréciera certainement lorsqu'ils auront terminé de les travailler ensemble. Il fait ainsi savoir d'une manière habile qu'il accepte de produire le deuxième album de Madonna. Le guitariste producteur ira jusqu'à suggérer une autre chanson, la reprise de « Love don't live here anymore » de Rose Royce.

« Borderline », le nouveau *single* extrait de l'album *Madonna*, sort le 15 février 1984. Si le titre est plutôt quelconque, il est illustré par un vidéoclip savamment mis en scène par Mary Lambert.

Lambert fait partie d'une nouvelle génération de réalisateurs qui font leurs premières armes sur le territoire du clip musical. Ce genre naissant pour lequel tout reste à inventer a émergé avec l'apparition des chaînes comme MTV. Les chansons prennent une autre dimension une fois qu'elles sont traitées au travers de ce moule visuel. De nombreux réalisateurs choisissent de conter une histoire parallèle à la chanson elle-même, sous la forme d'une succession de scènes où le drame ressort avant tout du mouvement des acteurs, comme au temps du muet.

L'histoire que raconte le clip de « Borderline » joue sur le va-et-vient entre deux personnalités, deux modes de vie. Madonna y incarne une fille de la rue, courtisée par un garçon latino-américain. Tandis qu'elle danse sur le pavé, un trentenaire bourgeois et stylé lui offre de participer à une séance de photographies. Elle s'y prête de bonne grâce et apparaît sous un autre aspect, coiffée et vêtue avec grâce. Pourtant, elle se lasse rapidement d'un tel cocon et le manifeste agressivement. Alors que le photographe lui a demandé de tagger un mur blanc, elle se retourne soudain et asperge de peinture noire la belle voiture de sport de l'artiste. Elle s'en retourne ensuite aux côtés de celui qu'elle fréquentait au début, comme si elle revendiquait ses racines populaires. D'une certaine façon, le clip transcende la chanson elle-même.

Une quinzaine de jours après la sortie du single « Borderline », la jeune fille venue du Michigan démarre les séances d'enregistrement de son nouvel album.

La première influence de Nile Rodgers se manifeste au niveau de l'orchestration générale. Le guitariste n'apprécie pas la sonorité des maquettes réalisées par Madonna à partir d'instruments électroniques. Amateur de musiques vivantes, il insiste donc pour qu'elle s'entoure d'un véritable groupe. D'abord réservée à cet égard, Madonna finit par se ranger à son avis. Si le thème au synthétiseur de « Like a Virgin » est conservé, l'orchestration est enregistrée dans le studio Power Station à New York en compagnie de l'ex-membre du groupe Chic, le bassiste Bernard Edwards et du batteur Tony Thompson, tandis que Rodgers joue la guitare. Il en ressort un son chaleureux et vivant, une vibration positive et chaloupée avec quelques relents de Motown, le tout mis au son du jour. Une formule funky et raffinée qui a réussi à merveille à un dénommé Michael Jackson.

Tout au long de la réalisation de l'album, Madonna a voix au chapitre. En dépit du prestigieux palmarès qu'il aligne en matière de tubes *disco*, Rodgers se montre prêt à écouter les idées qu'elle apporte.

« C'était une union parfaite, dès le premier jour de studio. Quelque chose de créatif, de passionné, de sensuel. La pop music, quoi ! », explique Rodgers.

Une seule divergence se dessine entre la chanteuse et son producteur. Elle est convaincue du potentiel de « Like a Virgin », alors que Rodgers préfère nettement « Material girl », un autre titre de l'album qu'elle n'a pas écrit elle-même (il est l'œuvre de Pete Brown et de Robert Rans).

Rodgers est mitigé vis-à-vis de « Like a Virgin » pour deux raisons. En premier lieu, il estime que le thème interprété au synthétiseur manque de panache. De plus, il affiche sa réserve quant aux paroles, estimant que certains vers pourraient choquer le public conservateur américain, notamment le refrain :

Comme une vierge
Touchée pour la toute première fois

Est-il raisonnable de mettre en péril une carrière naissante par de tels propos, se demande-t-il ? Madonna défend pourtant la chanson bec et ongles, convaincue qu'elle détient un thème de portée universelle auprès des femmes qui vont toutes s'y reconnaître :

« Perdre sa virginité est la chose la plus importante qui puisse arriver à une fille. Cela occupe toutes leurs conversations. »

La pochette du nouvel album est conçue par Steven Meisel et cultive l'équivoque. Madonna y apparaît revêtue d'une robe de mariée, mais allongée sur un lit avec la moue que pourrait arborer celle qui attend impatiemment que son nouvel époux entame la nuit de noces. Durant la séance de photos, elle prend certaines poses, quasiment nue, simplement dissimulée par une couverture de satin et d'autres poses en chemise de nuit, l'allure aguichante. Si la photographie en robe de mariée est choisie pour le recto de la pochette, le verso la fera apparaître les cheveux décoiffés comme au sortir d'une nuit torride.

Plus que jamais, Jellybean Benitez et Madonna vivent une relation passionnée et ils vont jusqu'à envisager le mariage « Elle était folle de lui », commente Melinda Cooper, l'assistante de Freedy DeMann. Pourtant, Madonna traverse une période de son existence tellement tourbillonnante et aventureuse, qu'elle semble incompatible avec un engouement pour un seul homme. Cooper a prétendu qu'en réalité, elle faisait tout son possible pour attirer l'attention de Jellybean, quitte à faire ce qu'il fallait pour le rendre jaloux. Pourtant, leur relation ne va pas survivre à de telles échappées.

Si Madonna se montre impatiente de lancer son nouveau single, un événement imprévu se produit. La chanson

« Borderline » obtient un succès tel qu'il incite Warner à prolonger la vie du premier album !

Le 16 juin 1984, « Borderline » s'installe à la 10ème position du Top 100, ce qui constitue une première pour la chanteuse. Elle n'est plus une artiste qui attire uniquement les *night-clubbers*. Son pouvoir de séduction s'étend désormais au grand public. L'album *Madonna* qui a été certifié disque d'or (500 000 exemplaires vendus) à la fin mai voit ses ventes augmenter encore, avec le succès de ce deuxième single.

Pour Warner, il apparaît déraisonnable de lancer un deuxième album alors que le premier connaît une popularité croissante. Le lancement de *Like a Virgin* est donc reporté, le temps d'exploiter encore le filon du disque *Madonna*. Les jours et les semaines défilent et paraissent désespérèment longs à celle qui attend son heure comme d'autres préparent un coup d'état…

Rongée par l'impatience, Madonna trouve un exutoire à travers l'éventualité d'un tournage. Il se trouve que la réalisatrice Susan Seidelman est en train d'organiser le casting d'une comédie déjantée, *Recherche Susan désespérément*.

Seidelman a fait ses première armes avec le film *Smithereens,* une histoire mettant en scène des acteurs noirs. À présent, elle planche sur un long métrage dont l'action se situe dans le New York branché. Le personnage de Susan est celui d'une fille indépendante, de style néo-punk, qui évolue au gré de ses humeurs. Elle a pour pendant Roberta une femme rangée en quête d'un peu d'aventure pour distraire son quotidien. Ladite Roberta est mariée à un entrepreneur en piscine qui vit dans le luxe sans se poser de questions existentielles, comme le veut la tendance de l'époque.

Susan Seidelman a démarré son casting en cherchant qui pourrait interpréter la jeune bourgeoise Roberta. Après avoir brièvement envisagé Diane Keaton puis Goldie Hawn, elle a dû se rabattre sur une actrice moins connue afin de respecter la faiblesse du budget (moins de 5 millions de dollars) proposé par Orion. Rosanna Arquette a finalement été retenue. Elle-même a été surprise de se voir attribuer le rôle de Roberta ; lorsqu'elle a lu le script, elle se voyait dans la peau de Susan. Il est à noter qu'un inconnu du nom de Bruce Willis a auditionné pour le rôle du petit ami de Susan, qui a finalement été attribué à Robert Joy.

Pour jouer le rôle de Susan, la cinéaste pense à plusieurs actrices ayant fait leurs preuves telles que Melanie Griffith, Jennifer Jason Leigh ou Kelly McGillis. De son côté, Orion affiche une préférence pour Ellen Barkin. Là encore, la nécessité de réduire le budget aide Seidelman à considérer la candidature de Madonna. En tant qu'actrice quasi débutante, elle affiche des exigences modérées et par ailleurs, tout comme le personnage de Susan dans le film, elle est sensuelle et impertinente. L'audition de Madonna convainc l'ensemble de l'équipe qu'elle sera tout à fait adéquate pour le rôle.

« Je l'ai choisie pour sa personnalité. Elle avait cette liberté d'esprit et une assurance qui semblaient dire : regardez-moi ! », raconte Seidelman.

En août, tandis qu'un troisième single « Lucky Star », est proposé au public, l'album *Madonna* passe le cap du premier million d'exemplaires. Paradoxalement dépitée par le retard que cette bonne nouvelle provoque, Madonna se voit contrainte de ronger son frein. Il lui faudra attendre jusqu'à l'automne avant de pouvoir livrer au public la chanson qui doit l'imposer à une échelle encore plus grande.

Au mois de septembre, la chanteuse démarre le tournage de *Recherche Susan désespérément*. À cette époque, elle tente à tout prix de perdre du poids. De ce fait, chaque fois que le scénario l'amène à manger quoi que ce soit, elle recrache ce qu'elle a absorbé à la fin de chaque prise !

Susan Seidelman découvre sur le vif l'impressionnant professionnalisme de Madonna. « Elle était d'une autodiscipline incroyable, se souvient la réalisatrice. Durant les neuf semaines qu'a duré le tournage, nous terminions souvent vers 23 heures ou même minuit, et il fallait être de retour sur le plateau vers 6 ou 7 heures du matin. La moitié du temps, lorsque le chauffeur passait prendre Madonna, il la trouvait dans son club de sport. Elle s'était levée à 4 heures du matin pour effectuer sa gymnastique. »

Rosanna Arquette, pour sa part, va bientôt pâtir du partage de l'affiche avec une telle personnalité. Étant donné la popularité croissante de la chanteuse, il est décidé qu'il serait bon d'inclure dans le film un titre interprété par Madonna. La chanson « Into the groove » lui donne l'occasion de renouer avec son ami Steve Bray. Le jeune batteur qui fut jadis son *boyfriend*, celui qui l'a aidée à séduire une maison de disque grâce aux morceaux qu'ils ont enregistrés ensemble d'une manière artisanale deux ans plus tôt, est invité à coproduire le thème du film *Recherche Susan désespérément*. La chanson est par ailleurs intégrée dans le fil de l'histoire.

« C'était injuste, dira plus tard Rosanna Arquette. À partir du moment où Madonna a été incluse dans le film, le scénario a été modifié en conséquence. J'ai dit à la production que si *Susan* devait devenir une vidéo rock de deux heures à la gloire de Madonna, alors je me retirais de l'affaire. »

Côté budget, le tournage ne connaît qu'un incident mineur. Le fabricant de cigarettes Camel, qui avait offert un parrainage de 5 000 dollars à la réalisatrice se retire de l'opération en raison d'une scène où Dez (Aidan Quinn) dit à Roberta qu'elle devrait... arrêter de fumer !

Le 14 septembre, Madonna trouve l'occasion de faire découvrir sa nouvelle chanson à un vaste public et va s'employer à le faire avec une emphase et une théâtralité de très grande envergure. Si elle a été conviée à apparaître au Video Music Awards de la chaîne MTV, c'est parce que le vidéo-clip de la chanson « Borderline » y a été nominé. Profitant de l'occasion pour forcer les aléas du destin, Madonna ignore superbement ce tube de son premier album. L'occasion est trop belle pour dévoiler « Like a Virgin ». Et faire savoir à la population du Nouveau Monde qu'il faudra désormais compter avec une conquérante, une star autoproclamée, une fille « larger than life » pour reprendre l'expression chère à Hollywood.

Perchée sur un immense gâteau de mariage, Madonna fait sensation en interprétant sa nouvelle chanson vêtue d'une robe de mariée d'une limpide blancheur et s'arrêtant au genou, assortie d'un voile, d'un porte-jarretelles et de bijoux clinquants. Jouant sur l'impact des contraires, elle se tortille d'une manière osée dans une telle tenue, exploitant sans réserve la dichotomie vierge / coquine. Une telle prestation qui transpire de l'évocation du plaisir sexuel relève du jamais vu à la télévision américaine ! Les spectateurs présents dans le studio demeurent eux-mêmes interloqués.

En l'espace de trois minutes savamment préparées, Madonna opère une entrée remarquée sur le théâtre de la célébrité. Elle prouve, instantanément, qu'elle sait cristalliser l'attention et user, avec un art qui relève du génie, du mélange troublant qui peut exister entre l'attrait pour la pureté et un désir épicurien.

L'Amérique que l'on dit volontiers réservée, corsetée et bâillonnée reçoit pourtant le message cinq sur cinq. L'impact du passage sur MTV se fait immédiatement sentir sur les ventes de l'album *Madonna* qui, une semaine plus tard, grimpe à la 8ème position. Il ne reste plus qu'à attendre encore quelques semaines pour l'offensive en règle…

L'album *Like a virgin* est dans les bacs le 12 novembre 1984. La chanson est dévoilée le même jour au club Private Eye de New York.

La chanson qui donne son titre à l'album s'inscrit dans la lignée des tubes de discothèques qui sont devenus sa marque distinctive. Le *beat* qui ouvre le morceau est trempé dans une matière à même d'entraîner les danseurs sur la piste.

Pourtant, sa séduction est ailleurs. La rythmique balancée soutient quelques vers adroitement tissés, une substance aguicheuse qui rappellerait celle que distillent les fleurs carnivores pour mieux dévorer leur proie :

J'ai réussi à travers le monde sauvage
D'une façon ou d'une autre, j'y suis arrivée,
[..]
Je vais te donner tout mon amour, mon garçon
Ma peur s'évanouit rapidement
[..]
Oh, ton amour a décongelé
Ce qui était apeuré et froid

Survient alors le refrain dont les paroles sont d'une ahurissante sensualité tant elles reposent sur le contraste entre un état de grâce et l'état de celle qui est censée céder à l'appel de la volupté :

Comme une vierge,

Touchée pour la première fois,
Comme une vierge,
Avec le battement de ton cœur tout contre le mien.

Sur le vidéo-clip de ce brûlot musical, Mary Lambert a repris le flambeau et s'est surpassée. Le mini-film exploite là encore la même dualité troublante et s'inscrit dans le fantasme, comme un appel à la sensualité. Il a pour décor Venise, la ville des voyages de noces où la chanteuse se pavane, dans la tenue noire et sexy qu'on lui connaît habituellement, épousant le mouvement des flots du fleuve qui embrasse la cité. Parallèlement, elle apparaît, tranquille et posée dans sa robe blanche de mariée blanche, que ce soit debout, à côté d'un lion qui avance à ses côtés ou allongée sur le lit de sa chambre d'hôtel dans l'expectative de ce moment censé la transformer.

La pochette du single, pour sa part, relève de l'œuvre-d'art. Debout et adossée à un muret de Venise, Madonna apparaît d'un raffinement racé, depuis la coiffure d'une rigueur espagnole jusqu'au tricot transparent qui laisse clairement deviner son soutien gorge noir et domine le bas de son ventre dénudé sur un pantalon noir, sans oublier bracelets et colliers. Fière et racée, elle regarde de côté et dégage ce camaïeu d'impressions dont elle a déjà le secret. Prête à s'offrir mais pas au premier venu, comme s'il fallait la mériter pour la déguster à sa juste valeur. Consciemment ou non, elle s'inscrit à merveille dans l'air du temps de cette époque qui cultive une esthétique mêlée de froideur. Les années qui vont suivre prouveront qu'elle cultive une intuition de la chose, une prescience qui jamais ne se démentira.

La réaction du public est sans équivoque : il adore ! Le 5 décembre, moins d'un mois après sa sortie, l'album *Like a Virgin* est déjà certifié double disque de platine, couronnant 2 millions d'exemplaires vendus. Le single lui-même s'inscrit au sommet des charts dès le 22 décembre et y demeure six semaines. Le monde ne va pas tarder à la découvrir à son tour.

Du jour au lendemain, l'engouement pour Madonna se transforme en une passion à très grande échelle. Et cela ne fait que commencer... Il reste à montrer à la cohorte de ceux qui prétendent tout savoir et l'ont déjà reléguée à de proches oubliettes, qu'elle n'est pas seulement un joli petit minois dont la popularité serait aussi éphémère que le vol du papillon...

« Tout le monde s'accordait à penser que j'étais sexy. Personne ne semblait trouver que j'avais le moindre talent et cela m'agaçait au plus haut point... »

5

La fiancée du pirate

« Je crois profondément que l'on peut tomber amoureux de quelqu'un en un éclair. C'est d'ailleurs ce qui s'est passé pour moi le jour où j'ai rencontré Sean Penn. »

Euphorie... Quelque chose de grisant est dans l'air. Les vitrines de Noël scintillent encore dans la mémoire des promeneurs du week-end, jouant les prolongations sur des festivités savoureuses, émaillées des vapeurs de marrons grillés.

Nous sommes le 10 janvier 1985 et Madonna est à Los Angeles, aux côtés de Mary Lambert, cette femme blonde de petite taille qui fourmille d'idées fortes. C'est elle qui a réalisé les clips de « Borderline » et de « Like a Virgin ». Elle n'a pas son pareil pour dépeindre Madonna, amplifier à l'excès telle ou telle facette de sa personnalité. Sur « Borderline », elle a montré une fille aguicheuse, sûre de son fait, mais relativement ordinaire, mâchant son chewing-gum et pas toujours bien coiffée. Pour « Like a Virgin », elle a montré ladite jouvencelle devenant femme, découvrant les fastes de Venise et arborant une robe de mariée, avec un zeste de tentation pour le luxe. Sa nouvelle mission consiste à faire de Madonna l'héroïne de la chanson « Material Girl », le deuxième single issu de l'album *Like a Virgin*. Il est grand temps d'ancrer la nouvelle vedette de la pop-music dans une imagerie plus glamour, plus stylée, plus hollywoodienne. Pour ce faire, pourquoi ne pas aller puiser ses références dans le sex-symbol cinématographique le plus fort qu'ait jusqu'alors connu le siècle : celui de Marilyn ?

D'un bout à l'autre, la chanson « Material Girl » tourne autour d'une parodie du film *Les hommes préfèrent les blondes* avec Marilyn Monroe. Le pari est osé car on ne s'approprie pas un tel mythe à la légère. Mary Lambert sait pourtant en extraire la quintessence, insérer la juste proportion d'humour léger et de clin d'œil respectueux. Elle transforme ainsi « Material girl » en un petit bijou du genre vidéoclip.

Au tout début de la vidéo, deux producteurs de cinéma assis dans une salle obscure observent la prestation de Madonna, coiffée et arrangée dans le style des années 50. Ils échangent alors leurs points de vue :

— Elle est fantastique. Je pense que l'on peut en faire une star. Elle pourrait devenir une star majeure ! explique le premier, passablement excité, transpirant du désir de convaincre son homologue.

— C'est une star, lâche son comparse, d'un ton placide, comme si la chose tombait sous le sens.

— La plus grande star de l'univers, insiste l'autre, débitant phrase après phrase du même acabit tout en suggérant des ajustements ici et là.

Son alter ego paraît lassé d'un tel verbiage. Il est évident que cette chanteuse a ce qu'il faut et qu'il ne faut surtout rien changer !

— Je veux la rencontrer, finit-il simplement par dire.

Madonna apparaît alors en gros plan et contemple un magnifique collier de diamants que lui a offert l'un de ses soupirants. La chanson démarre enfin pour de bon, avec une bimbo toute de rose vêtue, portant une robe qui est la réplique exacte de celle portée par Marilyn dans *Les hommes préfèrent les blondes*. Tout en se livrant à un pastiche de la séquence où Marilyn Monroe interprétait avec une savoureuse ingénuité « Diamonds are a girl's best friend », elle se prête à une chorégraphie digne des grandes heures de la comédie musicale. Comme dans la chanson originale, Madonna est encadrée de beaux galants qui dansent autour d'elle, tout en brandissant des cœurs. Le décor a pareillement été reproduit et l'amène à descendre les marches d'un escalier. Cette atmosphère kitsch met superbement en valeur le second single de l'album *Like a Virgin*.

Lors du tournage, alors qu'elle s'apprête à descendre l'escalier rouge, Madonna jette un coup d'œil vers le bas. Elle aperçoit un drôle de garçon revêche, avec une gueule en ovale. Vêtu d'une veste en cuir et les yeux bardés de lunettes de soleil, il déborde d'un charme malicieux.

Le comédien qui est venu rendre visite à la réalisatrice Mary Lambert n'est autre que Sean Penn. Né en 1960, il a d'abord été acteur de théâtre avant de décrocher un rôle dans *Taps* de Harold Becker, qui l'a révélé au public en même temps qu'un autre débutant du nom de Tom Cruise. Sean Penn a ensuite obtenu l'un des rôles principaux du film de John Schlesinger *Le jeu du faucon*. Sa personnalité boudeuse, colérique, parfois même violente lui a taillé une réputation de comédien avec lequel il faudra désormais compter. Penn est considéré comme l'un des acteurs les plus prometteurs de la jeune génération, aux côtés de Cruise, de Charlie Sheen et Matt Dillon, génération appellée par les médias le « Brat Pack » (ou la bande des marmots).

Le contact entre Penn et de Madonna est à la hauteur de la réputation du rebelle du cinéma :

— Vous vous prenez pour Marilyn, c'est cela ? jette Sean à la chanteuse, avec l'arrogance de celui qui tente de cacher sa timidité derrière un paravent d'ironie forcée.

— C'est quoi votre problème ? rétorque Madonna. Vous lancez directement des insultes ? Vous n'êtes pas capable de dire : Bonjour, je suis ravi de faire votre connaissance ?

— Je suis désolé Marilyn, bafouille Sean, le regard fuyant.

Il tend alors la main vers elle :

— Ravi de faire votre connaissance !

Elle se radoucit alors et susurre d'une voix douce.

— Également ravie.

Quelque chose de particulier circule alors dans l'atmosphère. Les électrons qui flottent dans l'air semblent avoir le tournis. Comment expliquer qu'un tel sentiment ait pu naître dans l'étincelle de l'instantanéité ? Madonna l'a pourtant affirmé : elle a immédiatement senti que Sean et elle allaient se revoir, tomber amoureux et se marier !

« Material girl » sort au début du mois de février alors que l'album *Like a Virgin* se voit déjà décerner un triple platine pour trois millions de disques vendus. La sortie du nouveau single donne d'ailleurs des ailes à l'album qui s'installe en position n°1 et y demeure durant trois semaines. « Material Girl » devient le deuxième tube majeur de Madonna, arrosant l'atmosphère des villes les plus diverses, depuis les autoradios des véhicules en stationnement, au juke-box des cafés. Au niveau privé, Madonna entretient une brève liaison avec le chanteur Prince. Pourtant, leur relation n'est pas faite pour durer. Si elle admire Prince en tant que musicien audacieux, imperméable aux usages et toujours prêt à expérimenter de nouvelles choses, elle est gênée par le mutisme dans lequel le prince de Minneapolis aime à se réfugier. Lorsqu'ils sortent ensemble au restaurant, elle doit presque le violenter pour arriver à le faire parler. D'ailleurs selon elle, Prince insistait pour qu'elle commande les plats pour lui. La discrétion que le créateur de *Purple Rain* aime entretenir paraît incompatible avec l'exubérance de Madonna. « Prince aime les femmes obéissantes et dociles », dira-t-elle plus tard en évoquant leur relation.

C'est le 13 février que Sean Penn et Madonna ont leur premier rendez-vous, au club Private Eyes de New York. L'acteur réputé pour son arrogance ne tarde pas à comprendre qu'en matière d'assurance de soi, il a trouvé à qui parler ! Il leur apparaît rapidement qu'il se produit quelque chose d'intense lorsqu'ils sont en contact, comme une électricité mutuelle. Ils passent de longs moments ensemble avec un revers, que Penn découvre avec effroi : l'activité médiatique entourant Madonna est intense. Chacun de leurs déplacements fait l'objet d'une retombée qui lui semble sidérante. Lorsque des journalistes s'acharnent à les suivre jusqu'au cimetière Westwood Memorial où Madonna lui a demandé de l'accompagner pour se rendre sur la tombe de Marilyn Monroe, Penn trouve la chose indécente. Si lui-même rechigne à ce que sa vie privée soit relatée dans les médias, c'est en partie parce qu'il déteste voir sa photographie étalée où que ce soit, se sentant mal à l'aise avec sa propre image.

Sean Penn et Madonna continuent de se voir régulièrement et quelque chose de très fort se dessine. Elle apprécie qu'il écrive des poèmes et lise livre sur livre. Penn est toutefois inquiet des conséquences à long terme d'une relation entre deux caractères pareillement taillés dans le métal brut. Comme il le déclare à Meg Lowery, une amie actrice :

« Je suis fou d'elle. Le problème c'est qu'elle est timbrée. Et que je suis tout aussi timbré. Nous deux ensemble, cela rime avec des ennuis. »

Au cours du printemps, la popularité de Madonna atteint un nouveau sommet. Tandis que « Material Girl » se classe en deuxième position des *charts*, un autre single apparaît, « Crazy for you ». Il s'agit d'une chanson qu'elle a enregistrée sous la direction de Jellybean Benitez en novembre 2003 dans le cadre d'un film de Harold Becker, *Vision Quest*, bien avant les séances de travail sur *Like a Virgin*.

Vision Quest vient tout juste de sortir dans les salles et à présent, Madonna est une star de grande envergure. De façon assez inattendue, « Crazy for you » connaît un immense succès puisqu'il se classe à la première position du hit-parade américain début mai.

La série des singles ne s'arrête pas là. Une autre chanson va bientôt s'imposer sur les ondes : « Into the groove », tirée du film *Recherche Susan désespérément*...

Le film tourné par Susan Seidelman sort le 29 mars, selon un *timing* qui pourrait sembler prémédité tant il intervient au bon moment. Si la voix de Madonna est sur toutes les radios, il ne lui manque qu'une présentation publique à très grande échelle, à même de permettre à tout un chacun de l'identifier immédiatement. Le cinéma vient à point nommé pour la lui apporter.

Le charme de *Recherche Susan désespérément* réside dans ce qu'il plonge le spectateur dans le New York branché du milieu des années 80, ce qui occasionne des décors et vêtements hauts en couleurs et d'une franche démesure. Madonna semble se couler naturellement dans le personnage de Susan, une fille à la fois branchée et sûre d'elle, indépendante et charmeuse, qui vit sa vie sans se soucier des normes.

La chanson qui émerge de la bande originale du film, « Into the groove » est naturellement portée par la vague déclenchée par le film. Elle devient le troisième tube mondial de Madonna. Sur les versions européennes de l'album *Like a Virgin*, « Into the groove » est insérée dans la liste des chansons, ce qui ne peut que renforcer son impact.

Avoir triomphé des clubs et du hit-parade national est une chose. Pour transformer l'essai, il reste à s'imposer auprès de la foule des stades. Depuis le début du mois de mars, Madonna s'est astreinte à la préparation de sa première grande tournée, à l'échelle du continent. Les répétitions se déroulent à Los Angeles, sous la direction d'une meneuse qui ignore la fatigue tant elle peaufine chaque séquence de son spectacle avec l'acharnement d'un sportif en quête d'une médaille olympique.

La tournée *The Virgin Tour* démarre le 9 avril 1985 à Seattle avec trois concerts à guichets fermés au Paramount Theatre. Cette tournée permet de prendre la température d'une popularité, qui déjà fait figure de phénomène. Le 23 avril, tandis qu'elle passe au Civic Auditorium de San Francisco, Madonna apprend que *Like a Virgin* a déjà dépassé les quatre millions d'exemplaires et que les ventes moyennes de l'album sont de 80 000 copies par jour. Les T-shirts de la tournée partent au rythme de un toutes les six secondes. Sur scène, elle révèle une présence fascinante, mais aussi une incroyable légèreté d'humeur :

« Si vous ne pouvez pas faire de blagues sur vous-même, vous n'allez pas être heureux. Vous serez la personne la plus triste qui ait vécu. Durant mes concerts, il y a de nombreux moments où je me contente de me tenir là et de rire de moi-même », raconte Madonna.

Du 6 au 8 juin, Madonna se produit au Radio City Music Hall de New York et ces concerts sont censés signaler la fin du *Virgin Tour*. Une telle prestation est précédée d'un record : les 17 672 tickets mis en vente pour ces trois soirées se sont arrachés en l'espace de 34 minutes ! À la hâte, deux passages au Madison Square Garden de New York sont organisés pour les 10 et le 11. Là encore, les billets partent en un temps record. En l'espace de deux ans, celle qui lançait ses chansons à l'assaut des pistes de danses est devenue la chanteuse la plus populaire des Etats-Unis.

Côté cœur, le baromètre est également au beau fixe. Madonna et Sean Penn sont devenus inséparables…

Un dimanche, tandis que Madonna est en train de s'adonner à sa séance de culture physique matinale, Sean s'approche d'elle avec une lueur particulière dans l'œil.

— Je ne sais pas ce que tu vas me demander maintenant, mais c'est oui ! avance Madonna.

— Voudrais-tu m'épouser ? demande alors Sean.

Le 24 juin, ils annoncent officiellement leur intention de convoler en justes noces. Lorsqu'il apprend la chose, le magnat du disque David Geffen décroche son téléphone pour appeler son ami Sean :

— Tu vas épouser Madonna !… Et dire que moi j'envisageais de devenir hétéro rien que pour toi !

Entendant cela, Sean décoche une belle réplique :

— Allons, David ! Moi j'envisageais de devenir gay à cause de toi !

Pourtant, Madonna est parfois forcée d'atterrir en douceur du royaume des nuages car l'homme dont elle est follement amoureuse a des manières de chien enragé et se montre capable de crises de violence incontrôlée.

Lorsque Madonna se hasarde à confier à Sean Penn qu'elle a eu une liaison avec Prince, la furie manifestée par l'acteur est ahurissante : il en vient à frapper dans le mur avec une force telle qu'il produit un trou dans la surface. La chanteuse confiera plus tard qu'à ce moment-là, elle a commencé à prendre peur des possibles dérives de son amant.

Un matin, alors qu'ils se trouvent dans un hôtel à Nashville, Penn craque lorsqu'il a découvre que des journalistes font le guet dans le couloir. Hors de lui, il se précipite à l'extérieur de la chambre, une pierre dans la main.

Après avoir jeté ce projectile sur un photographe, il arrache son appareil puis s'en sert comme d'une arme pour le frapper copieusement. Il se saisit ensuite à nouveau de la pierre pour frapper à la tête un autre journaliste qui entreprend d'avancer dans sa direction, et dans le même temps, lui décoche un coup de poing dans l'œil.

Le 30 juin, Penn est condamné à quatre-vingt-dix jours de prison avec sursis.

Au début de l'été, le passé de Madonna vient la rattraper malgré elle. Les photographies de nu qu'elle a effectuées en

1979, afin de pouvoir payer son loyer, sont sur le point d'être exhibées au public. Deux magazines, *Playboy* et *Penthouse* ont eu vent de ces clichés jadis capturés par Lee Friedlander et Martin Schreiber, et ont pareillement déboursé des sommes folles pour obtenir le droit de les publier...

Le fait que de telles photos surgissent alors, embarrasse fortement Madonna. Ce qui la gêne avant tout, c'est de savoir que son père pourrait les voir. Par ailleurs, quelle pourrait être la réaction de Sean ? Avant tout, elle ne parvient pas à comprendre comment une telle chose a pu lui échapper.

« La chose qui m'a ennuyée n'était pas que ce soit des photos de nu, mais la sensation de ne pas avoir le contrôle des choses, pour la première fois, dans ce que je pensais être plusieurs années de planification attentive, consciente de ce qui allait se passer », commente-t-elle.

Madonna hésite un certain temps sur la marche à suivre vis-à-vis des médias. Progressivement, elle choisit d'agir comme Marilyn l'a fait en son temps, en prenant la chose de façon légère et en tâchant de la tourner à son avantage.

Le numéro de *Playboy* sort le 8 juillet 1985 — bien qu'il soit daté de septembre. La couverture fait apparaître une image récente de la chanteuse, coiffée comme sur la pochette de *Like a Virgin*, mais avec une attitude canaille et accro-cheuse. L'accroche est sans équivoque : « Madonna nude - unlike a virgin... For the very first time » (Madonna nue - pas comme une vierge. Pour la première fois). Pour mieux inciter les lecteurs occasionnels à acquérir leur exemplaire, la couverture précise aussi qu'il s'agit de la dernière édition « agrafée » et qu'à ce titre, c'est une pièce de collection.

Une semaine après la parution des photos dans *Playboy*, le 13 juillet, Madonna se produit au JFK Stadium de Philadelphie pour le concert humanitaire *Live Aid*, inter-prétant aussi bien « Into the groove » que la chanson

« Revolution » des Beatles, en compagnie du groupe Thompson Twins. Elle a choisi alors de traiter la chose avec ironie et s'est donc vêtue d'un grand manteau de fourrure alors que la chaleur estivale est encore ardente.

« Je ne vais pas vous mettre mal à l'aise, je vais garder mes vêtements, je ne vais rien retirer aujourd'hui, lâche-t-elle, afin de ne pas en entendre parler plus tard. »

Mais Madonna n'est pas au bout de ses peines. À présent, c'est le réalisateur John Stephen Lewicki, qui, trop heureux de profiter de la soudaine popularité de la star, annonce qu'il va sortir en vidéo le film de série B, *A certain sacrifice*, que Madonna a tourné entre 1979 et 1981. Décontenancée, Madonna propose 10 000 dollars à Lewicki en dédommagement s'il veut bien lui revendre la pellicule du film. La somme pourrait paraître peu importante, mais c'est tout de même la moitié du budget dont a disposé Lewicki pour son tournage. Comme le réalisateur refuse de céder, l'affaire se poursuit en justice. En conséquence, la presse s'empare de ce scandale : le *New York Post* fait ses gros titres sur le ton « Madonna cherche à bannir un film dans lequel elle joue nue. »

« Je pense que Madonna a tenté d'empêcher la sortie du film pour se faire de la publicité plus que pour tout autre chose », analysera par la suite Stephen Lewicki, évoquant l'hystérie qu'aurait soulevée l'affaire. Selon lui, la chanteuse n'a défendu son dossier que d'une façon assez molle, trop heureuse de bénéficier des retombées médiatiques. Le 2 août, Madonna est déboutée et le réalisateur *underground* se voit autorisé à publier la vidéo.

Le film *A certain sacrifice* sortira à l'automne à un prix particulièrement élevé (près de 60 dollars), avec sur la pochette une mention à sensation « Le film que même Madonna n'est pas parvenue à censurer ! »

Pour la cérémonie du mariage avec Sean Penn, Madonna a choisi une date symbolique, le 16 août 1985, celle du jour où elle fête ses vingt-sept ans. Pourtant, jusqu'au dernier moment, le jour exact et surtout le lieu sont entourés d'un relatif secret. L'événement comporte une importante dose de mystère, mais somme toute mesurée, comme si au fond d'elle-même, Madonna souhaitait que les médias parviennent à le résoudre pour mieux relayer l'événement…

Les invités qui reçoivent le carton d'invitation du couple apprennent que l'on y fêtera les trente-cinq ans de Sean (né le 17 août 1960), les vingt-sept ans de Madonna (elle-même née un 16 août), et que la célébration du mariage aura lieu à dix-huit heures. Sur ledit carton figure un pastiche d'un tableau ultracélèbre de la culture américaine : *American Gothic* de Grant Wood, montrant un couple de fermiers austères — le mari tient une fourche à la main — debout et figés devant une vieille église. Madonna et Sean apparaissent en lieu et place des modèles originaux.

« Par besoin d'intimité et l'envie de vous faire languir, l'adresse de la soirée à Los Angeles ne sera révélée que la veille », précise l'invitation. Il est entendu que les invités seront directement informés de la date et du lieu exact par téléphone.

Depuis plusieurs jours, le *staff* de Madonna a fait pression sur Penn afin qu'il signe un contrat de mariage établissant comment leurs biens respectifs seraient répartis dans l'éventualité d'un divorce. En dépit d'une telle insistance, relayée par la chanteuse elle-même, Penn refuse de céder, estimant qu'on lui demande là de signer son arrêt de mort.

Deux jours avant la cérémonie, l'acteur enterre sa vie de garçon dans un *nightclub* d'Hollywood. Durant la soirée, alors qu'il a bu davantage qu'à l'accoutumée, il laisse éclater son désarroi, allant jusqu'à envisager la perspective d'annuler le mariage... mais reculant au vu de ce que pourrait être la réaction de Madonna.

« Je l'aime, c'est sûr, confie Sean à un ami proche. Mais nous allons nous déchirer. Ensemble, nous sommes du nucléaire ! Du nucléaire ! »

Le théâtre des festivités choisi par les futurs mariés est la maison de Dan Hunger, un ami de la famille Penn, située au 6970 Wildlife Road, à Malibu Beach en Californie. Perché au sommet d'une falaise, ce palace a coûté la bagatelle de 6,5 millions de dollars. Certains reporters font le guet devant deux demeures voisines, celle du père de Sean, le producteur Leo Penn, qui en guise de leurre, est protégée par un vigile armé d'un Magnum. D'autres stationnent devant celle de Timothy Hutton, un autre ami de Sean. Quelques journalistes finissent toutefois par découvrir le pot aux roses à force de suivre les déplacements des camions de traiteur de la ville — il se dit aussi que l'artiste Andy Warhol aurait commis la « gaffe » de révéler le lieu en présence d'autres personnes.

Dès le petit matin, les représentants des médias convergent vers la propriété de Dan Hunger à Malibu. Les indésirables doivent pourtant affronter une véritable armée de vigiles munis de jumelles à infra-rouge. S'incruster semble relever de l'impossible : pour s'immiscer jusque dans la salle de réception, il faut montrer patte blanche et dévoiler ses papiers d'identité devant chacune des trois portes d'acier s'élevant sur trois mètres de hauteur. Pourtant, certains d'entre eux affichent une détermination sans faille pour passer outre les mesures de protection mises en place.

Tout au long de l'après-midi, les invités officiels débarquent dans la demeure de Malibu. Parmi eux figurent Rosanna Arquette, David Geffen, Diane Keaton, Cher, Rob Lowe, Martin Sheen, Christopher Walken, David Letterman, et aussi quelques acteurs qui débutent alors leur carrière tels Timothy Hutton, Tom Cruise et Carrie Fisher. Madonna a préparé la liste en demandant à son entourage quelles étaient les personnalités qu'il serait intéressant de faire venir.

En dépit du barrage mis en place, certains reporters parviennent à s'immiscer sur les lieux. L'astuce a consisté à se déguiser en serveurs, puis à escalader les murs tout en déjouant la surveillance des vigiles. Après avoir subtilisé quelques plateaux en argent et servi aux convives petits fours et champagnes, les journalistes parviennent ainsi à suivre la cérémonie de l'intérieur. L'un des intrus est un photographe italien qui se tient accroupi dans les buissons — il va demeurer dans une telle posture dix-sept heures durant — le visage barbouillé de noir et les vêtements camouflés par du feuillage. Il sera hélas repéré par un cerbère quarante minutes avant que ne démarre la cérémonie nuptiale et se verra expulsé sans autre forme de procès.

La musique de *Moments in love* de Art of Noise a été choisie par le couple comme bande sonore du moment solennel de leur union. Sean avance vêtu d'un smoking de Gianni Versace tandis que Madonna, coiffée d'un melon noir, s'affiche dans une robe blanche dont la traîne s'étale sur trois mètres de longueur, ornée d'une ceinture rose et argentée, de fleurs séchées et de pierres.

Tout semble annoncer un moment idyllique et Madonna a déjà commencé à remonter l'allée centrale au bras de son futur mari, lorsqu'une douzaine d'hélicoptères surgissent dans le ciel et entreprennent de sillonner l'espace au-dessus de la demeure ! Aussitôt, Madonna éclate en un fou rire communicatif. Pour sa part, le fougueux Sean oublie toute réserve et lâche sa promise.

« Bienvenue dans le *remake* de *Apocalypse Now* », grogne Sean. Très vite, le jeune marié pète les plombs. Accourant vers le bord de la falaise, il entreprend d'écrire « FUCK YOU » en lettres de six mètres sur le sable. Hors de lui, il hurle envers les indiscrets et leur montre le poing, une demi-heure durant.

« Si j'avais un fusil, je ferais exploser l'un de ces enfoirés ! », hurle Penn. Certains de ceux qui ont assisté à la scène ont prétendu qu'il serait allé jusqu'à saisir un pistolet semi-automatique qu'il aurait déchargé fébrilement en direction des hélicoptères, tout en criant « J'aimerais voir brûler l'un de ces hélicos avec les corps qui fondent à l'intérieur. »

Madonna, habituée à voir son amant céder à l'excitation, et jusqu'alors amusée par de tels excès, tente en vain d'adoucir son humeur.

« J'ai alors réalisé que ma vie ne serait plus jamais la même », confie Madonna.

La cérémonie reprend à dix-huit heures trente. Le pasteur John Merrick recueille les vœux de fidélité des jeunes mariés et prononce un discours empli de drame. Sous la musique des *Chariots de Feu*, Sean relève ensuite le voile de sa promise pour l'échange d'un baiser.

Le couple apparaît ensuite au balcon de la demeure. Un verre de champagne à la main, Sean salue les invités avant de porter un toast à la « plus belle femme du monde ». Espiègle, il enfouit ensuite sa tête sous la robe de sa nouvelle épouse pour retirer sa jarretière. Le dîner peut ensuite démarrer en plein air, les invités se servant copieusement en caviar, espadon grillé ou huîtres au curry, sous une tente blanche.

« J'ai bien regardé Madonna et elle est belle. Elle et Sean paraissent très amoureux. Elle était en blanc, avec un chapeau melon sur la tête. J'ignore ce que cela est censé signifier », relate alors l'espiègle Andy Warhol.

Le bal s'ouvre avec une chanson de Sarah Vaughan, « I'm crazy about the boy ». Très en forme, Madonna exhibe le slip aux couleurs vives qu'elle porte sous sa robe de mariée.

Les cadeaux apportés par les amis du couple occupent une pièce entière de la demeure de Dan Hunger. On y trouve de la vaisselle de Tiffany, un juke-box à l'ancienne, une série recouverte de graffitis d'Andy Warhol.

« C'était un mélange parfait de célébrités et d'inconnus, raconte Warhol. Quelque chose de vraiment excitant. Sans avoir à bousculer qui que ce soit, il était possible de voir tous ceux qui se trouvaient sous la tente, avec de jeunes acteurs comme Emilio Estevez ou Tom Cruise qui donnaient l'impression d'avoir enfilé le costume de leur papa. »

Durant la soirée, tandis que Madonna danse allègrement, Sean paraît souvent morose et sombre. Alors que la nuit s'avance, la nouvelle épouse aurait dit, sans que l'on puisse savoir si c'est le champagne qui l'aurait incitée à une telle confidence : « J'ai plus d'argent que lui, et j'en aurai encore plus quand cette histoire sera achevée. »

À la suite de leur mariage, le couple s'installe dans une villa espagnole de Malibu, avec un jardin de vingt hectares et une immense vue sur l'océan Pacifique. Soucieux de préserver leur intimité de ces médias qu'il honnit tant, Penn fait appel à des entrepreneurs de la région afin qu'ils bâtissent un mur autour de la propriété, avec des pointes au sommet.

Lorsqu'il invite des amis à la maison, Sean aime plaisanter sur le fait que la Ciccone devenue l'une des femmes les plus riches du pays aime toujours s'affairer à la vaisselle.

Sean Penn le vit quotidiennement et ne parvient pas à s'y résigner : être le compagnon de Madonna équivaut inévitablement à subir le harcèlement continu des médias. Or, la presse ne tarde pas à étaler au grand jour les disputes qui éclatent lorsqu'ils se retrouvent en public.

À peine mariés, Madonna et Sean semblent déjà vivre une relation houleuse. Un projet commun pourrait peut-être les aider à aller de l'avant. Ils le trouvent bientôt sous la forme d'un film qu'entend produire George Harrison depuis sa société Handmade Films.

Depuis que les Beatles se sont séparés, Harrison a investi une partie de la fortune amassée, dans le cinéma et il a notamment produit les films des Monty Python. À présent, l'ancien guitariste a débloqué un budget de 17 millions de dollars pour un projet de film baptisé *Shanghai Surprise* dont il entend composer la bande originale. L'idée de faire tourner Sean Penn aux côtés de son épouse apparaît alors du meilleur augure.

Dans *Shanghai Surprise*, Sean Penn est censé interpréter un individu louche qui en apparence est représentant en cravates. L'action se passe à Shangai. L'arnaqueur fait la connaissance d'une missionnaire religieuse, Gloria Tatlock (le personnage que va jouer Madonna). Tous deux vont chercher à mettre la main sur une cargaison d'opium, mais pour des raisons radicalement différentes. Elle voudrait s'en servir pour la confection d'un anesthésique destiné à soulager les douleurs des soldats blessés, tandis que lui cherche à négocier un tel butin pour payer son retour vers les USA.

Au début du mois de janvier 1986, Madonna et Sean Penn se retrouvent à Macao, une île voisine de la Chine, afin de tourner ensemble dans *Shanghai Surprise*, sous la direction de Jim Goddard. S'ils ont tous deux apprécié le scénario qu'ils ont découvert à l'automne, ils vont au devant d'une grave déconvenue. Rien ne semble se dérouler comme prévu.

« Une fois que nous sommes arrivés, il s'est trouvé que le réalisateur n'avait aucune idée de ce qu'il faisait, et la situation n'a cessé d'empirer de jour en jour. C'était une expérience misérable », raconte Madonna.

Le couple Penn tente d'améliorer le script en y apportant quelques modifications mais rien ne semble empêcher ce qu'ils voient venir : *Shanghai Surprise* prend des allures d'un inévitable navet. L'atmosphère devient de plus en plus pesante à mesure que les deux principaux acteurs prennent conscience du fiasco attendu. De son côté, Penn se montre de plus en plus agressif envers les reporters qui traînent autour du couple vedette.

L'irritation ressentie par l'acteur atteint son zénith un jour alors qu'il entre dans sa chambre d'hôtel. Sean Penn et son assistant, un entraîneur de kick-boxing, surprennent un individu sur les lieux — ils affirmeront plus tard que celui-ci aurait cherché à les agresser.

Afin de faire passer à l'intrus le goût de recommencer, les deux hommes le passent par-dessus le balcon et le maintiennent suspendu dans les airs depuis le 9ème étage de l'immeuble. L'homme plaide alors qu'il n'est qu'un simple paparazzi et non pas un cambrioleur. Calmés, Sean et son assistant le tirent et le font finalement atterrir sur le sol de l'étage. Toutefois, comme la police a été alertée, les deux agresseurs sont jetés dans une geôle de Macao avec une accusation de tentative de meurtre.

Une fois dans leur cellule, alors qu'il sont assis sur le sol de pierre, Sean et son assistant découvrent, non sans stupeur, que la porte en est restée entrouverte. Tentant le tout pour le tout, ils se faufilent dans les couloirs, prennent leurs jambes à leur cou et parviennent à s'échapper. À l'aide d'un petit avion hydroglisseur, ils quittent l'île au plus vite. Ils présenteront ensuite leurs excuses au gouvernement portugais (qui est encore propriétaire de l'île de Macao) et celles-ci seront acceptées.

Le 21 février, l'équipe se retrouve à Londres afin de compléter le tournage de *Shanghai Surprise*. Peu après leur arrivée, un photographe est renversé par la limousine du couple Penn. Outrée, la presse britannique s'en prend fortement à Sean et Madonna, un quotidien les traite de « poison ». Madonna dira plus tard que les médias s'étaient montrés « vicieux et grossiers » à leur égard.

Afin de calmer les esprits, une conférence de presse est organisée le 6 mars à Kensington Roof Gardens (Londres). George Harrison et Madonna y sont présents. Un journaliste demande à la chanteuse si elle est prête à fournir des excuses concernant l'attitude que Sean et elle-même ont manifestée à l'égard des médias. Elle répond simplement :

— Je n'ai rien à excuser.

À tort ou à raison, George Harrison ne fait rien pour apaiser la situation, affichant alors une solidarité de principe.

À leur retour aux USA, le couple assiste à la première du film *At Close Range*, de James Foley dans lequel joue Sean. Le contraste entre les deux amoureux est alors frappant. Madonna est rayonnante, douce, enjouée. Sean Penn apparaît haineux, le regard mauvais, tel un taureau fielleux, incapable de réfréner son hostilité :

— Pourquoi êtes-vous ici ce soir, vous avez envie de vous réconcilier avec la presse ? hasarde un reporter présent.

— La presse ? Lorsqu'ils disent du mal de moi, je leur dis : allez vous faire f… ! répond Sean Penn. Si je suis ici, c'est uniquement pour soutenir ce film.

Le sourire aux lèvres, Madonna semble partagée entre l'admiration qu'elle éprouve pour son époux et le désir pressant d'empêcher qu'il aille trop loin.

— On ne vous a pas vu beaucoup récemment, dit le reporter.

Madonna saute sur l'occasion de happer le micro et lance, un large sourire avenant sur les lèvres :

— Nous avons été fort occupés à travailler !

— Bonne réponse, dit le reporter. Comment se passe le tournage ?

— Nous l'avons achevé, nous espérons que ce sera un bon film, répond-elle avec grâce, trop heureuse d'avoir évité que Sean reprenne la parole.

En avril, un nouveau single de Madonna sort, « Live to tell », issu du film *At close range* dans lequel joue Sean Penn. La musique a été écrite par Patrick Leonard, l'un de ses compositeurs fétiches. Pour la chanteuse, il s'agit d'un nouveau succès majeur car « Live to tell » se classe à la position n°1 du hit-parade américain dès le 7 juin.

Un tel accueil est du meilleur augure pour le troisième album de Madonna qui sort juste avant l'été. En effet, *True Blue* apparaît comme un disque différent des deux premiers, empreint d'une nouvelle maturité. Sur la pochette, la chanteuse se montre sous un nouvel aspect, de profil, le visage relevé, avec les cheveux courts tirés en arrière. Elle présente ainsi une allure de plus en plus raffinée, tirant un trait sur la Madonna des débuts, celle des foulards, breloques et de la coiffure néo-punk. L'album a été coproduit en partie par son vieil ami Steve Bray mais aussi par Patrick Leonard, qui, pour l'occasion, a composé la musique de plusieurs morceaux dont « Papa don't preach » et « La Isla Bonita ».

True Blue n'est pas en soi un album extraordinaire. Il ne fait que poursuivre un chemin déjà entamé, exploitant ici et là des recettes déjà éprouvées. Il révèle toutefois un bon équilibre et une belle brochette de hits : « Live to tell », « Open your heart », « Papa don't preach », sans oublier l'hispanique « La Isla Bonita ».

De tous les singles à venir de l'album, l'un d'eux est à même de susciter une belle controverse : « Papa don't preach ». Il s'agit d'un véritable tour de force, puisque les paroles prennent à rebrousse-poil d'une façon totalement inattendue les féministes comme les conservateurs, et se paient même le luxe de les mettre dos à dos. Le texte a été écrit par l'auteur Brian Elliott mais Madonna se l'est aisément approprié.

Après une ouverture aux violons qui pourrait donner à croire qu'elle introduit une chanson à la Sinatra, un riff de synthétiseur lance « Papa don't preach » sur un tempo de danse efficace, anodin en apparence. Sur une telle base, la chanteuse informe son père que, bien qu'elle sache qu'il sera bouleversé de l'apprendre, elle est enceinte et entend conserver son bébé ! D'où le refrain : « Papa, ne prêche pas, je suis vraiment dans l'ennui, je ne dors plus, mais j'ai pris ma décision, je garde mon bébé. »

Avec « Papa don't preach », Madonna frappe là où on ne l'attend pas… Les féministes des années 70 ont axé une partie de leurs revendications sur la capacité à choisir de se faire avorter plutôt que de conserver coûte que coûte un enfant, ce qui était la position des institutions religieuses. La chanteuse inverse la situation puisqu'elle est confrontée à un père « prêcheur » qui voudrait qu'elle ne garde pas son bébé et fait valoir son pouvoir de choix en décidant de le conserver !

Selon Madonna, « Papa don't preach » est une « chanson à message qui risque fort d'être mal interprétée par les uns et les autres. » De fait, certains groupes anti-avortement tels que Planned Parenthood applaudissent ouvertement au message qu'ils croient percevoir dans la chanson. Inversement, des associations parentales déplorent qu'elle disculpe les adolescentes se retrouvant enceintes.

Durant l'été, Madonna est frappée de plein fouet par une épidémie qui vient bouleverser le monde et porte le nom de sida. L'un des amis qu'elle a connu à New York, Martin Burgoyne a contracté le virus et ses forces se détériorent de jour en jour. Intimement touchée, la chanteuse est souvent envahie par les larmes à cette seule idée.

Elle prend soin de Burgoyne, lui louant un appartement près de l'hôpital où il suit un traitement, et prenant en charge ses frais médicaux. Elle va jusqu'à demander à Sean Penn de prendre l'avion pour Mexico afin d'y acheter un médicament expérimental en vente sur place. Le traitement échoue et Burgoyne s'éteint fin novembre — Madonna se trouve alors à ses côtés et lui tient la main jusqu'à sa dernière seconde.

Shanghai Surprise sort au tout début de l'automne et se voit assassiné par la critique. Il est vrai que Sean Penn n'a strictement rien fait pour se faire aimer des journalistes. Madonna, quant à elle, a découvert avec horreur qu'une partie de ses scènes a été coupée et que ce qui a été conservé lui donne souvent une allure simplette. Elle s'abstient non seulement de participer à sa promotion et a même des mots durs pour le film dont elle compare le tournage à un « bateau sans capitaine ».

Comme prévu, le long-métrage connaît un échec sans appel et se révèle un bide cuisant sur le plan financier pour George Harrison. Au fond de lui, l'ex-Beatles est assez insatisfait des performances des deux acteurs et s'en ouvrira plus tard au magazine *Creem* : « Dans certaines scènes, il est aisé de voir que Sean est mécontent. Il y avait peut-être des raisons à cela, mais le professionnalisme consiste à faire juste ce que l'on a à faire. » Harrison ne se montrera pas plus tendre envers Madonna à laquelle il reproche d'être un peu trop entourée de flagorneurs.

Aux USA, *Shanghai Surprise* ne récolte que 2,3 millions de dollars alors qu'il a coûté 17 millions à son producteur. Comme blessé par l'expérience, le réalisateur Jim Goddard ne tournera plus jamais de long métrage pour le cinéma. Quant à Sean Penn, il ira jusqu'à dire à Chrissie Hynde des Pretenders : « En tant qu'amie, je te demande de ne pas aller le voir. »

Consolation pour Madonna : *True Blue* se classe à la position n°1 du Billboard et va devenir l'album le plus vendu de la chanteuse au niveau international, avec sept millions d'exemplaires écoulés sur le seul territoire américain et treize dans le reste du monde.

À l'heure où Michael Jackson peine à réitérer l'exploit accompli quatre ans plus tôt avec *Thriller* et à une époque où Prince semble se chercher, Madonna s'affirme comme la plus grande star mondiale.

- 6 -

Qui est cette fille ?

« J'essaye de vivre normalement, je ne roule pas en limousine et je n'ai pas de garde du corps, j'essaye de rester simple. »

Que la météo soit clémente ou annonce un temps d'orage, qu'elle soit à New York ou à Los Angeles, elle court. Accompagnée de son *coach* personnel, elle avale une quinzaine de kilomètres au risque d'essouffler celui qui a pour charge de la maintenir en forme. Pour préserver sa quiétude lors de son jogging matinal, elle s'affuble d'une petite casquette et de lunettes qui, conjuguées à une coiffure adéquate, ont le pouvoir de la rendre anonyme. La tâche d'entraîneur n'est pas de tout repos car l'élève est une acharnée de l'effort, impitoyablement dévouée à la cause de la souplesse. Une fois l'échauffement achevé, elle enchaîne avec une bonne heure de gymnastique en intérieur. Grâce à un tel régime, Madonna entend véhiculer une nouvelle image à la fois sexy et athlétique, avec des tenues de scènes plus courtes, souvent composées de seuls sous-vêtements et qui doivent mettre en valeur une plastique irréprochable.

Jamais Madonna ne se soustrait au programme sportif qu'elle s'est elle-même imposée. Dans une même logique qui vise à préserver une ligne parfaite, la chanteuse suit un régime végétarien, consommant des avocats et des céréales, buvant du jus d'orange ou de l'eau. Elle ne touche absolument pas à la drogue et affirme ne trouver aucune raison valable de s'y adonner.

En cet automne 1986, l'échec sans appel du film *Shanghai Surprise* demeure douloureux pour le couple Penn. Si Sean a déjà fait ses preuves et n'a pas d'inquiétude à nourrir sur son avenir d'acteur, il n'en est pas de même pour Madonna, qui a encore tout à prouver en la matière. Jusqu'alors, son seul fait de gloire reste *Recherche Susan désespérément* mais le personnage de Susan était trop proche de sa personnalité pour mettre en valeur son talent de comédienne. S'imposer comme telle lui tient à cœur et l'amène à se tenir informée des projets en cours. Après avoir considéré plusieurs rôles, dont le *remake* d'un personnage jadis joué par Marlene Dietrich, elle jette son dévolu sur un projet du réalisateur James Foley. Ce jeune cinéaste vient d'achever le tournage d'un film avec Sean Penn, *At close range (Comme un chien enragé)*. À présent, Foley souhaite adapter une comédie légère tournée par Howard Hawks exploitant le contraste entre un homme du monde maniéré et gauche — interprété par Cary Grant — et une fille un peu délurée, jouée par Katharina Hepburn. Dans ce film de 1938, *Bringing up baby*, tous deux se retrouvaient impliqués dans une série de situations invraisemblables, à la suite d'un étrange enchaînement de circonstances.

Impressionné par le rythme et le burlesque de l'original, Foley envisage un scénario similaire, jouant là encore sur la différence de personnalités des deux héros : une blonde simplette et un juriste guindé, et sur une succession d'événements digne d'un vaudeville. Le premier titre retenu est *Slammer* (prison) mais il évoluera en *Who's that girl ?*

L'histoire de *Who's that girl* est celle de Nikki Finn, une fille dynamique et directe qui vient de purger une peine de quatre ans de prison pour un crime qu'elle n'a pas commis. Déterminée à prouver son innocence par tous les moyens, elle sollicite le concours de son avocat et l'entraîne malgré lui au fil d'aventures rocambolesques.

Le tournage démarre à New York en novembre sous de bons auspices. Foley connaît son métier, les acteurs masculins Griffin Dunne et Sir John Mills sont de bonne compagnie. Madonna, qui apparaît en blonde décolorée, prend un malin plaisir à jouer dans une telle comédie.

« J'ai l'impression que *Who's that girl* est mon premier film. Je ne me suis jamais sentie aussi bien sur un plateau », dit-elle alors.

Au niveau discographique, tous les indicateurs sont au beau fixe. À la fin novembre, l'album *True Blue* dépasse les 3 millions d'exemplaires et un nouveau single en est extrait : « Open your heart ». Le clip vidéo de cette chanson dégage une certaine ambiguïté. Bien qu'elle ne s'y déshabille pas, Madonna apparaît dans le rôle d'une strip-teaseuse, aguichant quelques clients de passage qui la contemplent avec envie tandis qu'elle prend des poses lascives. Un petit garçon tente en vain d'entrer dans le *peep show* mais se voit refuser l'accès. Vers la fin de la vidéo, Madonna dépose un baiser sur les lèvres du gamin et l'emmène avec elle loin de ce lieu glauque. Dès le 3 février 1987, « Open your heart » s'installe à la première place des *charts* tandis que *True Blue* passe le cap des 4 millions d'exemplaires vendus.

Au niveau personnel, la situation est loin d'être aussi rose. Plus d'une année s'est écoulée depuis leur mariage et à présent, Madonna et son époux passent une grande part de leur temps en récriminations. Les crises de colère de Sean se multiplient et peuvent l'amener lorsqu'elles sont trop fortes, à s'emparer d'un fusil et à tirer sur des lapins ou des oiseaux. Lors des réceptions que le couple donne à Malibu, il lui arrive de s'emporter, s'il a l'impression qu'un invité sympathise un peu trop avec sa femme. Au cours d'une soirée, il va jusqu'à jeter Madonna dans la piscine devant le regard ahuri des convives. Sean peut aussi aller jusqu'à se montrer violent vis-à-vis d'un proche de Madonna qui se montrerait trop chaleureux en saluant la chanteuse. Dans de tels moments, elle se sent humiliée et développe une aversion pour cet homme qui partage sa vie.

Le réalisateur Denis Hopper sollicite bientôt Sean Penn pour son nouveau film, *Colors*. L'acteur doit incarner un policier aux prises avec la guerre des gangs sévissant à Los Angeles, et qui, tout comme lui, manque singulièrement de *self control*. Le tournage va connaître un incident de parcours sérieux, du fait de l'irritabilité de Sean. Hors de lui, l'acteur roue de coups un infortuné figurant. Motif : ce dernier a voulu le prendre en photo sans lui avoir au préalable demandé la permission. À la suite de la plainte déposée à son encontre, Sean passe un mois en prison.

Au début de l'année 1987, Madonna enchaîne les répétitions d'une tournée qui doit l'amener à sillonner le monde, révélant son nouvel aspect, une chevelure blonde et courte sur un corps fin et affermi par de longues séances d'exercices. Aller à la rencontre de ses fans implique désormais de traverser les océans tant son succès est universel. Ainsi, lorsqu'elle classe son single « La Isla Bonita » à la première position des ventes en Angleterre, le 25 avril, elle crée un précédent : jusqu'alors, aucune chanteuse n'avait inscrit quatre titres au sommet des *charts*.

L'ouverture de la tournée *Who's that girl* a lieu le 14 juin 1987 au Nishinomiya Stadium de Tokyo. Ce sont les fans japonais de Madonna qui ont la primeur de découvrir son nouveau *look* : cheveux peroxydés coiffés vers l'arrière, maillot noir et bas filetés, avec une allure générale à mi-chemin entre une meneuse de revue et Marilyn Monroe.

Le show mis en scène a pris de l'envergure, avec des chorégraphies réglées au millimètre près, multipliant les figures de style. D'immenses écrans placés en regard de la scène agrémentent de vidéos la performance des danseuses qui encadrent la nouvelle fée du music-hall, soulignant le caractère dramatique ou festif de certains titres. Durant son tour de chant, elle fait parfois sensation. Madonna profite ainsi de la chanson « Papa don't preach » pour houspiller le Pape qui s'oppose à toute méthode de contraception. En tant qu'organisatrice du show, elle montre une facette capricieuse qu'on ne lui connaissait pas jusqu'alors et qui sera heureusement éphémère. Ainsi les membres de son équipe ne sont pas autorisés à lui parler directement et doivent passer par des intermédiaires s'ils veulent lui transmettre un message.

Le 27 juin, Madonna débute le volet américain de la tournée *Who's that girl* à l'*Orange Bowl* de Miami et affronte soir après soir des salles pleines à craquer lors d'un périple qui transite par le Canada. Le seul incident notable se déroule le 5 août, quelques jours avant son arrivée dans le Michigan. Interviewée par un journaliste de NBC, elle décrit sa cité natale, Bay City, comme une « infecte petite ville ». Elle fera des excuses publiques lors du concert donné deux jours plus tard devant 42 000 fans réunis dans le Silverdome à Pontiac. Il est vrai qu'en cette période précise, Madonna ne souhaite aucunement rebuter les médias...

La première de la comédie *Who's that girl* a eu lieu le 6 août à New York. Satisfaite de sa prestation, Madonna participe activement à sa promotion, se montrant élogieuse du film comme de son réalisateur. Pourtant, *Who's that girl* est fort mal jugé par les commentateurs cinématographiques. Madonna a même la sensation que les journalistes, perchés sur les hauteurs comme des vautours, attendent la moindre occasion pour la déchirer en lambeaux. Avec le recul, il semble que Foley ait tenté de restituer l'esprit vif et enlevé de la comédie bouffonne de Howard Hawks sans réaliser qu'il n'était pas en adéquation avec les attentes du public d'aujourd'hui. Le bilan du premier week-end d'exploitation est plus qu'inquiétant : le film ne rapporte que 2,5 millions de dollars ! *Who's that girl* est rapidement retiré de l'affiche au vu de ses maigres performances sur les écrans américains. Au niveau des recettes en salle, il plafonne à 7 millions de dollars.

Une fois de plus, la popularité de la chanteuse compense les échecs de l'actrice. Si *Who's that girl* évite le fiasco financier complet, c'est pour une raison unique. Le film est associé à une chanson coécrite et produite par ses partenaires Steve Bray et Pat Leonard. Le 22 août, le single *Who's that girl* s'inscrit à la première position du *hit parade* américain. Le disque de la bande originale du film, qui ne comporte pourtant que trois chansons interprétées par Madonna, va se vendre à plus d'un million d'exemplaires aux USA.

Pour l'heure, la tournée aborde le sol européen avec un concert dans la ville anglaise de Leeds le 15 août.

En France, treize jours plus tard, Madonna défraye la chronique lorsqu'elle rencontre l'artiste Line Renaud, qui mène alors un combat contre le sida, afin de lui offrir un chèque de 85 000 dollars comme aide à la recherche. Jacques Chirac, alors Premier Ministre d'un gouvernement de cohabitation a accepté de la rencontrer sur l'insistance de sa propre fille, grande fan de la chanteuse. Lors de la même cérémonie, Chirac vient enlacer Madonna et l'embrasser, en guise de remerciement pour sa générosité, ce qui occasionnera de nombreux commentaires facétieux dans la presse... Il est vrai que Madonna a ponctué son passage d'un geste à même de marquer les esprits : lorsqu'elle se produit le lendemain au Parc de Sceaux, elle lance sa petite culotte à la foule en liesse. Cent trente mille spectateurs sont venus l'acclamer, ce qui représente alors la plus forte audience jamais réunie en France pour un artiste.

La dernière représentation de la tournée *Who's that girl* a lieu le 6 septembre à Florence en Italie. Un mois plus tard, le magazine financier *Forbes* désigne Madonna comme l'artiste féminin ayant engrangé le plus gros revenu de l'année.

Entre Madonna et Penn rien ne va plus. Sean est dominateur et dans une certaine mesure, cela a longtemps plu à son épouse (elle dira plus tard qu'il est le seul homme qui l'aie jamais dominée). Il se révèle également protecteur et surveille ce qu'elle porte, ce qui peut l'amener à dire :

— Tu ne porteras pas cette robe, on voit tout à travers !

Un an après leur mariage, une telle emprise ne convient plus à cette âme foncièrement indépendante. Madonna ne supporte plus ce caractère, outrageusement excessif et ces sautes d'humeur, d'autant que le ressentiment que les médias éprouvent à l'égard de l'acteur rejaillit sur elle. Irrité par la présence des photographes, Sean n'hésite pas à se battre avec eux. Si Madonna s'est d'abord amusée de la chose, une telle inconvenance l'indispose à présent.

À la mi-novembre, un album particulier est proposé par Warner. Intitulé *You can dance*, il est composé d'une série de tubes tels que « Into the groove » ou « Holiday », retaillés par des champions du remix comme le légendaire Jellybean Benitez, l'ancien *boyfriend*. Destiné avant tout au public des clubs, le disque n'atteint que la 14 ème position au classement général du Billboard.

Au moment où l'album *You can dance* est lancé, Sean est absent du foyer. Tandis que Madonna broie du noir, plusieurs jours s'écoulent avant que l'acteur rebelle ne donne signe de vie. Il réapparaît soudain à la fin novembre dans l'appartement de Madonna à New York, espérant passer les fêtes de Thanksgiving avec elle. Mais Madame Penn le rejette sans ménagement.

À bout, Madonna dépose une demande de divorce le 4 décembre. Et pourtant… Elle continue d'entretenir une véritable tendresse à son égard, et l'espoir qu'il puisse adoucir son comportement subsiste encore. Au bout de douze jours, réconciliée avec l'enfant terrible, elle retire sa demande de divorce.

Qu'en est-il de l'humeur de Penn ? Est-il vrai qu'il ait pu se montrer violent vis-à-vis de son épouse ? À de telles questions, il répond avec sarcasme et provocation : « Rien n'est plus important que Madonna. Ni le sort des minorités, ni la guerre nucléaire, ni les enfants qui ont faim. »

Côté cœur, Madonna est pourtant prête à prendre le large. Au cours d'une soirée à New York, elle s'est sentie attirée par un bel homme dont le seul nom est synonyme de légende et de prestige : John Kennedy Jr. Le fils de l'ancien Président américain est le rédacteur en chef d'un magazine branché appelé *George*. Intrigué par la vivacité d'esprit de la jeune chanteuse, celui que l'on appelle couramment John-John souhaite aller plus loin. Avant de quitter la soirée, il lui glisse dans les mains les clés de son appartement personnel. Un soir, alors qu'il rentre à son domicile, il trouve Madonna allongée sur le sofa. Une liaison épisodique démarre alors entre l'épouse de Sean et John-John.

L'année se termine en beauté pour la chanteuse. La nouvelle édition du *Guinness Book of Records* la désigne comme la chanteuse la plus populaire du monde avec 11 millions d'exemplaires vendus de l'album *True Blue,* qui s'est classé n°1 dans 28 pays.

Sean réapparaît brièvement dans la vie de Madonna peu après le Nouvel An. Madonna se sent fragilisée car elle vient de détecter une petite boule dans l'un de ses seins. Dans la mesure où sa mère est jadis morte d'un cancer, un tel symptôme suscite une profonde anxiété quant à sa propre santé. L'homme auquel elle se raccroche alors pour trouver un soutien est son époux.

Est-ce l'angoisse suscitée par la perspective de perdre celle à laquelle il demeure attaché en dépit des apparences ? Toujours est-il que Sean se métamorphose, révélant une attitude attentive et responsable. Clairement préoccupé, il insiste pour qu'elle appelle immédiatement le docteur, et demeure à ses côtés lors du rendez-vous.

« Il n'y a rien qui puisse assagir davantage un homme que d'apprendre que sa femme pourrait avoir un cancer », dit alors Sean.

Secoué par la nouvelle, il affiche temporairement le désir de devenir plus sérieux pour ce qui est de sa vie personnelle comme de leur mariage. Pourtant, une fois qu'elle apprend qu'elle est hors de danger, Madonna continue à prendre de la distance vis-à-vis du jeune acteur, doutant de sa réelle capacité à surmonter les excès.

Les obligations professionnelles entraînent bientôt Sean Penn loin de l'Amérique. Brian de Palma l'a recruté, aux côtés de Michael Fox, afin de tenir le rôle d'un sergent lors d'un tournage au Vietnam pour le film *Outrages* (en anglais : *Casualties of War*). Il est prévu qu'il demeure sur place de nombreux mois, ce qui n'est pas pour faciliter une consolidation du mariage.

L'attrait que John-John exerce sur Madonna est fort et l'amène à vouloir intensifier leur relation. Outre son charme naturel, cet éphèbe est membre du clan mythique des Kennedy, qui a porté au pouvoir l'un des présidents les plus aimés de la population, l'un des plus courageux dans ses choix de société et aussi, l'un des plus controversés. Il semble par ailleurs exister une symbolique dans leur relation. John Kennedy n'a-t-il pas entretenu une liaison avec Marilyn Monroe elle-même ?

Ce que John-John a d'abord vécu comme une simple aventure prend des proportions inattendues car lui-même sent qu'il est en train de tomber amoureux. Or, la perspective d'une romance avec Madonna n'est pas simple à gérer. Jackie Kennedy, sa mère, n'est pas prête à entendre qu'il entretient une liaison avec une femme mariée. Celle qui a jadis été la première dame des États-Unis s'oppose fermement à ce que leurs rapports prennent de l'ampleur, inquiète de l'exploitation qui pourrait en être faite par les médias.

En raison de ses échecs sur le grand écran, Madonna n'obtient plus de proposition de Hollywood. Soucieuse de redorer son image en tant que comédienne, elle décide de s'aventurer sur un terrain nouveau, celui du théâtre. Le réalisateur Mike Nichols, célèbre pour avoir tourné *Le Lauréat*, lui fait part d'un rôle qu'elle pourrait assumer à merveille, celui de Karen dans la pièce *Speed the Plow* qui se monte à New York sous la direction de Gregory Mosher. Etant une grande admiratrice des œuvres de David Mamet, l'auteur de la pièce, Madonna saisit la balle au bond.

Speed the Plow est une peinture sans concession de la superficialité de l'univers d'Hollywood. Le rôle pressenti pour Madonna est celui d'une secrétaire d'apparence naïve, aux prises avec deux magnats du cinéma. L'un d'entre eux parie cinq-cents dollars à son homologue qu'il peut mettre Karen dans son lit. Il se fait prendre au piège et s'attache à Karen. Celle-ci tente alors de le persuader de financer le tournage d'un livre intello qu'elle vient de découvrir et dont le succès en salle paraît presque impossible. Elle ne parviendra pas à ses fins mais aura causé bien du remue-ménage entre les deux producteurs.

« Le rôle n'était ni glamour ni flamboyant, puisque j'y apparais comme un souffre-douleur. C'est l'une des raisons qui m'ont poussée à le faire », explique Madonna.

Le 3 mai, elle se retrouve sur les planches, interprétant *Speed the Plow* aux côtés de Joe Mantegna et de Ron Silver. Pour cette première au Royale Theater de New York, le chanteur Billy Joel et l'actrice Brooke Shields font partie des spectateurs. Dans l'assistance se trouve également une observatrice de choix, Jackie Kennedy elle-même. Ce n'est pourtant qu'à la fin de la représentation que Madonna apprend que l'épouse du Président disparu a assisté à la pièce. Ce soir là, elle attend en vain que Jackie vienne la voir dans sa loge, mais la reine mère se refuse à lui accorder un tel honneur. Quelles que soient les sollicitations de Madonna auprès de John-John, Jackie ne daignera jamais rencontrer celle dont elle réprouve l'approche.

Le spectacle de *Speed the Plow* se poursuit durant plusieurs mois et une telle performance a le mérite de prouver que Madonna, en dépit de ses échecs sur le grand écran, a des dons pour le jeu d'acteur. Pourtant, interpréter Karen est une épreuve car elle apparaît la plupart du temps déprimée et ses deux protagonistes sortent victorieux lors du dénouement de la pièce. En conséquence, à chaque fin de soirée, elle conserve l'arrière-goût de cette sensation de « looser ».

« Il était éreintant d'accomplir la même performance chaque soir et qui plus est, de jouer un personnage très éloigné de ce que je suis. »

À partir de la fin mai, des rumeurs commencent à circuler concernant une éventuelle liaison entre Madonna et la comédienne Sandra Bernhard, découverte aux côtés de Robert de Niro dans le film *La Valse des Pantins* de Martin Scorsese en 1983. Il se trouve que Bernhard interprète également une pièce à New York, *Without you, I'm nothing*.

Après avoir vu le spectacle dans lequel se produit Sandra Bernhard, Madonna s'est rendue dans les coulisses pour féliciter la comédienne. Elles ont apprécié de découvrir qu'elles avaient toutes deux un même penchant pour l'agressivité, doublé d'un esprit vif et sarcastique.

Comme Sandra et Madonna sont devenues proches, la première invite couramment la seconde à passer quelques soirées dans des bars lesbiens — Bernhard s'affirme ouvertement comme bisexuelle. Il résulte de l'exhibition de telles affinités un brouhaha médiatique prévisible. Fidèles à leur habitude de monter en épingle des faits disparates et non vérifiés, certains journaux soulèvent la question d'une relation entre les deux femmes qui irait bien au-delà de la simple amitié. D'humeur badine, les deux complices choisissent de cultiver l'ambiguïté et de répondre aux questions des reporters par des boutades.

Le 1er juillet 1988, Sandra Bernhard est l'invitée du show nocturne de David Letterman sur la chaîne *NBC*. Comme d'autres confrères, le présentateur ne peut s'empêcher de questionner la comédienne sur ce fameux bruit insinuant qu'elle entretiendrait une liaison avec Madonna... Une fois de plus, Sandra opte pour l'ironie :

— Y-a-t-il quelque chose de vrai dans tous ces racontars ? demande Letterman.

— Un poil ! se contente de répondre Bernhard.

Madonna fait alors une apparition surprise, préméditée par les deux amies. D'un air malin, elle invite Letterman à lui poser davantage de questions sur leur supposée relation. Lorsque Bernhard indique qu'elle se voient de temps à autre, Madonna ajoute :

— Au Cubby...

— Hole, complète Berhnard.

Elles font ainsi référence à un club de New York, le Cubby Hole, réputé pour attirer une clientèle gay.

Si Madonna a agi ainsi, c'est parce qu'elle dit aimer glisser de l'humour dans tout ce qu'elle fait. Seulement voilà ! Comme elle va bientôt le déplorer, les médias sont souvent imperméables aux facéties. Elle s'expliquera sur le sujet deux ans plus tard dans une interview donnée à l'occasion de la sortie du film *In Bed with Madonna* [1].

---

[1] *The Advocate*, 7 & 21 mai 1991.

« Sandy et moi avons toujours été de grandes amies. Lorsque nous sommes allés à l'émission de David Letterman, elle a commencé à prétendre que nous étions des petites amies, et je me suis dit : *cool*, jouons le jeu ! C'était réellement amusant. Par la suite, la chose a dérapé. Tout le monde me questionnait là-dessus en demandant si nous couchions ensemble ! »

Devant l'ampleur prise par la rumeur, Sandra Bernhard choisira elle-même de la réfuter officiellement, désirant conserver la quiétude des relations qu'elle entretient par ailleurs avec des partenaires masculins.

Tandis que Sean Penn est en tournage au Vietnam, la relation de Madonna avec John-John s'étiole. Il semble que le point de rupture ait été atteint vers le début de l'été après un incident. Le fils du Président Kennedy avait confié à Madonna un détail personnel et a par la suite retrouvé ce fait dans la presse. Il s'est emporté contre la chanteuse, accusée d'avoir vendu la mèche, et s'est refusé à apporter crédit à ses dénégations.

Sean Penn est de retour sur le sol américain vers la mi-juillet. La rumeur d'une liaison entre Madonna et Sandra Bernhard a traversé le Pacifique et le bruit qu'elle a fait entendre n'a pas réellement plu à Penn. Il manifeste son désaveu à son épouse qui s'attache à le calmer tant bien que mal. Le 16 août, alors que Madonna fête son trentième anniversaire, on voit Sean à ses côtés lors d'une fête organisée à New York.

En parallèle à sa prestation théâtrale, Madonna prépare un nouvel album dont la sortie est attendue pour l'année suivante. L'une des chansons qu'elle compose, « Till death do us part » transcrit l'ambiance d'un couple qui vit ses dernières heures. Parmi les vers figurent ceux-ci :

Tu ne m'aimes plus
Je souhaiterais que cela change mais c'est impossible si
toi-même tu ne changes pas,
Quelque chose va mal mais tu prétends que tu ne le vois
pas
Je ne suis pas ton amie, je suis juste ta petite femme
Les meurtrissures disparaîtront
Tu frappes si fort avec les choses que tu dis
Je ne vais pas rester pour observer ta haine qui monte
Réaliste, la chanson évoque également les vases qui
volent, les querelles, les mensonges auxquels elle commence
à se livrer, le fait qu'il ne s'aime même pas lui-même...

À l'automne, Sean Penn se produit dans une pièce,
Hurly Burly à Los Angeles. Dans la mesure où Madonna a
terminé ses représentations à New York, elle s'en retourne
vivre à ses côtés dans leur maison de Malibu. Plus que
jamais le torchon brûle. Il apparaît de plus en plus clairement que le mari de Madonna entretient une dépendance
envers l'alcool. Un soir, après une représentation de *Hurly
Burly*, Madonna vient saluer son époux, accompagnée de
son amie Sandra Bernhard. En les voyant ensemble, Penn
s'emporte et accuse Sandra de semer la zizanie. Lassée des
constantes querelles, Madonna demande bientôt à Sean de
quitter la maison de Malibu.
Un autre motif d'inquiétude titille Sean Penn. Toujours
désireuse de décrocher un rôle majeur au cinéma, Madonna
demeure à l'affût des tournages en préparation. Elle tombe
un jour sur le scénario de *Dick Tracy*, une adaptation de
la bande dessinée, que prépare le très charmeur Warren
Beatty.
Après avoir eu le script entre les mains, Madonna
s'acharne à obtenir coûte que coûte le rôle de Breathless

Mahoney. Seul souci : les studios Disney s'opposent à un tel choix, en raison de l'échec des films *Shanghai Surprise* ou *Who's that girl*. Warren Beatty lui-même souhaite confier le rôle de Breathless à des actrices chevronnées telles que Kathleen Turner ou Kim Basinger.

Au cours d'une réunion avec Beatty, Madonna se livre à une fantastique opération de séduction, usant sans vergogne de ses mots d'esprit comme de son attrait physique. À la suite d'une telle soirée, le cœur de Beatty penche nettement en sa faveur. Dans la perspective d'un travail en commun, elle se rend désormais au domicile de l'acteur-réalisateur. Il arrive que Sean épie les allées et venues de son épouse et son aigreur est d'autant plus forte qu'elle évoque désormais la perspective d'un divorce.

Durant la nuit du 28 décembre 1988, Sean escalade le mur qui entoure la maison de Malibu et s'introduit dans le domicile conjugal. Cette nuit là, Madonna a donné congé au personnel de maison et se retrouve seule.

Hors de lui, Sean attache son épouse sur un fauteuil à l'aide d'une corde. Tout en consommant de l'alcool, il passe le plus clair de la nuit à la terroriser, à la brutaliser et à la harceler sexuellement [2]. Terrifiée, Madonna ignore jusqu'où il veut aller au juste et voit défiler les minutes avec horreur. Sean paraît incontrôlable d'autant que son ébriété entretient sa hargne.

Au bout de plusieurs heures d'une telle épreuve, Sean s'éclipse afin d'aller chercher de l'alcool. Hélas, le répit ne dure que quelques heures, vécues avec angoisse par Madonna toujours attachée sans pouvoir se libérer.

---

[2] Tels sont les faits relatés par ceux qui ont eu accès au rapport de police.

Sean réapparaît ensuite et continue de plus belle ses sévices. Madonna sera restée à sa merci durant 9 interminables heures.

Au petit matin, la captive quémande la permission d'aller aux toilettes, ce qu'il accepte. Elle profite alors d'avoir été détachée pour tenter de s'enfuir de la maison.

Par chance, Sean trébuche tandis qu'il la poursuit, ce qui donne à Madonna le temps de gagner sa Thunderbird. Elle s'enferme dans sa voiture et se sert du téléphone interne pour appeler la police. Elle roule ensuite en marche arrière afin de fuir au plus vite la maison et fonce se réfugier au commissariat le plus proche.

Le 5 janvier, Madonna dépose une demande de divorce à l'encontre de Sean Penn en raison de « différends irréconciliables. »

7

La blonde ambitieuse

« Pour les journaux, nous avions divorcé avant même de nous marier ! Il n'est pas facile d'accepter de lire chaque jour des choses négatives sur toi et ton compagnon. Cela demande d'être fort, sûr de soi, immunisé. »

L e 25 janvier 1989 est une journée charnière dans la vie de Madonna. Sean Penn s'est résolu à signer la demande de divorce qu'elle a déposée à son encontre.

Elle se réveille parfois, émue en pensant qu'elle a été mariée avec l'homme de sa vie mais que c'est fini…

Officiellement, Madonna continue de nier qu'elle a été maltraitée par cet homme dont elle vient de se séparer. Sean est sensible à sa discrétion et en privé, il confie à des proches qu'il est désolé pour ce qui s'est passé. Il ne réclame aucunement de toucher la moitié de la fortune de Madonna comme il pourrait y prétendre en vertu de la loi de Californie.

La chanteuse acquiert une nouvelle propriété de 3 millions de dollars située à l'extrémité d'une route sinueuse à Hollywood Hills (Los Angeles) avec les trois éléments incontournables : patio, piscine, vue spectaculaire. Pourtant, loin d'apparaître comme une propriété de millionnaire, la maison donne l'impression d'une résidence provisoire, avec toutefois une attention particulière accordée aux œuvres d'art qui la décorent.

D'immenses changements se profilent à l'horizon... Au cours du mois d'août, Madonna a eu trente ans et ce cap l'a incitée à prendre un tournant dans sa vie. Elle a préparé un album qui la fait apparaître sous un tout nouveau jour, *Like a prayer*, et s'apprête à tourner un rôle majeur de sa carrière d'actrice.

Si Warren Beatty a donné son assentiment pour que la chanteuse joue le rôle de Breathless dans *Dick Tracy*, il reste à convaincre les producteurs du film. Madonna emporte l'adhésion de Jeffrey Katzenberg, qui dirige alors Disney, en acceptant de jouer pour un salaire de débutante : 1 440 dollars par semaine avec, en compensation, un pourcentage sur les entrées en salle.

Le tournage de *Dick Tracy* démarre le 2 février 1989. Warren Beatty en est à la fois le réalisateur et l'acteur principal. Assez vite, une liaison s'amorce entre le gentleman d'Hollywood et la collectionneuse de tubes. Madonna rejoint ainsi une longue liste d'amantes célèbres qui compte Natalie Wood, Joan Collins, Julie Christie, Carly Simon, Barbra Streisand, Cher... Comme à l'accoutumée, une telle liaison est du pain blanc pour les journalistes en mal d'inspiration. Les intéressés le savent et tâchent de survoler la chose :

« Warren sait ce que c'est que les vilenies », explique Madonna, pour faire référence à ce que la presse lui a fait subir. « Ayant été une icône durant plusieurs années, il a fait l'expérience de leur malice depuis bien plus longtemps que moi. »

Le surdoué qu'est Warren la fascine par sa culture cinématographique mais aussi par sa connaissance de la vie en général. Sa tranquille assurance participe au charme discret qu'il distille dans le moindre de ses actes. Beatty confie un jour à sa nouvelle amante qu'il a jadis rêvé d'être Président. Toutefois, lui dit-il, « Hollywod est mieux que Washington. Ici, j'ai plus de pouvoir et je n'ai pas à affronter la bureaucratie. »

La chanteuse ne tarit pas d'éloge sur ce play-boy qui affiche déjà cinquante-trois ans. « C'est un homme intelligent, aimable et compréhensif qui sait non seulement comprendre les femmes mais aussi les mettre à l'aise. » Lui-même renvoie aisément la balle lorsqu'il est questionné sur la blonde ambitieuse : « Elle montre du courage dans ce qu'elle explore au niveau artistique. Si vous me demandez quelles sont ses motivations personnelles, je dirais à brûle-pourpoint, que tout part chez elle d'une générosité d'esprit. [1] »

Ce qui surprend le plus les proches de Warren Beatty, c'est de constater que cet homme qui a souvent joué avec les femmes comme d'autres s'adonnent au poker, est aux petits soins pour la jeune chanteuse. Il ne la quitte pas des yeux et veut toujours savoir où elle se trouve.

« Il se comporte comme un jeune homme, raconte un ami de l'acteur. Il a eu des centaines de femmes, toutes belles, mais jamais je ne l'ai vu se comporter ainsi. Tous les jours,

[1] *Vanity Fair.*

il lui achète un cadeau, des fleurs… Il pillerait la moitié des terres d'Amérique pour lui prouver son amour. »

L'attention que porte Beatty aux moindres humeurs de sa compagne peut influer sur le tournage de *Dick Tracy*. Si un matin, Madonna ne souhaite pas se lever à l'heure prévue, il est capable de décaler le programme de la journée en conséquence !

Depuis la fin septembre 1988, Madonna s'est appliquée à confectionner un quatrième album, *Like a prayer*. Une fois de plus, ce disque est le fruit d'un travail conjoint avec ses partenaires Steve Bray et Patrick Leonard, le premier excellant pour les morceaux au tempo vif et le second pour les thèmes mélodiques. *Like a prayer* représente un tournant majeur pour celle qui, avec Michael Jackson et Prince, domine alors la scène pop mondiale. À travers les textes qu'elle a écrits, elle semble vouloir tirer un trait définitif sur une Madonna qui se contenterait d'égrener les tubes dansants. Elle aborde les thèmes du féminisme, du péché, des droits de la femme. « Oh Father » évoque ses relations difficiles avec son père et sera d'ailleurs accompagné d'un clip monochrome dramatique. Sur la pochette, elle dédie cet opus « A ma mère, qui m'a appris à prier. »

« J'ai voulu que *Like a prayer* parle des choses que j'avais à l'esprit », explique la chanteuse, ajoutant qu'elle traverse une période complexe de sa vie. Elle ajoute que les thèmes évoqués reflètent en partie l'influence qu'a pu avoir le catholicisme sur son existence, et qu'au niveau de la prise de risque, elle n'est jamais allée aussi loin.

L'album qui est attendu pour la fin mars comporte un duo avec Prince, « Love song ». D'une telle réunion, on aurait pu attendre une plus grande ébullition. En réalité, cette chanson ressemble avant tout à un morceau usuel du chanteur de *Purple Rain*, et même l'apport de Madonna présente peu d'intérêt.

C'est la chanson qui donne son titre à l'album qui va susciter la plus grande controverse...

À la fin janvier, un contrat de 5 millions de dollars a été signé avec Pepsi, inaugurant une forme de promotion inédite. Si le fabricant de boissons gazeuses entend sponsoriser la tournée mondiale de Madonna, la toute première étape d'un tel partenariat consiste à intégrer la nouvelle chanson de Madonna dans un clip publicitaire pour le Pepsi Cola.

Sur le papier, il semble que les deux parties ne puissent que bénéficier d'une telle entente. Pepsi qui n'a de cesse de se positionner comme une boisson branchée vis-à-vis de son concurrent Coca-Cola va renforcer cette image en associant son nom à la diva de la pop music. Madonna, pour sa part, va faire profiter la chanson « Like a prayer » de l'immense promotion engendrée par la diffusion de la publicité de Pepsi Cola. Pourtant, le partenariat idyllique va dégénérer en raison de la tendance immodérée de la chanteuse à bousculer les usages.

Le premier incident de parcours intervient lorsque Madonna refuse de porter une canette de Pepsi Cola à la main dans le clip publicitaire pour cette boisson, dressant là les limites de sa participation. Le 2 mars, la chanteuse apparaît dans la publicité Pepsi Cola durant le *Cosby Show*. En raison de la popularité de cette série télévisée, la réclame est regardée par 250 millions de spectateurs dans quarante pays. Comme prévu, un extrait de la chanson « Like a Prayer » est diffusé durant les deux minutes de ce clip promotionnel.

Le clash se produit pourtant dès le lendemain, lorsque le clip tourné par Mary Lambert pour « Like a prayer » est diffusé sur la chaîne MTV. Il est vrai que ce petit film brise plusieurs tabous majeurs, dans la façon trouble dont il mêle l'iconographie religieuse et l'attirance pour la sexualité.

À l'origine, Madonna a voulu profiter de « Like a prayer » pour dénoncer le racisme dont peut être victime la population noire. Dans l'une des scènes clés, elle assiste à l'agression d'une jeune femme par des extrémistes semblant appartenir au Klux Klux Klan. Un jeune homme noir sensible intervient pour la secourir et c'est lui qui est alors considéré comme coupable par les policiers qui accourent sur les lieux, tandis que l'un des agresseurs, dissimulé à l'arrière-plan, ricane d'un tel quiproquo.

Progressivement, la mise en scène évolue vers un étrange mélange de ferveur religieuse et d'extase physique. Au début du film, dans la pénombre, une croix est en train de brûler près d'une petite église. Vêtue d'une simple combinaison qui met en valeur sa sensualité, Madonna arrive sur les lieux, comme exaltée, puis entre dans le bâtiment religieux. À l'intérieur, elle surprend une larme sur le visage sculpté d'un prêtre noir. La statue se métamorphose alors en homme. Après s'être blessée en saisissant un couteau, Madonna découvre des marques ensanglantées sur les paumes de ses mains, qui évoquent les stigmates du Christ. La scène de violences racistes par les blancs intervient alors sous ses yeux apeurés. Comme pour protester contre cette injustice, elle se met à danser de façon provocante en compagnie de pasteurs noirs tandis qu'à l'extérieur plusieurs croix s'embrasent, comme le veut le rituel infamant des groupes extrémistes. Le pasteur vient s'allonger sur elle pour lui offrir un baiser tandis que l'atmosphère de liesse se généralise dans le lieu de culte. Madonna vient enfin libérer le jeune noir de la prison pour le ramener à l'église.

Dans une Amérique où une partie de la population épouse des valeurs chrétiennes traditionalistes, Madonna sait pertinemment à quoi elle s'expose au travers d'un tel clip. Et la réaction ne se fait pas attendre. Dans de nombreux pays du monde, et notamment à Rome, des protestations s'élèvent pour dénoncer le blasphème de telles images, certaines récriminations étant assorties de menaces d'aller en justice. Clairement, les cadres de Pepsi ne s'attendaient pas à ce que leur marque soit indirectement associée à un tel brûlot !

En guise de défense, Madonna se livre à une exégèse de son clip qui n'est pas pour rassurer ses détracteurs, même si elle affirme que la chanson parle de l'influence du catholicisme sur sa vie et de la passion que cela a pu susciter en elle.

« C'est la chanson d'une jeune fille tellement amoureuse de Dieu que tout se passe comme s'il était par excellence la figure masculine de sa vie. Entre huit et douze ans, j'ai éprouvé ce genre de sentiments. Dans le clip, elle rêve qu'elle revient vers le saint et se retrouve en proie à ses émois religieux et érotiques. Le saint devient homme. Elle ramasse un couteau et s'entaille les mains. C'est toujours cette culpabilité de la religion catholique qui fait que vous devez être puni par où vous avez péché, quand bien même vous vous êtes fait du bien. Lorsque le chœur se met à chanter, elle ressent une étrange jouissance, un plaisir à mi-chemin entre le charnel et le mystique. Elle atteint un soulagement sexuel à travers son amour pour Dieu. Elle sait qu'il ne peut rien lui arriver de mal si elle sait ce qu'elle croit être le bien. »

Longtemps hésitant sur l'attitude à adopter, les cadres de Pepsi s'évertuent à minimiser l'affaire, tentant d'expliquer qu'il faut faire la part entre la participation de Madonna à une publicité et son expression artistique personnelle. Pourtant, les choses s'enveniment de jour en jour.

Le Révérend Donal Wildmon de l'Association des Familles américaines monte au créneau et menace Pepsi d'un boycott sur une année entière, si l'entreprise ne retire pas purement et simplement son soutien à Madonna.

Le 4 avril 1989, Pepsi cède aux pressions des groupes conservateurs et annonce officiellement l'annulation du contrat qui lie la société à Madonna, ce qui inclut la suspension du parrainage de sa tournée.

Le tapage que soulève une telle affaire profite néanmoins à l'album qui, dès le 22, atteint la première position aux USA (il va y rester durant six semaines). Ses ventes s'élèveront bientôt à 4 millions d'exemplaires, tandis que 13 millions de copies supplémentaires seront écoulées ailleurs dans le monde.

Outre la chanson qui lui donne son titre, quatre autres singles en seront extraits, « Express yourself », « Cherish », « Oh Father » et « Keep together ».

« Express yourself », qui sort en single le 9 mai 1989, est accompagné d'un clip de très haut niveau réalisé à New York par David Fincher (le futur réalisateur de *Seven*). Il s'agit de l'un des clips les plus chers de l'histoire (il aurait coûté 1 million de dollars), ce qui le situe juste derrière « Thriller » de Michael Jackson.

Pour servir la chanson de Madonna, David Fincher se livre à un hommage appuyé au film culte *Metropolis*. Les plans d'ouverture reproduisent ceux qui démarrent l'œuvre clé de Fritz Lang. Ils visent à ancrer l'ambiance dans un univers futuriste de science-fiction.

Tout en muscles et le corps en sueur, des danseurs torse nu évoluent sur une piste de danse moderne, et leur ballet rappelle la marche lancinante des ouvriers dans la cité oppressive. Madonna se tient devant une fenêtre, à l'instar de John Federsen, le maître de la ville, dans le film original. Une machine centrale apparaît, en référence au cerveau de Metropolis. Madonna danse alors, habillée en homme et affublée d'un monocle (tout comme Fritz Lang en son temps).

Vêtue à la façon des années vingt, la chanteuse apparaît ensuite sous les traits d'une grande bourgeoise de la classe possédante, puis sous la forme d'un chat qui rampe à même le sol et vient laper le lait déposé dans un bol.

La vidéo multiplie les ambiances et fait apparaître Madonna d'une façon sexy, en ombre chinoise derrière un paravent lumineux ou juchée sur un lit, un collier de métal autour du cou.

Le clip se termine tout comme le film de 1928 par une citation issue du roman originel de Thea Von Harbou :

« Sans le cœur, il ne peut y avoir de compréhension entre les mains et la tête. »

Le single « Cherish », qui sort à la fin août met en avant une Madonna guillerette sur une ambiance instrumentale qui rappelle celle des groupes pop à la Beach Boys. Lorsqu'il se classe à la deuxième position des ventes en octobre, Madonna fait mieux que les Beatles : elle vient en effet de placer 17 singles consécutifs dans le Top 5 américain. Elle est ex aequo avec Michael Jackson dans la performance.

L'idylle entamée avec Warren Beatty se poursuit bien au-delà du tournage de *Dick Tracy*. Madonna se montre sensible à sa générosité et à son extravagance. Il la couvre de cadeaux et sa douceur est appréciable après l'affrontement de l'ire de Sean. Pourtant, Beatty est parfois indisposé par l'impertinence de sa compagne et sa façon outrecuidante d'affirmer sa jeunesse et sa rébellion. Elle lui fait souvent remarquer leur différence d'âge : Warren n'est plus un jeune homme et sa conception d'une soirée intéressante n'est pas la même que cette fille qui aime s'éclater.

Vers la fin de l'année 1989, les deux amants ont chacun leurs propres priorités. Elle prépare une immense tournée mondiale, *Blond Ambition Tour*, tandis qu'il se consacre au travail de post-production et à la campagne de promotion du film *Dick Tracy*.

C'est lors d'une visite au *Sound Factory*, un club de New York qui attire une population hédoniste souvent habillée d'une manière extravagante que Madonna découvre une danse, particulièrement surprenante, le « Vogueing ». À la mode dans certaines boîtes gays, elle implique de danser en prenant la pose, comme sur la couverture de *Vogue*, les bras dans le dos…

Madonna s'est rendue dans cette boîte en compagnie d'une amie, Debi Mazar, en premier lieu pour danser, mais aussi parce qu'elle cherche des idées pour son spectacle estival. Madonna se dit aussi qu'elle pourrait fort bien trouver sur place quelques danseurs à même d'intégrer sa tournée.

« Je n'aime pas les gens qui vont tout le temps suivre des cours, cela produit des danseurs ennuyeux. Ce que je recherchais davantage, c'était des danseurs de la rue. »

Sur la piste du *Sound Factory*, Madonna découvre deux énergumènes, Joe et Luis, qui bougent leur corps d'une façon totalement inattendue. Elle est tellement fascinée par ce qu'elle voit qu'au départ, elle redoute de les approcher.

Jose et Luis sont embauchés illico pour la tournée *Blond Ambition*, car sans le moindre doute, ils lui apparaissent comme les meilleurs danseurs présents ce soir là. Elle les invite toutefois à passer une audition...

« Je voulais les voir danser sur d'autres styles. Luis est venu et il s'est avéré qu'il était prêt à tout essayer. Il n'était pas bon dans tout ce qu'il entreprenait, mais il était disposé à tenter le coup et je l'ai adoré pour cela. Jose ne parvenait pas à faire quoi que ce soit. Il s'est assis dans le fond avec ses mains sur les hanches, avec une attitude de défi. Évidemment, je l'ai également aimé pour cela. Il en avait. »

Devant l'engouement manifesté par Madonna, Debi lui parle alors d'un autre danseur du même acabit, un dénommé Ninja, le porte-parole d'un clan baptisé la House of Extravaganza. « Il faut absolument que tu voies cela ! », assure Debbi.

Madonna demande à rencontrer Ninja et ce qu'elle voit la rend positivement hystérique !

« Ce type s'est pointé jusqu'à ma chambre d'hôtel à New York avec un costume et une mallette. Devant mon intérêt, il a persuadé un ami DJ d'ouvrir les portes d'un club durant l'après-midi. Il a alors fait venir les gens de la House of Extravaganza et ils ont fait leur show pour moi. Ils ont mis en route les lumières tandis que la musique vibrait. [2] »

Madonna voit alors plusieurs groupes s'affronter tout en assumant des poses comme dans le magazine de mode pour se défier sur la piste. Elle n'avait jamais vu quoi que ce soit qui ressemble à cela.

---

[2] *The Advocate,* 7 et 21 mai 1991.

« C'était tout simplement les meilleurs danseurs que j'avais jamais vus. Je ne savais pas où regarder. J'étais hallucinée ! »

Le lendemain, Madonna doit prendre l'avion pour Los Angeles. Au cours du trajet, tandis qu'elle écoute une bande sonore réalisée par un DJ du Sound Factory, Shep Pettibone, elle écrit un texte sur le thème de cette incroyable danse : « Vogue ».

Au départ, « Vogue » est censée être une chanson secondaire, accompagnant un ultime single extrait de l'album *Like a prayer.* Pourtant, lorsque les cadres de Warner entendent « Vogue », ils décident de le sortir comme un disque à part entière. Il est vrai que la pulsation sonore mise en place par Pettibone déploie une festivité digne d'un défilé de carnaval et se marie à merveille avec un texte qui va droit au but. Vers le finale, elle rend hommage aux grandes stars de Hollywood :

Greta Garbo and Monroe
Dietrich and Di Maggio
Marlon Brando, Jimmy Dean
On the cover of a magazine (Sur la couverture d'un magazine)

Madonna cite également Grace Kelly, Fred Astaire, Rita Hyworth et ne néglige pas au passage de faire passer un petit message, que Michael Jackson reprendra à son compte deux ans plus tard :

It makes no difference if you're black or white (Que vous soyez noir ou blanc, cela ne fait aucune différence)

Le single « Vogue » sort à la fin du mois de février, et il va rapidement rejoindre la bande musicale du film *Dick Tracy,* dont le lancement est attendu trois mois plus tard.

Madonna vient d'enregistrer l'une des meilleures chansons de toute sa carrière. Pour illustrer un tel bijou, il faut un vidéoclip en tous points magnifique, à même de transcrire l'atmosphère racée de ce maillage sonore. Tout comme pour « Express yourself », c'est le jeune réalisateur David Fincher qui est chargé de la mission. Il donne naissance à l'un des clips les plus réussis de Madonna, un film tourné en noir et blanc.

Entourée d'une troupe de danseurs vêtus à la manière de lords, Madonna se montre sexy avec une chemise qui laisse apparaître sa poitrine, mais aussi extrêmement raffinée, et fait une brillante démonstration de « vogueing ». Sur certains plans brefs où elle est torse nu tout en se cachant les seins, elle évoque Marilyn. En anglo-saxon, certains diraient qu'elle est *too much* (expression désignant un ou une artiste dont la grâce ou le talent laissent sans voix).

Au début du mois de mars, Madonna bat un nouveau record. À l'ouverture de la vente des places pour sa tournée *Blonde Ambition* qui doit la mener dans vingt-cinq villes du monde, mille cinq-cents tickets ont été vendus en 68 secondes.

La chanteuse supervise les moindres détails du show, exigeant que chaque membre se plie à ses exigences. D'une durée de deux heures, le spectacle comporte dix-huit chansons menées tambour battant dans un luxe de chorégraphies complexes.

Habillée par Jean-Paul Gaultier, Madonna décrit le spectacle comme une « odyssée à travers le bien et le mal, la lumière et les ténèbres, la joie et le chagrin, la rédemption et le salut ». Elle y porte des cheveux courts peroxydés, avec des sourcils noirs et les lèvres bien rouges, des corsets noirs et des bas résille (comme à l'accoutumée, Madonna a transformé ses sous-vêtements en d'authentiques vêtements). Parmi les accessoires qu'elle arbore, figure un éminent soutien-gorge conique conçu par son ami Jean-Paul Gaultier.

Avant tout, le *Blonde Ambition Tour* fait reculer les limites de ce qui est communément admis. Au moment d'interpréter « Like a virgin » dans une version lente qui favorise une déclamation suggestive, Madonna s'allonge sur un lit double, et simule les attentes de celle qui aspire à une nuit de volupté allant jusqu'à brièvement mimer une caresse sur sa culotte dorée. Tout comme pour le vidéoclip de « Like a prayer », il est prévisible qu'une telle représentation soulèvera bien des controverses...

Fait nouveau, la tournée est filmée par un réalisateur qui a fait ses premières armes dans l'art du vidéoclip, Alek Keshishian. David Fincher était originellement pressenti pour un tel tournage mais il a annulé sa participation à la dernière minute. A l'origine, le film (qui sera diffusé un an plus tard sous le titre *In Bed with Madonna*) doit retranscrire l'atmosphère des concerts de Madonna, un aspect de sa carrière dont elle est particulièrement fière. Il est vrai que les chorégraphies organisées tout au long d'un concert font preuve d'inventivité et que les danseurs révèlent une maîtrise remarquable de leurs mouvements, mêlant grâce, émotion et figures quasi acrobatiques. Sur certains morceaux, les trouvailles opérées par Madonna et sa troupe témoignent d'une indéniable créativité.

La tournée *Blond Ambition World* démarre sous une pluie battante le 13 avril 1990 au Marine Studio de Makuhari au Japon. La faible température oblige la chanteuse à porter un anorak sur la scène.

En visionnant les *rushes* de ce qu'Alek Keshishian a filmé dans le Marine Studio, Madonna est favorablement surprise par les séquences qui se déroulent en dehors du concert lui-même, que ce soit dans les loges ou dans l'hôtel qui accueille l'équipe. « Au diable le show ! s'écrie-t-elle alors. C'est là que se trouve la vie ! C'est sur cela que je désire faire un documentaire ! »

Alek Keshishian se voit alors confier une mission périlleuse.

— Vous devez savoir une chose, lui a dit Madonna. Je vais vouloir vous jeter de la pièce. Vous devrez avoir le cran de dire non !

Dans la pratique, le cinéaste libanais va tenir bon, même s'il doit ici ou là affronter une porte refermée sans ménagement.

Après avoir affronté les ondées pendant toute la durée des concerts japonais qui se prolongent jusqu'au 27 avril, la troupe regagne le continent américain. La tournée redémarre le 4 mai au au Summit de Houston dans le Texas, tandis que le single « Vogue » est sur toutes les radios. Quinze jours plus tard, il s'installe à la première place et va y rester durant 3 semaines. Dès la fin juin, « Vogue » sera certifié double platine, marquant ainsi la vente de 2 millions d'exemplaires, ce qui est une fois de plus un record absolu (aucune chanteuse n'a jusqu'alors réalisé un tel score).

L'album *I'm breathless* qui sort le 22 mai est la bande originale du film *Dick Tracy* dont le démarrage en salle est imminent. Ce disque marque une parenthèse dans la discographie de Madonna qui, par la force des choses, aborde un répertoire jazzy et swing dans le style du music-hall des années 30 et 40, avec des orchestrations évoquant les big bands à la Count Basie. Elle y chante à la manière des Andrews Sisters et autres stars d'antan, entourée d'une section de cuivres et de chœurs féminins dégainant charleston espiègle, romances sirupeuses, envolées antillaises sur fond de punch à l'ananas, et déchaînements au pas de charge pour danseurs marathoniens. Dans une atmosphère qui marie le kitsch, le strass et une certaine douceur de vivre, l'album s'écoute comme on dégusterait une coupe de rhum bardée de fruits exotiques.

« Je dirais aisément que de tous mes disques, celui que je préfère est la bande originale de *Dick Tracy*. J'adore toutes ces chansons [3] », expliquera-t-elle quelques années plus tard.

Le 29 mai, alors que Madonna s'apprête à donner le troisième de ses concerts au Sky Dome de Toronto, au Canada, un assistant de la chanteuse entre dans la loge, le regard passablement inquiet. Des officiers de police se trouvent sur place et menacent d'arrêter Madonna si elle se caresse l'entrejambe, comme elle le fait habituellement durant la chanson « Like a Virgin », sous prétexte qu'une telle séquence serait obscène. Loin de se démonter, Madonna refuse absolument de modifier son spectacle et en informe son équipe, le sourire aux lèvres. Comme elle le déclare à son responsable juridique qui le relaye aux autorités, elle préfère annuler son show plutôt que de le modifier.

Sur la scène, comme elle le fait habituellement, juchée sur un lit, ruisselante de sueur, elle interprète « Like a Virgin » en simulant le plaisir sexuel, ce qui inclut le passage de sa main sur sa culotte. Comme en témoignera plus tard le film *In Bed with Madonna*, il se pourrait fort que ce soir-là, elle en ait fait davantage que d'ordinaire. Par la suite, alors la télévision canadienne relaye l'incident, la présentatrice déclare que la police « aurait contrôlé le spectacle suite à des plaintes du public. N'ayant rien vu d'illégal, elle est partie. »

---

[3] *Q Magazine*, décembre 1994.

Le 1er juin, Madonna doit donner un concert dans le Michigan, sa contrée natale. Lorsqu'elle réunit ses danseurs en cercle pour la petite cérémonie précédant le concert, comme elle le fait à chaque fois, elle déclare : « C'est ma ville natale et j'ai encore plus le trac que d'habitude. Même si ce n'est pas censé avoir de l'importance, ce qu'ils pensent compte pour moi. Merci de me donner quelque chose de plus afin de montrer à ceux qui sont là que j'ai fait quelque chose de ma vie. »

Une fois sur scène, à la fin de son spectacle, Madonna se lance dans un éloge poignant de son père, qui est présent dans la salle. Comme c'est l'anniversaire de Tony, elle le fait monter sur la scène et chante « Happy birthday » devant les vingt mille spectateurs.

Le lendemain, Madonna se rend au cimetière où repose sa mère, s'allonge quelques minutes à côté de la tombe de celle qui est partie alors qu'elle n'avait que cinq ans, et se laisse envelopper par une vague de nostalgie.

Une nouvelle épreuve attend Madonna le 10 juin. Elle assiste alors à la première de *Dick Tracy* à Washington, en compagnie de Warren Beatty. Sur l'écran, le couple est à son aise, goûtant amplement à cette restitution d'une époque révolue, celle du Chicago des années 30. Beatty retrouve un type de personnage déjà abordé avec panache dans *Bonnie and Clyde*, même s'il se trouve ici du côté de la loi, en opposition au gangster Big Boy Caprice que joue Al Pacino. Madonna s'est lovée dans la peau de Breathless Mahoney, dégageant ce qu'il faut de parfum mutin, de féminité finement canaille, de chien et de glamour. Si le scénario pêche par un manque de suspense, l'atmosphère générale est plaisante et les acteurs, parmi lesquels figurent Alec Baldwin et Dustin Hoffman souvent brillants. Le charme du film vient en partie de l'utilisation d'une palette de couleurs limitée, l'intention étant de créer un aspect de bande dessinée, en hommage au personnage originellement dessiné par Chester Gould en 1931.

Jusqu'alors dénigrée en tant qu'actrice, Madonna redoute les griffes acerbes des critiques, les mots choisis qui assassinent un film et démolissent la réputation de ses participants au travers d'une chronique écrite à la va-vite mais lourde de conséquences. Au fond d'elle-même, elle n'est pas très heureuse du résultat final, dans la mesure où de nombreuses scènes où elle intervenait ont été coupées. Elle avouera bien plus tard qu'elle n'a jamais pu visionner le film dans son intégralité tant elle ne supportait pas de s'y voir. Toutefois, lors de la conférence de presse, elle ravale son dépit et affirme que cette aventure a été bénéfique quant à son apprentissage de comédienne.

« Etant donné nos liens d'amitié, je craignais que des problèmes surgissent. Il n'en a rien été. Je respecte Warren. Considérant l'expérience qu'il a acquise depuis tant d'années dans ce métier, comment pouvais-je questionner son jugement sur quoi que ce soit ? »

Il semble que l'angoisse ressentie vis-à-vis d'un tel lancement ait rejailli sur la santé de Madonna. Le lendemain de la première de *Dick Tracy*, alors qu'elle chante à New York, Madonna rencontre des problèmes de voix. Le médecin qu'elle consulte lui recommande finalement de s'abstenir de parler. Elle se retrouve alors contrainte de communiquer avec ses danseurs par l'intermédiaire de son assistante, Melissa. Le 15 juin, elle est forcée d'annuler le concert prévu à Philadelphie en raison de ses problèmes de laryngite.

Par bonheur, les critiques à l'égard du film sont positives et le public est au rendez-vous. *Dick Tracy* obtient un succès honorable, récoltant 22,5 millions de dollars lors de son premier week-end américain. Il va dépasser de peu la barre des cent millions, ce qui est alors assimilé à un *blockbuster* estival.

Madonna éprouve encore et toujours une sincère fascination pour le personnage qui, dans le film de la vie, joue le rôle de son amant, Mr Warren Beatty. Quelques fausses notes sont pourtant venues se glisser dans la romantique partition. En premier lieu, la chanteuse a été déçue d'apprendre que Warren avait demandé à apparaître seul sur la couverture de *Newsweek*. C'est la rédaction du magazine qui a elle-même exigé que Madonna soit également présente sur le cliché, comme condition *sine qua non* à une couverture consacrée à *Dick Tracy*.

De plus, une sensation de jalousie émerge. Warren ne peut s'empêcher de scruter avec insistance les femmes qui passent devant ses yeux : c'est plus fort que lui. Lorsqu'elle surprend son regard posé sur une autre, Madonna s'écrie spontanément :
— Je ne veux pas que tu regardes cette femme !
La chose paraît pourtant impossible pour Beatty.
« Je me disais que s'il était vraiment amoureux de moi, il aurait agi autrement », commentera Madonna.
Une autre source de discorde naît alors que Madonna vient d'acheter un tableau à son compagnon. Estimant qu'il n'est pas en harmonie avec les autres éléments de son intérieur, Warren le dissimule derrière un canapé.

Au tout début de l'été, le départ pour l'Europe est ressenti comme un soulagement.

« Après toutes ces tensions et cette obscurité, l'Europe paraissait tellement glamour. C'était si nouveau et excitant. [4] »

Le public du Vieux Continent attend Madonna avec impatience : soixante minutes après l'ouverture des guichets, toutes les places ont été réservées. Le volet européen du *Blonde Ambition Tour* débute au Eriksberg Stadium de Gothenburg en Suède. Du 3 au 5 juillet, trois concerts à guichets fermés sont donnés au Palais Omniport de Bercy à Paris.

La venue de Madonna en Italie est houleuse. Plusieurs associations catholiques condamnent son spectacle et le fait qu'elle y mélange des thèmes religieux et sexuels. Lors de la conférence de presse qu'elle donne le 9 à Rome, elle se revendique comme « italo-américaine » et défend sa liberté d'expression artistique.

« Mon concert n'est pas conventionnel. C'est une représentation théâtrale de ma musique. Il soulève des questions, induit une réflexion et entraîne dans un voyage émotionnel. »

« Je ne soutiens pas un mode de vie, mais j'en décris un. C'est au public qu'il revient de tirer ses propres décisions et jugements. C'est ce que je considère comme la liberté de parole, d'expression et de pensée. »

« Chaque soir, avant de monter sur scène, je fais une prière, pas seulement pour que mon spectacle se déroule bien, mais aussi pour que le public le voie avec un cœur et un esprit ouvert, comme une célébration de l'amour, de la vie et de l'humanité. »

En dépit d'une telle profession de foi, la controverse se poursuit de plus belle et deux des concerts prévus en Italie doivent être annulés.

---

[4] *In Bed with Madonna*, Alec Keshishian.

Le *Blonde Ambition Tour* sillonne ensuite l'Allemagne, fait un saut à Londres pour remplir le Wembley Stadium trois soirs de suite, avant de revenir sur le continent, à Rotterdam.

Le 27 juillet, la troupe fait escale à Madrid et le réalisateur Pedro Aldomovar entend profiter de la venue de la vedette pour organiser un dîner en son honneur. Admiratrice des œuvres de ce cinéaste dont elle a vu tous les films, Madonna jubile. Pourtant, si elle se montre impatiente d'assister à cette soirée, c'est parce qu'elle meurt d'envie de rencontrer l'acteur Antonio Banderas, qu'elle a trouvé particulièrement attirant dans *Attache-moi...*

Durant une scène que retranscrira le film *In Bed with Madonna*, elle dévoile spontanément cette adulation. Madonna est alors en train de discuter avec son amie, l'actrice Sandra Bernhard, tandis qu'elles savourent toutes deux un petit déjeuner mêlé de fous rires dans sa chambre d'hôtel.

— Qui aimerais-tu rencontrer ? demande Sandra.

— Qui j'aimerais rencontrer ?

— Qui te ferait un super effet ?

Madonna réfléchit longuement, la tête entre les mains, et rétorque, amusée :

— J'ai l'impression d'avoir rencontré tout le monde.

— Dis-moi juste une personne.

— Une personne, qui me ferait un énorme effet ?

— Qui te ferait vibrer...

Le téléphone sonne alors et Madonna se lève pour y répondre. Tandis qu'elle s'approche du combiné, elle a la révélation :

— Ce type qui joue dans tous les films de Pedro Almodovar. Antonio Banderas.

Elle confesse alors qu'elle cultive un faible pour cet acteur depuis deux ans déjà.

Le dîner organisé à Madrid a lieu et Madonna se sent fébrile. Seulement voilà, le bel Antonio vient à la soirée en compagnie de Madame Banderas. En conséquence, il se montre d'une timidité qui contraste avec la hardiesse qu'il a pu manifester dans *Attache-moi*.

« Je passe toute la semaine à me préparer mentalement pour ce dîner. Dans ma tête, tout est organisé : je vais rendre Antonio follement amoureuse de moi. Il y avait juste un obstacle que je n'avais pas prévu : son épouse !... »

Une fois dans les toilettes, Madonna confirme qu'elle le trouve craquant et surmonte sa déception avec sa verve usuelle, expliquant à l'une de ses assistantes : « Il doit y avoir quelque chose qui ne va pas. Il a sûrement un petit pénis. »

« Ce n'est peut-être pas un si bon acteur après tout », ajoute-t-elle plus tard, comme pour se consoler.

Alors que la tournée *Blonde Ambition* s'achève et que l'automne va arriver, la relation avec Warren Beatty bat de l'aile. Le point de rupture intervient en août, quand Madonna convie plusieurs amis à assister à la projection du film de la tournée tel que l'a monté Alek Keshishian.

Dans la version américaine, le film s'appelle *Truth of Dare* et cette expression fait référence à un jeu. Le principe en est le suivant : chacun doit, soit répondre en disant la vérité à une question embarrassante, soit faire quelque chose d'osé.

Durant la séquence où la troupe se prête à un tel badinage, Madonna demande à deux de ses danseurs s'ils osent s'embrasser et ils s'exécutent. Elle-même mime la façon dont elle accomplirait une fellation sur une bouteille.

Tandis qu'il visionne de telles scènes, Warren Beatty est atterré. Il est tout autant embarrassé par le langage qu'emploie parfois Madonna, y compris pour parler de lui. Pour couronner le tout, le film le fait apparaître comme fade, soumis, souvent éteint tandis que sa compagne le traite sans ménagement. Durant la projection et après celle-ci, l'acteur fait de son mieux pour dissimuler sa gêne et son franc désaveu.

Le lendemain, Madonna reçoit une lettre sans équivoque de la part de l'avocat de Warren Beatty, exigeant que certaines scènes du film soient coupées, faute de quoi, il poursuivra la chanteuse en justice. Elle accuse le coup tout en affichant une certaine placidité. Pourtant, en profondeur, elle est vivement affectée. Les coupures demandées par Warren seront effectuées, mais la plaie est ouverte.

« Il y avait dans le film des conversations au téléphone que je trouvais émouvantes, touchantes et révélatrices. Dans le même temps, Warren ne savait pas que nous étions en train de les enregistrer. Il n'était donc pas honnête de les montrer et d'ailleurs, c'est contraire aux lois en vigueur. Plus que tout autre, Warren rechignait à être filmé. Au fond, je ne pense pas qu'il respectait ou prenait au sérieux un tel tournage. Comme s'il pensait que je m'amusais ou réalisais un film amateur », explique Madonna [5].

Cet épisode marque la fin de leur relation. Warren Betty prend l'initiative d'annoncer à sa compagne que leur aventure est terminée. Durant plusieurs jours, elle affronte une montée de tristesse irrépressible. Dépitée, elle laisse entendre qu'elle fait désormais partie de la « collection de conquêtes » de Beatty et dit regretter d'avoir été berné, comme toutes les autres. Pourtant, leur relation a longtemps

---

[5] *Madonna, the saint, the slut, the sensation*, Don Shewey.

été solide et l'éventualité d'un mariage a même été envisagée.

Est-ce le poids d'un tel abandon ? Madonna semble éprouver à nouveau un attachement envers Sean Penn. Bien qu'elle ait longtemps été perturbée par l'horrible nuit vécue à Malibu, elle conserve, en dépit de tout, un sentiment profond envers son ex.

Durant une séquence du jeu de la vérité que retranscrit le film *In Bed with Madonna*, elle s'est d'ailleurs laissée aller à une confidence. L'une de ses assistantes lui demande :

— Qui a été l'amour de ta vie ?

— De toute ma vie ?

— Ton grand amour ?

Elle réfléchit brièvement, semblant pensive puis jette :

— Sean.

De son côté, Sean Penn vit une liaison avec l'actrice Robin Wright. Madonna assiste à une projection du film *State of Grace*, et découvre qu'elle est indisposée par l'une des scènes où elle voit Sean embrasser Robin sur les seins.

« Je me suis dit : "Ce n'est qu'un film, calme-toi !" Mais rien n'y a fait. J'en aurais pleuré de jalousie. Dire que j'étais sa femme… Je ne supporte pas qu'il embrasse ses partenaires dans ses films, cela me donne envie de vomir. »

L'incroyable succès rencontré par Madonna apaise bien des maux de son existence personnelle. La sublime vidéo en noir et blanc réalisée par David Fincher pour « Vogue » se voit couronnée par trois prix lors des MTV Video Music Award. Le 6 septembre, afin de fêter une telle victoire, Madonna interprète cette chanson déguisée en Marie-Antoinette, au milieu de danseurs eux-mêmes habillés en courtisans royaux. Le spectacle est aussi magnifique qu'inattendu.

Voilà déjà plus de six ans que Madonna a imposé sa frimousse échevelée auprès des danseurs comme des cinéphiles. Le magazine *Forbes* l'a désignée comme l'artiste féminin dont le revenu annuel est le plus élevé : 39 millions de dollars. L'heure d'un bilan d'étape a sonné.

La compilation *The Immaculate Collection* qui sort le 13 novembre est le premier best-of de Madonna. Il est l'occasion d'un nouveau regard sur les années écoulées, période au cours de laquelle elle s'est installée au sommet de la pyramide, avec une succession de tubes dansants, mais aussi de chansons romantiques telles que « Live to tell » ou provocantes comme « Like a prayer ». Les divers singles qu'elle a sortis entre « Holiday » et « Vogue » sont là, et la sélection est d'autant plus imposante qu'elle comporte huit numéros 1.

L'album *Immaculate Collection* comporte deux inédits : « Rescue me » et « Justify my love ». Si le premier morceau est une chanson agréable mais prévisible, avec une voix intimiste sur un rythme *dance* concocté par Shep Pettibone, le second est doté d'une forte personnalité, avec une orchestration originale.

Dans « Justify my love », Madonna demande à son amant de justifier l'amour qu'elle lui porte, sur une rythmique hip-hop. La chanson a été produite par un jeune artiste devenu célèbre pour sa capacité à intégrer avec bonheur le son des années 70 dans un contexte actuel, Lenny Kravitz.

Un *beat* cadencé ouvre le morceau sur un fond de violons à l'arrière-plan et sert de plate-forme à la voix de Madonna qui déclame des vers de façon intimiste et érotique.

« Justify my love » va donner lieu à l'une des vidéos les plus controversées de Madonna...

8

Sexy girl

« Il y a une époque de ma vie où j'étais extrêmement en colère. La presse ne cessait de me harceler. Je me sentais comme une victime et donc je frappais... Je ne suis pas particulièrement fière de tout cela. [1] *»*

Au cours d'une réception donnée par le photographe Herb Ritts, Madonna éprouve une réelle fascination pour un ange au regard de soie, une grâce qui s'affiche au masculin, une douceur juvénile posée sur une anatomie digne d'une statue grecque. Le corps ferme et musculeux de Tony Ward respire le bien-être et dégage une troublante attraction. La chanteuse a déjà croisé ce top model lors du tournage du clip de « Cherish », mais elle n'avait pas alors remarqué à quel point il avait le mouvement majestueux. Secouée, elle s'approche de lui et émiette une cigarette sur son dos. Décontenancé mais intrigué, Ward se laisse

---

[1] *TV Guide*, 1998.

draguer et manifeste une délicatesse qui contraste avec sa force physique. Il s'installe bientôt dans la maison de Madonna à Hollywood.

La plastique de Tony Ward a longtemps été son premier atout au niveau professionnel. Avant de trouver un emploi dans un club privé de New York accueillant des businessmen, il a posé comme cover-boy dans des magazines homosexuels. Madonna, qui s'est également prêtée à des photos de nu pour joindre les deux bouts ne peut que se sentir solidaire.

« Je sens une sorte de camaraderie à son égard. Il a fait ces photos lorsqu'il était très jeune et avait besoin d'argent. C'est la même chose que ce qui s'est passé pour moi. J'ai même eu la sensation : "Mon Dieu, quelqu'un peut enfin comprendre ce que moi-même je ressentais à l'époque !" Cela ne m'a donc pas ennuyée. [2] »

Le 9 novembre, il est prévu que Madonna tourne le vidéoclip de sa nouvelle chanson « Justify my love » sous la direction du Français Jean-Baptiste Mondino. Tony Ward se voit naturellement embauché pour tenir le rôle de son amant. Le mini-film qui doit être réalisé à l'hôtel Royal Monceau à Paris s'annonce comme le plus sulfureux que la star ait tourné à ce jour...

Une valise à la main, une Madonna qui paraît groggy arpente en titubant un couloir de l'hôtel puis s'adosse à un mur. Elle se caresse la peau et commence à se déshabiller, tandis que l'élégant Tony Ward s'approche d'elle. Ils entrent dans une chambre, s'embrassent voluptueusement puis font l'amour sur le lit, ce qui constitue alors l'essentiel de la vidéo. Une femme au torse nu sous des bretelles vient parfois s'immiscer dans cette fête des sens. La caméra s'attarde sur la culotte que porte Madonna et sur diverses positions éroti-

---

[2] *The Advocate*, 7 et 21 mai 1991.

ques. Tony Ward, pour sa part, apparaît parfois comme un amant viril mais parfois aussi sous un aspect efféminé. D'autres scènes donnent l'impression que plusieurs partenaires se livrent en parallèle à de troubles ébats. Peut-on réellement imaginer que les télévisions américaines oseront diffuser une vidéo aussi explicite ?

« Justify my love » s'inscrit dans une démarche que Madonna commence à esquisser à ce moment de sa carrière, dans le droit fil de la séquence libertine qu'elle a incluse sur la chanson « Like a Virgin » lors de sa dernière tournée. Or, au cours de cet automne, un projet singulier est présenté à Madonna.

Une directrice de collection de l'éditeur Simon & Schuster demande à rencontrer la chanteuse en vue de publier un livre de photographies érotiques. Il est entendu que Madonna pourrait apparaître dénudée, dans le contexte qu'elle souhaiterait, tout en accompagnant ces clichés d'un texte de son choix. À la fin de la réunion, est née une idée de livre qui pourrait s'intituler *Le livre des fantaisies érotiques et sexuelles de Madonna*. Le management de Madonna est censé reprendre contact avec Simon & Schuster pour discuter des suites à donner à ce projet...

Alors que l'hiver approche, le destin va se montrer de plus en plus capricieux. Le 10 décembre, à la suite d'une sensation d'inconfort qu'elle ne s'explique pas, Madonna consulte un médecin de l'hôpital Cedars Sinai de Los Angeles. Elle a alors la stupéfaction d'apprendre qu'à la suite de sa relation avec Tony Ward, elle est tombée enceinte. Une immense jubilation s'empare d'elle à l'idée d'avoir son premier bébé. La chanteuse n'envisage aucunement d'épouser le top model et pense qu'elle élèvera seule son enfant.

Pourtant, ce moment de bonheur est très bref. Quelques jours plus tard, un spécialiste de l'accouchement, Randy Harris, ausculte Madonna et déclare qu'elle doit avorter de son bébé, au risque de faire une fausse couche.

Madonna subit l'opération prévue supervisée par le professeur Harris, et demeure sous le choc :

« Je suis si triste d'avoir perdu mon bébé que j'en rêve presque toutes les nuits. Souvent, je me réveille avec de terribles douleurs au ventre, comme si je voulais croire qu'il vit encore en moi. »

La déception est si forte qu'elle va jusqu'à envisager le suicide. Elle se ravise pourtant. « Au moins, j'aurais appris une chose. La vie vaut plus que tout au monde, même s'il faut la vivre seule. »

Madonna n'est pas au bout de ses surprises. Tony Ward pour sa part, cultive un secret et non des moindres : il est déjà marié ! Vers la fin août il a épousé une dénommée Amalia. Il a ensuite expliqué à sa femme qu'il avait changé d'avis à son égard. Toutefois, il n'a pas immédiatement osé en parler à Madonna. Il lui révèle la chose peu avant Noël et elle est tétanisée par la nouvelle.

La fête que Madonna donne le 25 décembre est marquée par une forte tension. Ward ayant surpris Madonna en train de danser de façon un peu trop tendre avec un homme qu'il considère comme un rival, s'emporte contre elle. Comme le ton monte, les deux amants se mettent à briser quelques objets du décor, se défiant mutuellement. La soirée se termine prématurément tandis qu'ils s'invectivent ainsi. Ils se réconcilient peu après.

À la fin décembre, tandis que la chanson s'achemine vers la position n°1 des charts, MTV annonce que le clip de « Justify my love » ne peut être diffusé, du fait de ses connotations sexuelles trop explicites. Le lendemain, une station canadienne, MuchMusic la censure à son tour. Seule une version écourtée sera diffusée par la suite, à des heures particulièrement tardives. La version intégrale du clip est toutefois lancée sous forme de single vidéo, une première.

L'entrée dans l'année 1991 se déroule dans ce sombre contexte. Dans son appartement de Manhattan, Madonna reçoit une quarantaine de proches dont Tony Ward et aussi son frère Christopher Ciccone. Parmi les convives, est invitée une femme médium qui se dit capable de lire l'avenir dans les lignes de la main. À un moment, elle jette un coup d'œil sur la paume de Madonna et se refuse à aller plus loin, laissant entendre qu'elle y verrait bien trop de choses troublantes. La chanteuse insiste pour en savoir plus…

La voyante regarde alors à nouveau la paume de Madonna, déclare qu'on lui a salement brisé le cœur une fois déjà et que cette situation est appelée à se reproduire. Elle affirme aussi que la chanteuse n'aura jamais d'enfant.

Assombrie par la perspective qui lui est dépeinte, Madonna pose d'autres questions brûlantes :

— Qu'adviendra-t-il de ma relation avec Tony ?

— Elle ne durera pas. Ce n'est que passager, répond la voyante.

La voyante n'est pas plus enthousiaste concernant la carrière de Madonna, affirmant qu'elle n'est pas faite pour ce métier.

« J'étais dévastée, car cette femme avait la réputation de ne jamais se tromper dans ses prédictions. »

Au sortir de la consultation improvisée, Madonna se saoule au Martini — c'est la première fois de son existence qu'elle se laisse ainsi happer par l'ivresse. Délaissant ses invités, elle part ensuite se réfugier dans sa chambre, puis s'en va vomir dans les toilettes, avant de s'évanouir sur le sol de marbre.

« C'était la première fois que je perdais le contrôle de tout. Tout ce que cette femme avait dit semblait tellement vrai… Quelle horrible façon de démarrer l'année ! »

Deux jours plus tard, Madonna doit affronter l'ire d'un rabbin de Los Angeles… Tout est parti d'un remix de « Justify my love », intitulé « The Beast within » qui s'étale sur six minutes et dix secondes. Sur la pochette de ce maxi-single, elle apparaît avec l'allure d'une garce prête à tout, une casquette vissée sur la tête et une cigarette aux lèvres.

La chanson qui déjà fait parler d'elle pour le caractère déliquescent de son clip, défraye à présent la chronique pour des raisons plus inattendues. Sur le beat lancinant du morceau originel, Madonna récite des passages entiers du *Livre des Révélations* de Saint-Jean. Ce livre, également connu sous le nom de l'Apocalypse, laisse entendre que le monde touche à sa fin et qu'un combat final entre le bien et le mal du nom d'Armageddon, devrait mettre fin à toutes les guerres.

L'un des passages, la Révélation 2 : 9-10, dit ceci :

« Je connais votre affliction et votre pauvreté
Et la calomnie de ceux qui prétendent être juifs, alors qu'ils ne le sont pas
Ils sont une synagogue de Satan
N'ayez pas peur de ce que vous allez endurer
Regardez le diable qui est sur le point de vous jeter en prison
Je veux, je désire, j'attends que vous justifiiez mon amour
J'espère, je prie pour que vous justifiiez mon amour. »

Pour ajouter à l'ambiguïté, le titre inclut un extrait d'une chanson libanaise sacrée, « El Yom Olika » interprétée par la chanteuse Fairouz.

Ce passage du maxi-single de « Justify my love » déclenche la fureur du Rabbi Abraham Cooper du Centre Wiesenthal de Los Angeles, qui assimile cette déclamation à de l'antisémitisme. Cooper déplore « l'impact que pourraient avoir de telles paroles, débitées par la première icône culturelle du pays, sur les bigots ».

Il réclame la suppression du passage en question, arguant que « l'imagerie liée aux juifs et au diable a entraîné de terribles violences envers le peuple juif au cours des deux derniers millénaires. »

Il regrette au passage que Madonna n'ait pas fait preuve d'un sens plus aigu de la responsabilité, étant donné son impact sur la société. Du jour au lendemain, la chanteuse qui s'est toujours distinguée par une attitude de tolérance envers toutes les races se voit ainsi accusée de véhiculer un message antisémite.

Cooper durcit rapidement son attaque et demande à ce que toutes les copies du maxi-single soient retirées de la vente.

Devant l'ampleur de sa réaction, Madonna se voit obligée de publier dès le lendemain un démenti officiel :

« Je n'avais aucune intention antisémite lorsque j'ai inclus un passage de la Bible dans mon disque. C'était un commentaire sur le mal en général. Mon message, si jamais il y en a un, est en faveur de la tolérance et à l'encontre de la haine. Cette chanson, après tout, parle d'amour. »

En évoquant ces divers incidents, Madonna paraît désabusée.

« Ces derniers mois, je n'ai eu que des ennuis. Je sais que j'aime la provocation mais là, les choses se sont réellement emballées sans que je puisse les contrôler. Il y a d'abord eu le clip de "Justify my love" interdit à la télévision. Par la suite, je suis accusée d'antisémitisme dans le remix "Beast within". Enfin, il paraîtrait maintenant qu'il y a des messages sataniques si l'on écoute le disque à l'envers ! Je ne sais pas où tout cela va s'arrêter ! »

Une telle succession d'événements l'oblige à donner un coup de volant... La chanteuse souhaite changer son existence. Elle aspire à autre chose, sans pouvoir définir quoi au juste. Tony Ward est le premier à faire les frais de cette humeur ; elle le congédie et le laisse durant plusieurs jours dans un état dépressif.

Faute de mieux, Madonna choisit d'aller jusqu'au bout de son sentiment personnel de révolte. Le tournant amorcé avec « Justify my love » indique le chemin à suivre : une sexualité à assumer sans ambages. La frontière a déjà été franchie et la direction est toute tracée, au risque de montrer une personnalité artificielle, bâtie de toutes pièces dans une optique consistant à railler le consensus. Durant trois années, qui rétrospectivement sembleront interminables, elle va briser tabou sur tabou, n'hésitant nullement au passage à flirter avec un mauvais goût qui ne lui ressemble guère.

En premier lieu, Madonna entend redéfinir son statut en tant qu'artiste. Elle est toujours liée à Sire Records et à Warner dans le cadre classique d'un contrat de chanteuse. Or, l'histoire du rock montre que certaines légendes ont connu des fortunes diverses et qu'à succès égal, tous n'ont pas su tirer la même épingle du jeu. Si certains ont bâti de véritables empires, d'autres comme Elvis Presley ont été le plus souvent exploités. Le groupe des Rolling Stones a longtemps gagné plus d'argent que les Beatles, alors que ceux-ci connaissaient une plus grande popularité, pour la simple raison qu'ils disposaient d'un contrat leur accordant plus d'avantages. Madonna est loin d'avoir tiré tous les fruits de sa propre gloire.

Il se trouve que la carrière discographique de la chanteuse continue d'être au beau fixe. Le 2 mars, le single « Rescue me » est entré dans les charts américains à la quinzième position, établissant un nouveau record (jamais encore une artiste féminine n'avait placé une chanson si haut dès la première semaine). Le 15ème sondage du magazine *Rolling Stone* la voit décrocher la première place dans cinq catégories, dont celle du meilleur single et de la meilleure vidéo pour « Vogue », tandis que *Blonde Ambition Tour* est jugée comme la meilleure tournée. De son côté, la chanson « Sooner or later » du film *Dick Tracy* est nominée pour les Oscars (elle va décrocher cette distinction le soir du 25 mars). Au vu d'un palmarès de cette envergure, il est temps d'établir un nouveau rapport de force avec Warner, sa maison de disque.

Durant la cérémonie des Oscars, il est prévu que Madonna interprète « Sooner or later ». Qui pourrait-elle donc choisir pour l'accompagner à cette soirée ? Après une longue réflexion, elle jette son dévolu sur Michael Jackson.

En préparation de la soirée du 25 mars, Madonna donne rendez-vous à celui que l'on surnomme le « Roi de la pop », dans un restaurant d'affaires, le Ivy Club. Elle passe une partie du dîner à tester ses réactions et à voir ce qui pourrait le choquer. Cependant, son intention est ailleurs : elle désire avant tout comprendre comment il a si bien réussi à gérer sa carrière d'un point de vue financier.

Bon prince, Michael explique dans le détail les itinéraires qu'il a empruntés, avec au passage la création de diverses maisons de production indépendantes. La multinationale Sony a été contrainte d'adapter sa façon d'opérer en conséquence.

Selon Jackson, la clé du succès, de la part d'un artiste est d'avoir sous le coude un projet irrésistible [3], un projet qui déborde du cadre de la musique et si possible, du terrain d'action habituel de la maison de disque. Ce projet doit sembler si fort que le simple fait de le faire miroiter incitera la *major* à vouloir établir un partenariat d'une nouvelle forme. Et d'indiquer le mot-clé en la matière : « synergie ».

Quel est le projet que Madonna pourrait utiliser comme appât auprès de Warner ? Après mûre réflexion, il s'avère que cela pourrait être le fameux livre érotique imaginé par Simon & Schuster... Un livre qui pourrait susciter de telles retombées médiatiques que celles-ci rejailliraient sur l'album publié dans la foulée.

Pour l'heure Madonna assiste, resplendissante, à la cérémonie au bras de Michael Jackson et l'apparition de ce compagnon d'honneur fait couler beaucoup d'encre. Qu'importe ! Les médias sont loin, très loin d'imaginer l'essentiel de ce que trame la Ciccone...

Le 13 mai, Madonna assiste à la première du film *In Bed with Madonna* (*Truth or Dare* dans la version américaine) à l'occasion du 44ème Festival de Cannes. Elle arrive accompagnée du réalisateur Alek Keshishian et porte pour l'occasion une robe de danseuse de harem, exhibant son nombril percé.

Le film fait apparaître dans les moindres détails l'ambiance d'une tournée de Madonna, avec ce qui se trame dans les coulisses ou lors d'événements extérieurs, comme la soirée organisée en son honneur par Pedro Aldomovar à Madrid. Il permet de mieux comprendre comment elle

---

[3] *Tout le monde vous dira non*, Hubert Mansion (Stanké).

se comporte avec son équipe, comme lorsque ses danseurs forment avec elle un cercle de prière avant d'entrer en scène ou se livrent à des jeux ambigus dans son lit. Ceux qui font une apparition inopinée en prennent parfois pour leur grade. Ainsi, Kevin Costner venu la saluer dans sa loge, se fait recevoir sans aménité ; peu après son départ, Madonna met un doigt dans sa bouche, comme si elle allait vomir.

Le documentaire a pour atout de montrer la star comme elle est, sans la moindre censure apparente. « Quel intérêt de faire un documentaire si vous ne montrez pas non plus vos mauvais côtés ? explique l'intéressée. Soyons réaliste, il faut montrer tous les aspects de la vie de quelqu'un comme moi sur la route. C'est une tranche de vie. Un moment de vérité sur l'absurdité d'un voyage avec une bande de gens qui ne fonctionnent pas dans la normalité. Ce documentaire m'a aidé à grandir. »

Les seules scènes qui ont été coupées sont des conversations téléphoniques avec Warren Beatty, qu'elle décrit comme « touchantes » mais qui devaient légalement être supprimées dans la mesure où son amant d'alors ignorait que ces échanges auraient été enregistrés. De même, à un certain moment, Madonna a demandé à ce que les caméras soient éteintes. Elle rencontrait sa grand-mère et celle-ci apparaissait vieille et malade. De crainte qu'elle ne soit morte de peur à la vue des caméras, Madonna a indiqué à Keshishian que là, il n'était tout simplement pas possible de filmer.

D'une certaine façon, la sortie de *In Bed with Madonna* s'inscrit à merveille dans la stratégie que Madonna a entrepris de développer autour du sexe. Le documentaire retrace les péripéties de la tournée *Blond Ambition* qui s'est tenue du 13 avril au 5 août 1990, et fait la part belle aux polémiques que celle-ci a pu susciter, que ce soit au Canada où elle a été menacée d'arrestation pour « indécence publique » ou en Italie où certains shows ont dû être annulés.

De nombreuses séquences du film transcrivent d'une manière fort explicite sa façon de voir les choses, telle celle-ci :

Madonna : Désirez-vous que nous soyons acceptés par Hollywood ?

Les danseurs : Non !

Madonna : Est-ce que nous sommes préoccupés par ce que les gens pensent de nous ?

Les danseurs : Non !

Madonna : Est-ce que nous voulons que les gens embrassent notre postérieur ?

Les danseurs : Oui !

Madonna : Maintenant, est ce que nous voulons que le film soit classifié « R » (interdit aux moins de 16 ans non accompagnés d'un adulte) ou « X » ?

Les danseurs : « X » !

Madonna : X comme extra fun !

Dans *In Bed with Madonna*, il apparaît que six des sept danseurs qui accompagnent Madonna sont gays. Les deux leaders de la troupe, Jose Guitierez et Luis Camacho, participent d'ailleurs à une marche pour les droits des homosexuels à New York, le premier s'exhibant dans un short à rayures. Le seul hétéro de la troupe, Olivier Crumes, manifeste quelques penchants moqueurs et proches de l'homophobie à l'égard de Luis (« Je n'ai pas de respect pour ce genre d'individu ») et de ses compères, au risque de créer une tension dans l'équipe. Selon Madonna, Oliver Crumes se sentait comme persécuté d'être le seul hétéro de la troupe :

« La tension ne venait pas de ce qu'il était homophobe mais de ce que les autres danseurs étaient jaloux. Ils pensaient que c'était un "fils à sa maman", que je passais trop de temps avec lui. Ils voulaient tous la même chose : mon attention ! », explique-t-elle.

Parmi les scènes qui font couler beaucoup d'encre, figure l'évocation par Madonna d'une amie de jeunesse qui l'aurait jadis caressée ou encore la séquence du jeu de la vérité où deux danseurs mâles s'embrassent avec la langue.

Madonna déclare qu'en regardant ce film, elle a pris conscience de nombreuses choses la concernant. Elle dit avoir mieux compris comment son intense désir d'être aimée et approuvée se juxtapose au besoin de couver d'autres personnes, d'être la mère qu'elle-même n'a jamais eue.

« Je n'avais pas réalisé combien j'étais matriarcale et maternelle, jusqu'à ce que je voie le film. »

« J'ai appris à m'aimer davantage moi-même au travers de ce film. J'ai vu qu'au milieu de l'ambition et du désir de réussir, j'apporte des choses aux gens. J'amène une sorte de bonheur dans leurs vies. De ce fait, je ne suis plus aussi dure avec moi-même. »

In bed with Madonna fait le tour du monde et attire un nombre de spectateurs respectable pour un documentaire. Aux USA, il récolte 15 millions de dollars.

Si le grand projet de Madonna tourne autour d'un livre de photographies érotiques auquel elle entend participer, et qui devrait amener la Warner à négocier une nouvelle forme de relation à son égard, son actualité immédiate concerne un nouveau rôle dans le film *Une équipe hors du commun* (*A league of their own*).

Basée sur une histoire vraie, l'action du film se situe durant la Seconde guerre mondiale, alors que de jeunes hommes ont été réquisitionnés pour se rendre sur le front.

Dans la mesure où les équipes de base-ball se vident de leurs joueurs, un mécène imagine de créer une ligue composée uniquement de femmes. Un ancien champion, Jimmy Dungan (joué par Tom Hanks) est chargé de l'entraînement de cette équipe pas comme les autres.

C'est la réalisatrice Penny Marshall qui a eu l'idée d'engager Madonna pour jouer le rôle de Mae, l'une des joueuses de base-ball. La chanteuse est venue à New York et s'est livrée de bonne grâce aux essais requis durant une audition qui a duré trois heures. La comédienne Debra Winger, originellement sollicitée, s'est retirée du tournage lorsqu'elle a appris que Madonna était de la partie, estimant que la présence de la chanteuse n'était qu'un coup publicitaire. Elle a été remplacée par la tonique Geena Davis.

En préparation du tournage, Madonna suit un entraînement de base-ball, ce qui inclut des cours particuliers dispensés par un ancien champion du genre, John Russo. Fidèle à elle-même, elle s'acharne tant dans cet exercice qu'elle se blesse une main. Madonna veille aussi à rencontrer la femme dont elle doit incarner le personnage, Faye Dancer.

« C'était une femme délirante et elle l'est toujours. Elle m'a décrit les matchs et les tournées à travers le pays comme une immense fête. Elle avait six petits amis en même temps. »

Le tournage de *Une équipe hors du commun* démarre le 8 juillet 1991 dans une petite ville de l'Indiana appelée Evansville. Madonna s'y ennuie copieusement. Elle ira jusqu'à faire part de ce sentiment au magazine *TV Guide*, et les citoyens d'Evansville témoigneront de leur colère par le biais d'un message télévisé. Certaines scènes sont heureusement filmées à Chicago et même si elle est harcelée par la presse, la chanteuse apprécie les cours de danse *jitterbug* qu'elle suit auprès d'un chorégraphe, Tony Savino. Tout comme les réalisateurs qui l'ont précédée, Penny Marshall se montre admirative de la ténacité de Madonna.

« Elle a travaillé dur. Elle s'entraînait matin et soir, pratiquait ses pas de danse. »

Au milieu de l'été, Madonna fait miroiter à Warner le potentiel qui pourrait découler du lancement d'un nouvel album en parallèle à un livre de photographies érotiques. Elle dévoile tout un plan d'action qui tournerait autour du sexe, avec un livre baptisé *Sex*, un CD et peut-être même un film… Opportuniste, la chanteuse se montre prête à confier la publication du livre à Warner Books, quand bien même l'idée lui a été suggérée par Simon & Schuster. La maison de disque comprend clairement quel serait son intérêt dans cette synergie.

Pourtant, Madonna et son manager Freddy De Mann décident de jouer encore plus finement, profitant avec sagacité des conseils prodigués par Michael Jackson quelques mois plus tôt. Au moment où Warner Books leur présente un contrat d'édition, elle se refuse à aller de l'avant. Après tout, ce sont les éditeurs Simon & Schuster qui l'ont contactée en premier au sujet du livre de photographies dénudées, et peut-être seraient-ils mieux armés pour le diffuser. À défaut, Random House, un autre concurrent de Warner Books se ferait un plaisir de diffuser *Sex*…

Il se révèle alors que Madonna et son manager Freddy De Mann ont en vue une négociation de haut niveau, une redéfinition du contrat de la chanteuse qui pourrait l'amener à obtenir un statut similaire à celui que Michael Jackson a réussi à obtenir de la part de Sony.

Le temps des transactions est arrivé…

Le 10 décembre, au Regents Beverly Wilshire Hotel, elle reçoit le prix du courage décerné par l'association AMFAR de lutte contre le sida qu'a créé Elisabeth Taylor. Si Madonna s'est autant impliquée dans cette action, c'est parce que la maladie a emporté un grand nombre de ses amis, à commencer par le mentor de son adolescence, le professeur de danse Christopher Flynn. C'est l'acteur Luke Perry, l'un des interprètes des premiers épisodes de la série *Buffy contre les vampires*, qui lui remet sa distinction et sur la scène ; ils échangent un long baiser.

La stratégie de Madonna pour l'année à venir apparaît désormais limpide. Elle se décline autour de trois productions alors en préparation et qui toutes participent d'une même entreprise : le livre *Sex*, l'album *Erotica* et aussi un film *Body of Evidence*.

C'est à Miami que Madonna entreprend les séances de photographies érotiques sous la direction du photographe Steven Meisel. Les deux artistes ont appris à s'apprécier au cours de la réalisation des clichés utilisés pour l'album *Like a virgin* en 1984. Parmi ceux qui se voient invités à partager les fantasmes de Madonna, figurent le top model Naomi Campbell, l'actrice Isabelle Rossellini ou le chanteur Vanilla Ice. Meisel capture plus de 20 000 photos mais n'en conservera que 475 pour le livre. Le titre envisagé pour ce dernier est d'abord *X*, puis *Erotica* et sera finalement *Sex*.

Début avril, Madonna démarre le tournage du film *Body of Evidence*, tourné par Ul Edel, avec Willem Dafoe. Le personnage qu'elle interprète est accusé d'avoir usé de ses charmes sexuels pour faire succomber un millionnaire et récupérer les huit millions de dollars qu'il lui a légués par testament. L'avocat qui est chargé de la défendre succombe à ses avances et une relation torride démarre.

Madonna issue d'une famille nombreuse (elle a sept frères et
soeurs, dont deux demi-soeurs) perd sa mère à l'âge 6 ans
d'un cancer du sein.

Madonna, encore Louise Ciccone, étudie dans trois
écoles catholiques dont la Rochester
Adam's High School où elle est "cheerleader".

A 17 ans, Madonna débarque à
New York et vit de petits boulots.
Rapidement, elle devient
chanteuse et batteuse dans les
"Breakfast club".

Son premier album, intitulé "Madonna" (1983),
avec le single "Holiday" produit par son petit ami
J. Benitez, est N°1 dans les clubs.
C'est l'entrée sur la scène internationale.

Dans le clip "Material Girl" (1984),
Madonna parodie Marilyn Monroe et sa
chanson "Diamonds are a girl's best friend".

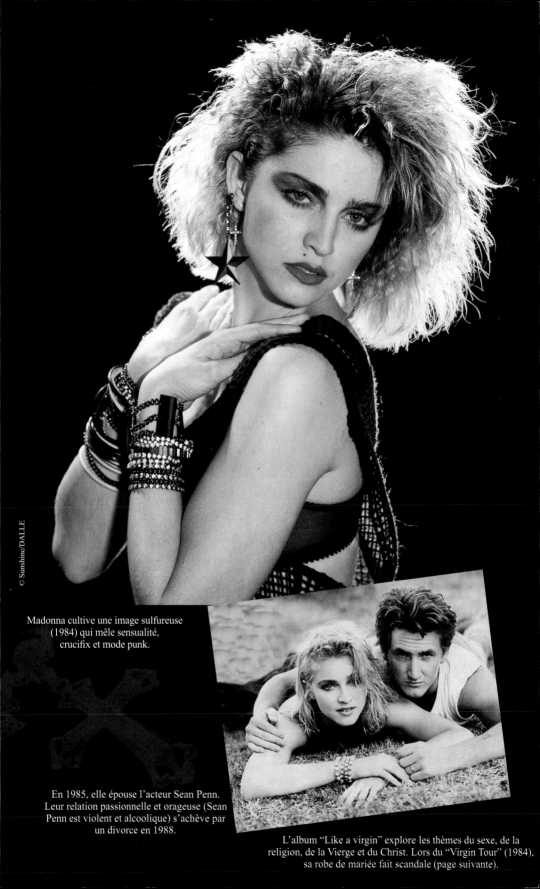

© Sunshine/DALLE

Madonna cultive une image sulfureuse
(1984) qui mêle sensualité,
crucifix et mode punk.

En 1985, elle épouse l'acteur Sean Penn.
Leur relation passionnelle et orageuse (Sean
Penn est violent et alcoolique) s'achève par
un divorce en 1988.

L'album "Like a virgin" explore les thèmes du sexe, de la
religion, de la Vierge et du Christ. Lors du "Virgin Tour" (1984),
sa robe de mariée fait scandale (page suivante).

Contrairement au film "Who's that girl", l'album et la tournée du
même nom connaissent un immense succès.
Madonna joue à guichets fermés (Atlanta, 1987).

Madonna connaît une aventure avec son partenaire Warren Beatty dans le film "Dick Tracy" (1990).

DR

A la sortie du clip "Like a prayer", l'Eglise catholique crie au blasphème (1989).

Le "Blond Ambition Tour" (1990) mélange à nouveau succès et odeur de scandale.

Le nouveau parfum de Jean-Paul Gaultier ,
"RockStar", hommage direct
à son amie Madonna (2005).

Jean-Paul Gaultier habille Madonna à de nombreuses reprises,
notamment pour le Festival de Cannes en 1991 (en haut).
Elle participe à son défilé dans une tenue qui fait le bonheur
des fans et de la presse en 1992...

Madonna

"In bed with Madonna" (1991) connaît un succès mondial. " Soyons réalistes, vous devez montrer tous les aspects de la vie de quelqu'un comme moi sur la route. C'est une tranche de vie." (Madonna).

La Star se dit "attaquée continuellement observée, traquée et diffamée.
"Plutôt que de tenter de me justifier (...), j'ai écrit des chansons".
Ainsi naît l'album "Bedtime stories" (1994).

La chanteuse s'investit dans diverses oeuvres caritatives ou humanitaires comme le "AIDS Walkathon" à Los Angeles en 1998 (ci-dessus).

97, Madonna remporte le "Golden Globe" (ci-dessus) de la ...eure actrice pour le film "Evita" (page suivante), mais n'est pas nominée aux Oscars . La bande originale du film, "Don't cry for me Argentina", bat tous les records.

n 2005 sort le cinquième et ...rnier livre de sa série pour ...nfants, "Lotsa de Casha". ...histoire de l'homme le plus ...he du monde qui perd tout, mais gagne un ami...

L'album "Ray of Light" (1998), parle de ses amours passées et de l'amour d'une mère pour son enfant. "Shanti/Ashanti", chanson en sankrit, est inspirée par le judaïsme et la kabbale (en haut). "Beautiful stranger" (1999), tirée de la bande originale du film Austin Powers 2, est un énorme succès.

DR

DR

Madonna, qui possède de nombreuses résidences,
en particulier un manoir près de Cannes
(ci-dessus), a élu domicile en Angleterre.
Après une vie sentimentale agitée, Madonna, déjà
mère de Lourdes, s'est mariée avec le réalisateur
Guy Ritchie dans un chateau en Ecosse (2000).
La même année, elle donne naissance au petit
Rocco. Le début d'une vie rangée ?

Madonna a fait son entrée au musée Grévin en 2001.
Egérie de Versace, elle prête aussi son image à d'autres marques comme GAP.
Ici une pub tournée pour la marque avec la star du R'n'B, Missy Elliot (2003).

DR

DR

Férue de Kabbale, Madonnna assiste à une lecture faite par son professeur, Eitan Yardeni, à Tel Aviv.
Pour fêter le Purim (mardi-gras juif), Madonna et Guy Ritchie se sont déguisés en pape et nonne (2005).

Happy Holidays !
Let's all pray for
peace in 2005.
♡ Madonna

Madonna n'a pas perdu le goût de la provocation. Lors des "MTV's Music Video Awards", elle échange un baiser torride avec Britney Spears (2003).

DR

DR

En 2005, sortie de l'album "Confessions On A Dance Floor" rendant hommage au groupe disco ABBA.

2006. Madonna, plus que jamais Superstar...

Le 20 avril marque une date clé dans le parcours de Madonna. Après d'âpres négociations avec Time Warner, elle finit par signer un contrat de sept ans qui amène en premier lieu sa maison de disque à lui verser 60 millions de dollars. Au passage, elle fonde sa propre société de production, Maverick dont elle devient la présidente. Le contrat avec Sire Records est renégocié et inclut une avance de 5 millions de dollars par album et 20 % de *royalties*. Devenue chef d'une entreprise à part entière, la chanteuse a acquis son indépendance et traite d'égal à égal avec le conglomérat. Leur relation repose désormais sur le principe d'une *joint venture* (coentreprise). Ainsi tous les futurs albums de la chanteuse porteront les labels Maverick, Sire Records et Warner Bros.

Le 25 juin Madonna assiste à la première du film *Une équipe hors du commun* au Ziegfield Theatre à de New York. Les critiques sont discrets sur le jeu de l'actrice et à tout prendre, une telle attitude est préférable à ce qu'elle a parfois dû subir de leur part. Le film va progressivement passer le cap des 100 millions de dollars au box office, s'inscrivant parmi les succès de l'été. La chanson écrite par Madonna pour la bande originale du film, « This used to be my playground » se classe n°1 des ventes le 8 août.

Pour ce qui la concerne, Madonna se sent fin prête pour la grande offensive autour du sexe mûrie depuis une bonne année. Elle en donne un avant-goût le 24 septembre lorsque, durant un défilé de mode pour Jean-Paul Gaultier, elle expose sa poitrine nue devant 6 000 personnes, au Shrine Auditorium de Los Angeles. Le show a pour objectif de récolter des fonds pour l'AMFAR et 750 000 dollars sont levés lors de la soirée.

La première salve est tirée le 13 octobre. Tout commence par la sortie d'un single au titre explicite : « Erotica ». La chanson est accompagnée d'un clip où, dès l'entrée, elle apparaît dévêtue de dos, en train d'embrasser une autre femme. Les séquences qui suivent sont ouvertement sulfureuses avec de nombreuses images explicites et d'un goût parfois douteux : parties charnelles clairement exposées, langues qui s'effleurent, sado-masochisme, ligotage du partenaire... Les yeux recouverts d'un masque, les cheveux courts tirés en arrière, Madonna n'apparaît pas à son avantage et assume une facette vicieuse et effrontée. Le refrain de la chanson est à l'avenant :

Erotique, érotique,
Pose tes mains partout sur mon corps

Comme l'on peut s'y attendre, *MTV* renonce à diffuser le clip aux heures de grande écoute. L'intéressée en prend acte sur cette même chaîne câblée :

« Un certain nombre des thèmes que j'aborde ne sont pas destinés aux enfants, donc je comprends fort bien qu'il ne soit pas possible de leur montrer. » L'album *Erotica* sort 7 jours plus tard avec une tonalité globale plus dansante que le jazzy *I'm breathless*.

Le 21 octobre, c'est au tour de *Sex* d'être dévoilé par Warner Books. Il s'agit d'un livre de 128 pages de fantaisies érotiques photographiées par Steven Meisel. Comme pour mieux attirer le chaland, l'ensemble est hermétiquement scellé sous une pochette argentée. À l'intérieur de l'emballage se trouve, outre le livre mystérieux, un CD comportant la nouvelle chanson « Erotica ». Le prix de vente est particulièrement élevé (près de 50 dollars sur le sol américain). Afin de rendre l'objet plus désirable encore pour les collectionneurs, il est indiqué que seulement 750 000 exemplaires seront publiés en tout et pour tout.

Le livre présente une série de photographies que Madonna décrit comme des fantasmes qu'elle a imaginés lorsqu'elle s'est laissée aller à rêvasser, comme le feraient, dit-elle, la plupart des êtres humains. Elle apparaît ainsi nue en train de faire de l'auto-stop, semi-vêtue en train de se faire embrasser par deux femmes d'allure androgyne, se faisant lécher le pied par un homme au crâne rasé portant un collier de chien et qu'elle tient en laisse, le nez entre des fesses nues... L'ensemble est souvent peu agréable à regarder car disgracieux, à la limite de la pornographie.

Les clichés érotiques de Madonna sont accompagnés de textes dans lesquels elle étale ses réflexions sur sa vision du sexe :

« Rien dans ce livre n'est vrai. J'ai tout imaginé. »

« Le sexe n'est pas l'amour. L'amour n'est pas le sexe, mais le meilleur des deux mondes est créé lorsqu'ils se rejoignent. »

« Tout ce que vous allez voir et lire est un fantasme, un rêve, de l'illusion. »

« Je ne suis pas intéressée par les films pornos parce tout le monde y est laid, qu'ils font semblant et que c'est idiot. »

« J'adore regarder *Playboy* car les femmes sont belles quand elles sont dénudées. »

« J'aime ma chatte. Elle est le temple de l'apprentissage. »

Elle prodigue également au passage quelques conseils de drague déroutants.

« La meilleure façon de séduire quelqu'un est de vous rendre indisponible. Faites en sorte d'être tout le temps occupé et ils mourront d'envie de vous voir. Ensuite, n'ayez pas de relation sexuelle durant les cinq premiers rendez-vous. Laissez-les se rapprocher mais refusez-vous d'avoir des rapports. Soyez désintéressé mais pas trop tout de même... »

L'opération *Sex* est un triomphe. 150 000 exemplaires du livre sont vendus sur le sol américain dès le lendemain de sa sortie. Le 23 octobre 1992, 100 000 exemplaires de *Sex* ont été vendus en Europe en deux jours, dont 25 000 en France. Dès le 31, il est annoncé que 500 000 exemplaires sont partis en une semaine.

Le 1er novembre, le livre *Sex* apparaît au sommet de la liste des best-sellers du *Washington Post* dans la catégorie non-fiction. Dans la foulée, « Erotica » conquiert les ondes, en dépit d'une qualité musicale en-deçà de ce que l'artiste a produit jusqu'alors. Dès le 7 novembre, le single grimpe à la deuxième place des *charts* américains.

La troisième salve est tirée le 9 janvier lors d'une conférence de presse au Rihga Hotel de Manhattan, où Madonna assure la promotion du film *Body of Evidence* dont elle partage l'affiche avec Willem Dafoe, Anne Archer et Joe Mantegna.

« Dans les scènes de sexe, j'ai compris ce que cela pouvait représenter de tourner dans un film porno. Lorsque nous étions censés avoir des relations sexuelles, William Dafoe et moi faisions complètement semblant. Il n'y avait pas de pénétration ou de choses de ce genre. Mais lorsque l'on se retrouve assis sur le visage de quelqu'un, on peut difficilement faire semblant. »

Une scène en particulier fait couler beaucoup d'encre, lorsque Madonna verse de la cire chaude sur le corps de William Dafoe. La chanteuse y apparaît nue mais la séquence ne sera finalement pas conservée dans la version projetée en salle (elle réapparaîtra sur l'édition DVD).

Les critiques de cinéma s'acharnent contre *Body of Evidence*, auquel il est reproché de ressasser un thème maintes fois abordé, et même de façon relativement récente par *Basic Instinct*. Pour sa part, l'écrivain Patricia Cornwell, dont le roman a inspiré le film, a obtenu que son nom soit retiré de la bande-annonce, affirmant que le long métrage n'avait plus grand chose à voir avec son roman originel. Par ailleurs, le personnage interprété par Madonna est si anti-pathique, que certains spectateurs applaudissent lorsqu'elle est assassinée à la fin du film.

Dino de Laurentis, producteur du film *Body of evidence*, estime pour sa part que c'est la sortie du livre *Sex* de Madonna qui aurait été la cause de l'échec du film : « J'avais dit à Madonna : tu commets une grossière erreur en faisant paraître ce livre maintenant. Tout le monde croira que c'est un film porno. S'il te plaît, ne le fais pas. Elle n'a pas voulu m'écouter. »

Le film est effectivement un échec et ne rapporte que 13 millions de dollars aux USA alors qu'il en a coûté près de 30. Une fois de plus, Madonna essuie la part majeure des attaques et se défend comme elle le peut. « Je ne regrette pas d'avoir fait ce film et j'estime avoir accompli un bon travail. Ce qui est certain, c'est que les reproches se sont avant tout abattus sur moi. Un peu comme si c'était moi qui l'avait écrit, produit, dirigé et que j'en avais été le seul acteur ! »

À défaut de convaincre les spectateurs de son talent d'actrice, Madonna fait sensation le 16 janvier lorsqu'elle parodie Marilyn Monroe au cours de l'émission *Saturday Night Live*. Elle interprète la chanson « Happy Birthday » à l'intention d'un sosie du Président Clinton tandis qu'aux côtés de celui-ci, une femme qui représente Hillary lui fait une scène de jalousie.

Cet échec n'empêche pas Madonna de démarrer en février 1993 le tournage de *Snake Eyes (Dangerous Games)*, d'Abel Ferrarra, en compagnie de Harvey Keitel et de James Russo. Elle y joue le rôle d'une actrice qui entretient aisément des relations sexuelles avec ceux qu'elle rencontre. Le 27, elle accepte d'apparaître dans l'émission de télévision française *Coucou, c'est nous*. Entourée de Josianne Balasko, Agnès Varda, Claudia Cardinale et Jean-Paul Gaultier, elle se livre à quelques confidences impertinentes, indiquant qu'elle n'aimerait pas faire l'amour sur du verre pilé, ni être liée par des menottes. Pour attirer la star, TF1 a cédé à ses exigences et a fait fabriquer une loge dans le style des années 30 qui aurait coûté trois millions de francs. Pourtant, dans la mesure où Madonna arrive sur les lieux quelques minutes avant l'émission, elle n'y séjourne que quelques dizaines de secondes, et c'est à peine si son regard s'y attarde. Consolation, le passage de Madonna attire près de 7 millions de spectateurs.

Madonna choisit de terminer l'année en retournant sur scène avec une tournée baptisée *Girlies show*. Dès le 25 septembre, elle affronte la foule du stade de Wembley à Londres. Dès la première chanson, « Erotica » elle affiche la couleur, s'exhibant avec bas résille, cuissardes et short à paillettes. Immédiatement après, elle donne le ton du spectacle : « Âmes sensibles s'abstenir. Si la beauté d'un corps nu vous effraie, ce show n'est pas pour vous. » De fait, certaines séquences liées à une simulation du plaisir sexuel n'ont rien à envier au *Blond Ambition Tour*. Les spectateurs découvrent à leur grande surprise qu'elle a même inclus dans ce *Girlie Show* « Beast within », le fameux remix de

« Justify my love » qui avait fait l'objet d'un scandale à cause de ses textes issus de la Bible. Ce remix fait l'objet d'une chorégraphie élaborée dans laquelle les danseurs sont censés exorciser les maux du monde. En Allemagne, le concert est annulé, officiellement pour des raisons techniques, si ce n'est qu'un politicien a appelé à son boycott pour atteinte aux bonnes mœurs.

Le 28 septembre, Madonna effectue un premier passage au Palais Omnisport de Bercy à Paris et profite de l'occasion pour participer à l'émission *Sept sur sept* que présente Anne Sinclair, attirant 9,5 millions de téléspectateurs. Le 26 octobre, lors du spectacle qu'elle donne à San Juan, elle passe le drapeau portoricain entre ses jambes, et s'enroule dedans, à moitié dénudée. L'affaire remonte jusqu'à la chambre des députés qui vote une résolution pour condamner son geste. Avant sa future venue à Rio de Janeiro, où elle va rencontrer pas moins de cent-vingt mille fans, les autorités locales la menacent d'emprisonnement au cas où elle réitèrerait un tel acte avec le drapeau brésilien.

La première du film *Snake Eyes* est donnée à New York le 19 novembre, tandis que Madonna est en concert à Sidney en Australie. Cette fois, l'échec du film est sans appel : il n'engrange que 72 495 malheureux dollars aux USA !

Il faut en finir avec la vulgarité et l'obscénité incontrôlées qui sont devenus le lot de Madonna et la chanteuse a besoin d'une secousse. L'occasion lui en est donnée au cours d'une émission télévisée qui pousse la caricature jusqu'à l'extrême. Celle-ci est diffusée le 31 mars 1994 sur CBS-TV.

Le fameux présentateur David Letterman l'a conviée depuis un bon moment, sans parvenir à ses fins. « Il me suppliait d'apparaître dans son show, en dépit de mes refus répétés. »

Madonna finit par accepter l'invitation de ce présentateur rigolard et blagueur. Peu avant l'émission, Letterman lui a donné une consigne simple : « Soyez folle et vulgaire ! » Une instruction qu'elle prend malheureusement à la lettre.

« Avant l'émission, des personnes m'ont présenté des textes vulgaires en me demandant de les réciter. Ils désiraient que je prononce un maximum d'insultes. Je l'ai fait sans réaliser que j'étais en train de me faire piéger. »

La Madonna qui se présente sur la scène du David Letterman Show semble décidée à aller jusqu'au bout de ses fantaisies. Elle débarque sur le plateau tandis que l'on entend la chanson « Holiday ». Elle a dans la main une culotte de fille et demande à son hôte s'il veut bien la sentir — elle réitèrera cette question à plusieurs reprises.

Letterman demande à Madonna si elle consent à embrasser l'un des spectateurs présents ce soir là. Elle s'y refuse, prétextant que l'individu en question n'est pas assez grand. Comme il prend l'air de la féliciter de ne pas céder à la tentation, elle l'interrompt et emploie pour la première fois de la soirée le mot « fuck », faisant référence au fait que dans le show de Letterman, elle est souvent malmenée par les invités.

Étonné qu'elle ait prononcé un tel mot à l'antenne, il la reprend :

— Vous réalisez que nous sommes en direct, n'est ce pas ?

Letterman la questionne ensuite sur les relations qu'elle entretiendrait avec des joueurs de la NBA, la ligue de basket. Elle répond indirectement tout en émettant une série d'allusions sexuelles, faisant notamment référence à la taille du microphone. Comme Letterman semble trouver qu'elle va un peu loin, elle lance :

— Écoutez, dans votre show, vous n'arrêtez pas de parler de ma vie sexuelle. Ne me dites pas que vous ne voulez plus en parler quand je suis là !

Certains passages de l'interview sont plus lestes, mais le ton de la plaisanterie est omniprésent. Juste avant la première pause publicitaire, Madonna demande à Letterman s'il porte une perruque. Du tac au tac, il lui demande à son tour si elle porte un bonnet de bain — elle a une coiffure avec les cheveux courts plaqués sur la tête.

Le ton redevient rapidement plus osé, au point que Letterman commence à se demander jusqu'où elle pourrait bien aller, d'autant qu'elle n'est nullement avare de grossièretés. À un moment, Madonna demande à son hôte s'il lui est déjà arrivé de pisser sous la douche. Elle affirme alors que ce serait un bon antiseptique contre les champignons aux pieds.

Vers la fin de l'interview, la chanteuse se refuse à quitter le plateau. Elle se fait alors copieusement huer par plusieurs spectateurs. Comme elle continue d'émettre des commentaires obscènes, Letterman finit par s'emporter :

— Stop ! Arrêtez-cela ! Mesdames et Messieurs, veuillez baisser le volume de votre téléviseur ! Coupez-le immédiatement ! Nous n'arrivons pas à l'arrêter ! Il y a quelque chose qui cloche avec elle...

Après une pause publicitaire, il apparaît que l'on a forcé Madonna à quitter le plateau. Le bilan de la soirée est sombre : elle a prononcé treize fois le mot « fuck », ce qui a choqué bien des auditeurs présents. Au niveau personnel, elle est apparue sous un jour qui la dessert énormément.

Dès le lendemain, les médias s'acharnent sur la chanteuse jugée idiote, vulgaire et inconsciente. L'un des commentaires les plus incisifs vient du journaliste Ken Tucker qui, dans *Entertainment Weekly,* assène le coup fatal sur la performance de Madonna dont il considère qu'elle a été « un moyen de continuer à avoir son nom dans les journaux au lieu de produire quelque chose de réellement créatif. »

Devant l'ampleur du tollé, David Letterman exprime son désaveu et déclare, comme pour sauver la face : « Madonna a été dégoûtante et scandaleuse. » Dans le journal *USA Today,* il s'autoflagelle en prétendant qu'il n'est pas fier de la façon dont il a géré une telle émission. « J'aurais dû lui dire : "Vous redites une seule fois ce mot et vous sortez du plateau. C'est cela. Adios !" Et je ne l'ai pas fait. »

« Après mon apparition au David Letterman Show, j'ai fait une dépression… », commentera pour sa part Madonna.

9

Les années glamour

« J'ai été jugée et méprisée. Condamnée. Sans vouloir jouer à la pauvre fille, j'ai été punie. Punie d'être une femme, célibataire, puissante et riche. Puissante d'avoir dit ce que j'ai dit. On m'a rabaissée, on a contesté mon talent, certains ont dit que j'étais finie (...). Moi, sous prétexte que j'ai essayé avec le sexe de faire reculer l'intolérance, on m'a traitée de femme satanique. »

À quoi bon aller plus loin ? En ce printemps 1994, Madonna se retrouve face à un constat. Elle est allée jusqu'au bout de ses fantasmes et certains excès ont distillé une sensation de malaise. Il est temps de tourner la page, de dévoiler d'autres visages.

Animée d'une intelligence profonde des événements, la fille du Michigan comprend qu'elle risque de s'aliéner ce public qui la cajole tant. À force de jouer sur le criard et la provocation, elle a fini par détourner l'attention de l'essen-tiel, son art.

Sur la pointe des pieds, la rescapée d'un mauvais rêve se retire de la scène de l'outrage. Tel un soleil voilé, comme une lumière tamisée, elle se place en retrait, imitant la discrète convalescence des félins endoloris.

Par bonheur, Madonna a le don de ne pas retenir le passé... Le public a la mémoire courte et le plaisir comme la curiosité se nourrissent de l'immédiat. Les morsures du temps s'effacent peu à peu du livre des souvenirs et l'im-pression fugace est tôt ou tard balayée par ce qui surgit fraî-chement.

Après une période de repli sur elle-même, elle opte pour une mutation, une redéfinition de sa stature, de sa position de créatrice et de femme. L'heure est à une reconstruction de ce qu'elle projette, l'affichage d'une autre Madonna, précieuse et raffinée.

L'œil rivé sur son livre des potions magiques et breu-vages secrets, l'initiée est en quête de nouveaux élixirs...

Paul Verhoven, qui a fait sensation deux ans plus tôt avec le sulfureux *Basic Instinct*, contacte Madonna. Il aimerait qu'elle joue le rôle de l'une des danseuses de son prochain film, *Showgirls*. Si elle refuse d'y participer, c'est parce que le rôle comporte des scènes trop déshabillées et aussi parce qu'elle estime qu'il renvoie une image peu honorable de la femme. Une métamorphose est en cours.

Musicalement, la chanteuse entend explorer d'autres horizons. Déçue des réactions suscitées par l'album *Erotica*, elle estime que le scandale lié au livre *Sex* n'a pas permis au public de le juger sereinement. Le temps d'une redéfinition musicale est venu, avec une aspiration à une certaine forme de romantisme.

Soucieuse de s'aventurer vers d'autres territoires, elle s'entoure en premier lieu de nouveaux collaborateurs. Pour la première fois depuis qu'elle a été épaulée par Nile Rodgers pour *Like a Virgin*, elle fait appel à une brochette de producteurs réputés pour leur maîtrise des paysages sonores contemporains. Madonna désire s'entourer de spécialistes des courants à la mode en ce milieu des années 90 : le *trip hop* avec ses tempos lents chers à Massive Attack, le *hip hop*, une forme raffinée de rap et le R & B, une variante modernisée du rythm'n'blues.

Comme dans le film où elle interprète une joueuse de basket-ball, Madonna constitue une équipe hors du commun. En dépit de son jeune âge, 22 ans, Dallas Austin est une des figures renommées du R & B. Parmi les artistes dont il a supervisé les enregistrements figurent les Boyz II Men et le groupe féminin TLC. Babyface, pour sa part, a écrit plusieurs morceaux à succès pour des personnalités telles que Whitney Houston ou Toni Braxton et s'est illustré dans la production. Dave Hall, vient de réaliser plusieurs hits dont l'un pour Brownstone, un groupe féminin de Los Angeles. Le quatrième collaborateur extraordinaire n'est autre que le Britannique Nelle Hooper, qui a notamment travaillé avec deux groupes mythiques de la production récente, Soul II Soul et Massive Attack.

Ainsi entourée, Madonna se met à l'écriture d'un nouveau répertoire, avec un regard fixé sur ce qu'elle a pu ressentir à divers moments de son existence. Dans le titre « Human Nature », elle s'attaque aux médias, et particulièrement à ceux qui prennent un malin plaisir à la critiquer et affirme que non, rien de rien, elle ne regrette rien. Dans « Sanctuary », elle cite un poète du XIX° siècle, Walt Whitman :

*Surely whoever speaks to me in the right voice, him or her, I shall follow (*celui ou celle qui me parle de la voix adéquate, je suivrai certainement sa voix).

« Inside of me » l'amène à évoquer sa mère disparue alors qu'elle avait cinq ans :

« Je chérirai toujours les premières années de ma vie, passées auprès de ma mère ! commente la chanteuse. Mes nouvelles chansons parlent des secrets que je partageais avec elle, des jeux auxquels nous nous livrions. Où que je sois, je ne peux pas m'endormir sans avoir une photo d'elle sur ma table de chevet. Quand tout va mal, je repense à son sourire et tout s'arrange. »

« Bedtime stories » a été coécrite par Björk et par Nellee Hopper. Cette chanson qui va donner son titre à l'album fait référence aux histoires que la mère de Madonna lui racontait pour l'aider à s'endormir :

« Elle en avait une à propos d'un jardin dans lequel les légumes étaient tous des personnages différents qu'un méchant lapin essayait de dévorer. Ces histoires me donnaient une impression de sécurité. »

Selon Björk, Madonna lui aurait initialement demandé de coécrire l'intégralité de l'album avec Nellee Hopper, ayant été fascinée par l'album *Debut* de la chanteuse islandaise. Björk a toutefois préféré conserver ses distances vis-à-vis d'un tel empressement et n'est intervenue que sur ce titre.

Le refrain de « Bedtime stories » invite à se laisser aller : *Let's get unconscious, honey* (soyons inconscients, chéri). « Madonna est totalement tournée vers l'extérieur. Je voulais, pour changer un peu, qu'elle dise : soyons impulsive, plutôt que d'être si malin », explique Björk.

Durant le mois de septembre 1994, Madonna fait une rencontre cruciale, alors qu'elle est en train de faire son jogging dans Central Park à New York. Tandis qu'elle court, elle remarque l'étonnante prestance d'un cycliste de 27 ans qui mesure près de 2 mètres et respire la santé.

De nationalité cubaine, il s'appelle Carlos Leon et il a longtemps caressé le rêve de devenir un champion sportif sur deux roues. Le contact passe à merveille, à tel point qu'ils démarrent bientôt une relation amoureuse.

Leon se retrouve bientôt au bras de Madonna lors de soirées organisées à New York comme à Los Angeles et elle paraît profondément éprise de ce bel Hidalgo. L'allure de Léon est d'abord anodine ; il porte les cheveux très courts et s'habille de façon discrète. À son contact, il développera une apparence plus sophistiquée, avec un petit bouc, une coupe de cheveux légèrement allongée avec quelques mèches en bataille, et des vêtements qui mettent en valeur sa belle corpulence.

Le premier extrait du nouvel album, « Secrets », est placé en téléchargement le 14 septembre sur Internet, le réseau qui défraye alors la chronique. Les abonnés à ce service sont les premiers à entendre ce nouveau single.

Les yeux rivés sur leur écran, les internautes de la première heure patientent longuement tandis que l'aiguille qui marque les minutes sur leur montre fait soixante fois le tour du cadran. Une fois le fichier récupéré tant bien que mal, un peu de magie sort de l'ordinateur : quelques accords de guitare sèche introduisent une voix suave qui annone *Mmm mm, something's coming over me, My baby's got a secret...* Ce n'est qu'un avant-goût d'une trentaine de secondes mais il est prometteur. Le single lui-même arrive deux semaines plus tard et présente une Madonna adoucie, sur une mélodie de velours.

L'album *Bedtime Stories* qui sort le 25 octobre propose de nombreuses chansons au tempo lent avec une atmosphère tranquille et savoureuse. Selon Madonna, le disque reflèterait une impression fidèle et non diluée de son âme.

« Depuis deux années, je suis attaquée, continuellement observée et diffamée. Chacun de mes faits et gestes est disséqué, mes propos sont détournés. Plutôt que de tenter de me justifier, de donner des interviews pour m'expliquer, j'ai écrit des chansons. Afin de clore ce chapitre. »

Durant le mois de novembre, le single, comme l'album grimpent à la troisième position du hit-parade américain. Si Madonna ne retrouve pas les scores qu'elle a pu connaître avec *Like a Virgin* ou *True Blue*, l'album peut s'enorgueillir d'une couverture médiatique élogieuse et d'une belle longévité. Favorablement accueilli par les critiques de rock, il demeure durant 48 semaines dans le Billboard 200.

Un autre single, « Take a bow », sort le 6 décembre et il a été coécrit par Babyface. Il s'agit à nouveau d'un slow doté d'une gracieuse mélodie. Le vidéoclip de « Take a bow » fait apparaître Madonna dans une chambre d'hôtel de la ville de Ronda en Espagne, enlaçant tendrement le téléviseur sur lequel apparaît l'image d'un toréador.

Le tournage a duré pas moins de sept jours et nécessité le concours du toréador Emilio Muñoz et de trois taureaux. Un tel clip soulève la colère d'associations de défense des droits des animaux. Le groupe PETA va jusqu'à acheter une pleine page dans le magazine *Billboard* pour protester contre cet encouragement à la corrida, pratique dénoncée pour ses côtés barbares et primitifs, les taureaux étant achevés à l'issue du combat. Madonna se voit obligée de répliquer qu'aucun taureau n'a été maltraité durant le tournage de sa vidéo et que ceux utilisés pour l'occasion ne pourraient en aucun cas participer à une corrida, et servent uniquement à la reproduction.

Le virage de Madonna est célébré par un succès public de taille. A partir du 25 février, « Take a Bow » s'installe à la première position du hit-parade américain. Il y demeure 7 semaines d'affilée, et se paye donc le luxe de dépasser « Like a Virgin » (qui était demeuré n°1 durant 6 semaines) !

Tandis qu'elle prend son temps dans de sa propre carrière musicale, Madonna développe la société qu'elle a fondée en avril 1992, Maverick. Ouverte à toutes sortes de productions artistiques, Maverick a reçu plus de cinq mille cassettes, scénarios et vidéos de chanteurs, auteurs et cinéastes en herbe. Pourtant, par prudence, tous les colis ont été réexpédiés à leurs émetteurs sans avoir été ouverts, de peur que des tracas judiciaires s'ensuivent si une œuvre publiée par la suite par Maverick présentait une quelconque similitude avec de tels envois.

Une chanteuse canadienne qui a déjà produit deux albums dans son pays d'origine avec un succès notable est venue montrer ses œuvres chez Maverick. Elle s'appelle Alanis Morissette et du haut de ses vingt ans, s'inscrit dans le courant rock avec une énergie débordante, soutenue par un très beau visage et une voix originale. À Los Angeles, Alanis s'est rapprochée d'un producteur, Glenn Ballard, qui a travaillé avec Michael Jackson et Paula Abdul ainsi qu'avec des groupes de hard rock de la fin des années 80. Ballard a poussé Alanis à s'écarter de son répertoire habituel pour *teenager* et à exploiter davantage des thèmes personnels et introspectifs.

À l'écoute des morceaux de Alanis arrangés par Ballard, Freddy DeMann chez Maverick a le coup de foudre. Ballard et Morissette se voient conviés à effectuer une démonstration acoustique pour les dirigeants du label. Il s'ensuit la signature immédiate d'un contrat. Le troisième album d'Alanis, *Jagged Little Pill* va sortir chez Maverick.

« Elle me rappelle comment j'étais au moment où j'ai débuté, confie alors Madonna. Un peu gauche, mais avec une grande maîtrise d'elle-même et une attitude franche. Autour d'elle, on peut ressentir quelque chose d'excitant, une sorte de folle insouciance, comme si tout était possible et que seul le ciel était la limite. »

Dès le mois de juillet, le premier single issu de l'album, « You oughta know », s'impose comme la chanson la plus diffusée du moment. Alors que Warner s'attendait à en vendre au maximum deux cent cinquante mille exemplaires, *Jagged Little Pill* dépassera le million d'unités dès le mois suivant. Pour l'occasion, Madonna offre à la jeune chanteuse un vernis à ongle couleur platine !

Jagged Little Pill va devenir l'album le plus vendu par une chanteuse (28 millions d'exemplaires) dépassant jusqu'aux records de Madonna. Parmi les autres artistes majeurs que Maverick accueillera, figurent le groupe de techno Prodigy et la chanteuse Michelle Branch.

Le changement d'image de Madonna se poursuit tandis qu'elle s'illustre dans une campagne de publicité pour Versace. À partir du printemps 1995, elle apparaît dans une suite de photographies sophistiquées, réalisées par le photographe Meisel, au volant d'une décapotable comme sur un terrain de golf, avec l'allure d'une femme du monde ultrachic, d'une élégance classique ou rétro, au milieu d'environnements luxueux. Sur certains clichés, elle est quasi méconnaissable, avec comme constante de dégager l'aura d'une femme richissime, d'un immense raffinement agrémenté de quelques caprices.

Les quelques clichés qui pourraient sembler sexy sont avant tout imprégnés par la grande distinction du décor comme de sa tenue. Sans nul doute, il s'agit d'une métamorphose globale, une sorte d'extrême sous un jour différent, dans la lignée de l'image qu'elle a pu véhiculer dans le vidéoclip de « Vogue ». Madonna se coule naturellement dans de tels écrins, affirmant sereinement la monumentale classe qu'elle peut dégager.

Au même moment, la chanteuse est pourtant sur les nerfs. Depuis plusieurs semaines, elle subit le harcèlement d'un fan zélé. L'individu, Robert Hoskins, est intimement persuadé qu'il est marié à Madonna et il lui a écrit maintes lettres qu'il signe : « Ton mari, Bob ». Habitué à sonner à sa porte dans l'espoir que quelqu'un puisse le laisser entrer, il demeure constamment aux alentours. Un matin, Hoskins parvient à s'introduire sur les terrains adjacents à la maison de la star qui a la surprise de l'apercevoir depuis sa chambre. Menotté par les responsables de la sécurité, il est emmené au poste de police.

Le choc est suffisamment fort pour que Madonna décide de se rendre durant quelques temps dans la nouvelle maison donnant sur la mer qu'elle vient d'acquérir à Miami. Nullement découragé par sa mésaventure, Hoskins, relâché, parvient à escalader le mur externe de la résidence de Malibu et à ramper jusqu'à proximité de la maison. Il est interpellé par un garde de la sécurité et une confrontation s'ensuit. Comme Hoskins tente de lui subtiliser son arme, le garde tire à trois reprises sur l'intrus. Blessé, le visiteur clandestin est emmené à l'hôpital de Cedars Sinai à Los Angeles. Madonna a beau se trouver à Miami lorsqu'elle apprend la nouvelle, elle est traumatisée par une telle démesure de la part d'un fan.

Pour accompagner la sortie du *single* « Human Nature » en juin, un clip est réalisé par Jean-Baptiste Mondino à Los Angeles. Habillée d'une combinaison de cuir noir brillant, Madonna est entourée de garçons qui forment un curieux ballet autour d'elle. Lorsqu'elle apparaît vêtue d'un simple deux pièces, son anatomie d'une grande finesse impressionne toujours autant.

Au cours de l'été, le désir de produire une nouvelle compilation se fait jour. Certes, *Immaculate Conception* remplit parfaitement ce rôle pour ce qui est d'offrir les plus grands tubes des années 80. Immense succès, ce CD a déjà dépassé les six millions d'exemplaires vendus. Ce que Madonna cherche à présent, c'est à dévoiler une fois de plus un portrait apaisé d'elle-même. La sélection, bientôt intitulée *Something to Remember,* est composée pour l'essentiel de ballades recueillies, délicates et distinguées. Plusieurs titres apparus sous forme de single sont présents notamment « Take a bow », « Oh Father » et « This used to be my playground ». En revanche, la version présente de « Love dont live here anymore » présente un nouveau mix.

« Chaque chanson est comme une carte de ma vie, [1] explique Madonna qui assimile la sélection à un voyage personnel. Je n'ai pas l'habitude d'écouter mes propres disques une fois que je les ai accomplis. Mon attention porte sur ce qui va suivre. » Elle justifie pourtant cette rétrospective par la nécessité de redonner un éclairage à des œuvres qui ont pu passer à l'arrière-plan en raison du tumulte extérieur.

Quatre des chansons sont inédites. La première, « I want you » est une reprise d'un classique de Marvin Gaye, avec une production minimaliste réalisée par Nellee Hooper de

---

[1] *Billboard,* 30 septembre 1995.

Massive Attack. « I'll remember » est la bande sonore d'un film sorti l'année précédente, *With Honors,* et la chanson a déjà connu un beau succès en single. « You'll see » et « One more chance » sont des titres écrits avec David Foster, auteur et producteur de très nombreux hits pour des artistes comme Earth Wind and Fire, Céline Dion, Chicago, Al Jarreau et Barbra Streisand —Foster a reçu 24 nominations aux Grammy Awards entre 1979 et 1989. Sa collaboration donne naissance à des chansons plutôt taciturnes, mais bien adaptées au *feeling* général de l'album.

Something to remember sort le 7 novembre. Avec un tel album, Madonna achève d'étaler sa métamorphose au grand jour. Sur la pochette, elle apparaît vêtue d'une robe blanche, le visage calme posé contre un mur, avec une coiffure de grande dame.

Dans les notes de la pochette de l'album, elle explique qu'elle se livre à présent à un regard sélectif sur sa carrière musicale.

« Il y a eu tant de controverses autour de ma carrière durant la décennie qui vient de s'écouler que très peu d'attention a été portée à ma musique. Les chansons ont presque été oubliées. Même si je n'éprouve aucun regret pour les choix que j'ai effectués au niveau artistique, j'ai appris à apprécier l'idée consistant à faire les choses d'une manière plus simple. Donc, sans fanfare, sans distraction, je vous présente cette collection de ballades. Certaines sont anciennes, certaines sont nouvelles. Toutes viennent de mon cœur. »

Comme le révèle une interview qui sera publiée dans le magazine *Spin* en janvier, les préoccupations et priorités de la chanteuse ont bien changé. Elle s'inquiète de constater que certains jeunes de 20 ans n'ont jamais lu les classiques de la littérature, s'alarme du fait que le métier de professeur a perdu son attrait et qu'en conséquence, le niveau de culture des enfants soit en baisse constante.

La journaliste hasarde au passage une question sur son nouvel album, *Something to remember* :

— Votre nouveau disque n'a rien d'outrageant. Est-ce que cela vous rend plus acceptable ?

— Je pense que ce disque permettra aux gens de se concentrer davantage sur la musique et un peu moins sur la controverse qui entoure habituellement tout ce que je fais.

— Qu'attendez-vous de ce disque ?

— Que les gens y prennent plaisir, purement et simplement. Je pense qu'au niveau des textes, mes ballades sont mes meilleures chansons. Je m'attends à ce que les gens apprécient ma musique, et qu'au niveau des paroles, ils comprennent peut-être mieux d'où je viens.

Madonna s'est transformée. Et la mutation ne fait que commencer. Il est vrai que quelque chose a changé dans sa vie. Sans faire de bruit, le doux Carlos Leon l'a accompagnée au cours de cette année de repli, et la force tranquille qu'il dégage est aussi agréable que rassurante. Se pourrait-il que la chanteuse ait trouvé un homme auprès duquel elle puisse envisager un futur sans nuages ? En tout cas, pour son trente-septième anniversaire, elle a lâché cette phrase, sans réfléchir :

« Nous envisageons de fonder une famille. Mais pas avant que j'aie fini de tourner *Evita*. »

Evita ?…

- 10 -
Evita

« — *Décrivez Eva Peron.*
Madonna : Désespérée, incomprise, généreuse.
— Elle avait une volonté d'aller de l'avant ?
Madonna : Oui.
— Avait-elle été blessée par la vie ?
Madonna : Fortement blessée.
— Est-ce que tout cela vous semble familier ?
Madonna : Oh oh... Oui. Bien évidemment. [1] »

L a tragédie vécue par Eva Peron avait de quoi fasciner Madonna... Les similitudes entre les parcours des deux femmes sont troublantes. Un parent disparu pendant la prime jeunesse. Une volonté précoce de dompter le destin et d'y imposer sa marque. L'usage avisé de partenaires senti-mentaux pour mieux ménager l'ascension vers le pouvoir. Une arrivée rapide au sommet après un départ de nulle part. Une volonté d'user de sa position pour infléchir le cours des événements...

---

[1] 13 décembre 1995, émission *PrimeTime Live*, ABC-TV.

La similitude va jusque dans le regard que pouvait porter la femme du Président Juan Peron sur la superficialité de ceux qui l'environnaient et que retranscrit un refrain de la comédie musicale *Evita* :
It doesn't matter what those morons say.
(Peu importe ce que peuvent raconter tous ces imbéciles.)
Un tel trait résume aussi bien la position d'Eva Peron, une altruiste capable d'aller au bout de ses idées avec une certaine dose d'inconscience, que celle de Madonna qui a pareillement dû se barricader contre le qu'en-dira-t-on...

Evita est probablement la prestation la plus impressionnante que Madonna ait jamais effectuée dans toute sa carrière. Dès la première scène où elle surgit, descendant un escalier, avec l'allure magistrale d'une Betty Boop s'extrayant du lit d'un amant, son talent crève l'écran. Si par la force des choses, elle apparaît en train de chanter, c'est clairement sa performance d'actrice qui laisse pantois. Elle entre dans le personnage d'Evita avec une sincérité, un naturel désarmant. Elle semble si proche de l'original qu'elle donne l'impression d'avoir épousé cette personnalité d'emprunt avec une totale aisance, à l'instar de deux âmes jumelles.
Une chance remarquable pour la chanteuse comme pour le film réside dans la qualité des chansons composées par le tandem Andrew Lloyd Webber et Tim Rice. Les œuvres se succèdent avec bonheur, étalant leur intensité mélodique et leur puissance orchestrale sur les images de foules en délire. Si l'acteur Antonio Banderas se sort avec élégance de sa prestation de chroniqueur chantant, Madonna pour sa part, illumine de nombreuses scènes, à commencer par

celle dans laquelle elle interprète le sublime « Don't cry for me Argentina »...

Andrew Lloyd Webber et Tim Rice ont conçu l'opéra-rock *Evita* au milieu des années 70 après avoir connu un triomphe avec *Jesus-Christ Superstar*. Ils étaient à la recherche d'une histoire qui aurait la force d'un drame classique à la *Tristan et Yseult*. La lecture d'une biographie consacrée au destin d'Eva Peron, une femme partie de nulle part pour devenir l'épouse mythique du Président d'Argentine leur apporte la trame d'un opéra moderne.

Eva Duarte est née le 7 mai 1919, de Juan un homme bourgeois et de Juana une femme issue de la classe populaire, à Los Toldos, un coin perdu de la vaste plaine de la Pampa à deux cents kilomètres de Buenos Aires. Juan décède alors qu'Eva n'a que sept ans et sa famille interdit à Juana d'assister aux funérailles. Ce rejet suscite une aversion sans borne d'Eva pour les classes possédantes.

Juana déménage avec sa fille dans la petite ville de Junin et y ouvre une auberge. À l'âge de 15 ans, Eva séduit Augustin Magaldi, un chanteur de tango traditionnel. Elle persuade le baladin de l'emmener avec elle à Buenos Aires. Une fois sur place, ils se séparent pour des raisons qui diffèrent selon les historiens. Eva passe alors d'amant en amant tandis qu'elle acquiert une petite gloire comme actrice pour le cinéma et la radio. Au niveau national, le 4 juin 1943, un coup d'état militaire place au pouvoir l'un des conspirateurs, le colonel Juan Peron.

Le 22 juin 1944, Eva est présentée à Juan Peron à l'occasion d'une soirée organisée pour aider les victimes du tremblement de terre de San Juan. Elle devient sa maîtresse et leur liaison attire les foudres de l'oligarchie et des militaires.

Peron est finalement arrêté et jeté en prison. L'insurrection populaire qui s'ensuit oblige toutefois la junte à le libérer.

Juan Peron est élu Président d'Argentine à la suite d'une libre consultation de la population. En conséquence, Eva accède au statut de Première dame d'Argentine. C'est à ce titre qu'elle parcourt l'Europe et devient mondialement célèbre.

À son retour en Argentine, Eva Peron se lance dans une action sociale d'envergure en créant une organisation charitable d'aide aux plus démunis. Elle fait ouvrir des hôpitaux, des écoles, des centres d'accueil aux personnes âgées et multiplie les donations aux pauvres. Toutefois, à force d'accumuler les dépenses sans aucun souci comptable, elle contribue à la débâcle financière qui secoue bientôt l'Argentine.

Au niveau politique, Eva crée le Parti Féministe Peron. Elle a le soutien d'un million de supporters qui défilent le 22 août 1951 afin qu'elle assume le rôle de vice-présidente du pays. Pourtant, neuf jours plus tard, elle s'écroule, victime d'un cancer. Elle s'affaiblit lentement, agonise durant neuf long mois et disparaît le 26 juillet 1952.

Fidèles à leur habitude, le compositeur Andrew Lloyd Webber et le parolier Tim Rice ont d'abord réalisé un album entier de chansons relatant l'épopée, *Evita*. La poignante complainte « Don't cry for me Argentina » sort en octobre 1976 et s'impose sur les ondes de la planète entière.

Dès cette époque, Alan Parker s'intéresse à *Evita*. Ce jeune réalisateur vient alors de sortir un film particulièrement original, *Bugsy Malone*, dont les acteurs sont des enfants, et qui comporte de nombreuses parties chantées. Impressionné par la fresque musicale élaborée par Lloyd Webber et Rice, Parker leur demande s'ils aimeraient faire d'*Evita* un film. Ils répondent qu'ils aimeraient en premier lieu transposer ce spectacle musical au théâtre. *Evita* fait ses débuts à Londres en 1978 puis à Broadway en 1979 (il fera l'objet de 1 567 représentations).

Dès la première de *Evita* à New York, Robert Stigwood, qui vient de triompher avec *Saturday Night Fever* et *Grease* approche Alan Parker qui a alors obtenu deux Oscars pour le film *Midnight Express*. Stigwood lui propose d'adapter *Evita* au cinéma. Pourtant, à cette époque, le réalisateur britannique est trop occupé par le tournage de *Fame* et il réserve sa réponse. Il décline finalement l'offre, ne désirant pas replonger immédiatement dans un film musical.

Tout au long des années 80, un grand nombre de réalisateurs sont associés à l'adaptation de *Evita*. Au tout début, Ken Russel qui est en charge du projet envisage de faire interpréter Eva Peron par Barbra Streisand, mais celle-ci refuse la proposition. Russel se tourne alors vers Liza Minelli. Cette fois, c'est le parolier Tim Rice qui met son veto, désirant imposer sa petite amie Elaine Paige, qui a tenu le rôle d'Evita sur la scène de Londres. Russell jette finalement l'éponge et d'autres réalisateurs se succèdent tels Alan Pakula, Francis Ford Coppola, Franco Zeffirelli, Michael Cimino et Glenn Caron.

En mai 1991, Madonna évoque un éventuel tournage [2] d'*Evita* par Glenn Caron dans lequel Jeremy Irons jouerait le rôle de Juan Peron et cette éventualité semble soulever bien des complications :

« C'est une énorme production et Hollywood est en train de resserrer les boulons au niveau des dépenses. Glenn Caron a écrit un scénario brillant mais vous ne pouvez pas réaliser *Evita* avec le maigre budget que Disney désire investir. » Selon elle, un tel film ne peut supporter la médio-

---

[2] *The Advocate*, 7 & 21 mai 1991.

crité : *Evita* se doit d'être « grandiose, épique ». En tout cas, elle présume que si le film se fait un jour, elle assumera le rôle de Eva Perron.

Alors qu'il reçoit un Oscar en mars 1991, Jeremy Irons croise Madonna qui est venue à cette soirée avec Michael Jackson et lui annonce :

— Désolé, Madonna, je n'ai pas l'intention de jouer dans *Evita* !

— Je suis au moins deux fois plus désolée, réplique la chanteuse.

Le réalisateur Oliver Stone, célèbre pour ses engagements à la gauche de l'échiquier politique prend les commandes du projet *Evita* vers 1993. Du jour au lendemain, Stone décide d'écarter Madonna du projet. Il envisage de donner le rôle à l'actrice Michelle Pfeiffer, et celle-ci va d'ailleurs suivre des cours de perfectionnement vocal pendant plusieurs mois. Puis, Oliver Stone quitte lui-même l'aventure à la suite de désaccords majeurs avec le Président d'Argentine, Carlos Menem.

Lorsque Robert Stigwood reprend contact avec Alan Parker à la fin de 1994 pour reparler d'un éventuel tournage d'*Evita*, le réalisateur a accumulé quantité d'œuvres respectées du public : *Missipi Burning, Birdy, Angel Heart...* Coutumier des films à caractère musical, il a tourné *Fame*, *The Commitments* et surtout l'adaptation cinématographique de *The Wall* de Pink Floyd. Il apparaît donc plus que jamais comme un réalisateur de choix pour adapter l'opéra-rock de Lloyd Webber et Rice sur grand écran.

L'actrice pressentie pour interpréter Eva Peron, Michelle Pfeiffer démissionne à son tour. Elle était déjà enceinte de 7 mois lorsqu'elle a terminé le tournage d'*Esprits rebelles* et auditionné pour *Evita*. Entre temps, la naissance de son fils a modifié sa perception des priorités et avec deux jeunes enfants, elle ne souhaite pas s'éloigner trop longtemps du domicile familial. La candidature de l'immense actrice Meryl Streep est envisagée.

Parker reçoit alors une longue lettre manuscrite. Sur quatre pages d'une écriture passionnée, Madonna détaille en long et en large ses motivations pour assumer le rôle. Elle dresse une liste des raisons pour lesquelles elle estime être la seule à pouvoir incarner Eva Peron.

« Je suis la seule à pouvoir comprendre sa passion et sa douleur », écrit Madonna. Elle fait remarquer qu'elle sait chanter, danser, jouer et déclare qu'elle est prête à mettre tous ses autres projets en sommeil, le temps nécessaire au tournage. La lettre est accompagnée d'une copie de la vidéo de « Take a bow », dans laquelle elle apparaît habillée et coiffée à la façon des années 40.

La sincérité de Madonna emporte l'adhésion de Parker. Le contrat est signé le 15 mars. Antonio Banderas est l'acteur souhaité par le réalisateur pour le rôle de Che, un observateur cynique qui apporte son commentaire critique tout au long de l'histoire, même si l'on sent qu'il éprouve de l'affection pour Eva. Peu après leur rendez-vous à Miami, Alan Parker découvre avec stupéfaction que Banderas connaît déjà par cœur les chansons d'*Evita*. Jonathan Ryce, un acteur de théâtre renommé, est retenu pour incarner le Colonel Peron et il va s'y prêter avec un mimétisme confondant.

La partition élaborée par Andrew Lloyd Webber est particulièrement exigeante et nécessite des prouesses vocales. Avant toute chose, si elle veut pouvoir chanter de tels morceaux, Madonna doit étendre sa tessiture et atteindre des aigus qu'elle ne maîtrise pas. Afin de pouvoir donner le meilleur d'elle-même dans ses performances, au vu de la difficulté d'interprétation d'*Evita*, elle suit des cours intensifs de chant.

« Il existait toute une étendue de mon registre vocal que je n'utilisais pas. Il me fallait en faire le meilleur usage. [3] »

David Caddick, l'homme qui a supervisé la bande musicale, explique que Madonna a dû repartir à zéro et apprendre à chanter d'une nouvelle manière :

« Il n'est pas toujours possible de transposer tel quel à l'écran ce qui est chanté sur une scène de théâtre. Faire chanter quelqu'un à tue-tête dans les registres aigus serait peu supportable pour le spectateur d'un film. Il a donc fallu ramener le chant à un niveau plus intime, proche de la conversation. Il a fallu que Madonna se prête à de très longues séances d'entraînement et de pratique. Sa voix a gagné une pureté digne d'une cloche, quelque chose qui vous incite à l'écouter. »

Alan Parker termine l'écriture du script d'*Evita* en mai. Le pari a été pris, afin de respecter la forme établie à l'origine par Lloyd Webber et Rice, de faire intégralement chanter chaque scène par ses acteurs. Il s'agit d'un défi insensé, puisque le cinéma compte fort peu d'exemples du même type.

Au mois de juin, Parker se voit accorder une audience par le Président d'Argentine, Carlos Menem, qui réserve encore son avis face à la perspective d'un film sur ce personnage entré dans l'histoire nationale, une femme qui compte autant de partisans inconditionnels que d'acharnés détracteurs.

Les répétitions démarrent au début de l'automne à Londres. L'enregistrement de la bande sonore est effectué à partir du 2 octobre 1995, dans les Studios CTS. Cette étape est cruciale puisque l'intégralité du film va être chantée et

---

[3] *Q Magazine*, août 2002.

que les acteurs interviendront donc plus tard en play-back. Le premier jour, Madonna enregistre « Don't cry for me Argentina » accompagnée d'un orchestre classique de 84 musiciens.

« Lorsque nous avons démarré l'enregistrement à Londres, je pense que nous étions fortement intimidés par l'ampleur de la montagne que nous avions décidée de gravir, confie Alan Parker. Nous venions tous de mondes différents : la pop music, le cinéma, la comédie musicale. Nous vivions dans l'appréhension de ce qui pourrait sortir de tout cela. Fort heureusement, une fois que nous avons enregistré durant près de cinq-cents heures, nous avons senti que nous nous inspirions mutuellement et qu'il allait sortir de nos échanges quelque chose de très spécial. »

Parallèlement aux séances d'enregistrement, Madonna découvre avec ravissement l'intensité de la vie artistique qui règne dans la capitale britannique. Un jour, alors qu'elle visite une galerie d'art, elle rencontre la Princesse Diana. Les deux femmes ont une brève conversation amicale.

« Elle voulait que je lui dise comment faire pour avoir la peau dure et ne pas se laisser importuner par ce que peuvent écrire les médias. À plusieurs reprises, nous avons tenté de nous retrouver pour le thé, mais nos emplois du temps respectifs étaient trop démentiels », se souvient Madonna.

C'est le 20 janvier 1996 que l'équipe débarque à Buenos Aires en Argentine pour démarrer le tournage d'*Evita*. Alan Parker a réuni les grands moyens pour l'occasion. Il dispose d'un budget de 50 millions de dollars, incluant l'emploi de quatre mille figurants qui sont majoritairement des Argentins.

Parmi ceux qui accompagnent Madonna, figure Carlos Leon, ce jeune homme de 29 ans qu'elle a rencontré à l'automne 1994. Officiellement, il tient le rôle de professeur de gymnastique. Pourtant, il apparaît clairement qu'il partage la suite de Madonna lors de ses séjours à Buenos Aires.

La venue de l'équipe de tournage est mal accueillie par les conservateurs argentins qui s'estiment insultés par le fait que Madonna joue le rôle d'une héroïne nationale. Plusieurs raisons expliquent un tel désamour. En premier lieu, l'équipe constituée par le réalisateur Alan Parker comprend pour l'essentiel des Britanniques. Or, la guerre des Malouines gagnée par les Anglais en 1982 demeure une plaie à vif pour de nombreux Argentins. De plus, Evita est considérée à la façon d'une sainte par une partie de la population, et le fait de la voir personnifiée par une star connue pour sa liberté sexuelle n'est pas du goût de certains admirateurs de la femme de Peron. Plus d'une cinquantaine de murs de la ville sont ainsi taggés avec ces mots : « Viva Evita ! Fuera Madonna ! » (Longue vie à Evita ! Dehors Madonna !). Parfois, certains graffitis sont plus amènes et clament : « Nous t'aimons Madonna. » Pour sa part, Alan Parker s'est vu qualifier de satanique par l'évêque de la ville et a même reçu des menaces de mort.

Soucieuse de s'imbiber de la personnalité d'Eva Peron, Madonna se rend secrètement sur sa tombe un soir aux alentours de minuit. Elle est accompagnée d'un médium. Lorsque le fait est relayé par un journaliste local, certains rapportent qu'elle aurait essayé de prendre l'esprit d'Evita. En tout cas, la ressemblance entre les deux femmes devient de plus en plus frappante. Madonna s'habille comme elle, se comporte comme elle et pousse le détail en allant jusqu'à porter des lentilles de contact brunes. Elle rencontre par ailleurs de nombreuses personnes qui ont connu Eva Peron afin de recueillir un maximum de détails sur celle qu'elle doit incarner.

Madonna rêve de pouvoir tourner certaines scènes clés dans les lieux précis où ils se sont produits, afin de revivre le plus intensément la charge émotionnelle qui peut leur être liée. C'est le cas de la Casa Rosada, la résidence présidentielle, avec le balcon à partir duquel Evita a jadis harangué la foule (et d'où Madonna doit chanter « Don't cry for me Argentina »). Faute d'obtenir les autorisations nécessaires, Alan Parker en a fait construire une réplique à Londres. C'est un pis-aller qui laisse la chanteuse sur sa faim.

L'opposition au film est d'autant plus déconcertante qu'elle semble avoir été orchestrée au niveau politique. Le président Carlos Menem, originellement bienveillant envers la venue de l'équipe de tournage (il avait d'abord autorisé l'usage des bâtiments publics) a tourné casaque et retiré son blanc-seing. Dans une interview accordée au magazine *Time*, Menem déclare qu'il ne pense pas que les Argentins, qui voient Evita comme un martyr, pourront tolérer qu'elle soit incarnée par Madonna.

Pour tenter de calmer les esprits une conférence de presse est organisée à Buenos Aires le 6 février. Celle qui doit incarner Eva Peron se montre grandiose dans sa défense de l'entreprise mise sur pied par Alan Parker :

— Je l'ai dit dès le départ. C'est une grande dame, une femme remarquable, un grand modèle que je respecte et admire sincèrement. À dire vrai, la première fois que j'ai entendu parler d'elle, c'est au travers de la comédie musicale de Andrew Lloyd Webber. Mais à partir du moment où j'ai découvert son existence, j'ai voulu en savoir plus.

— Qu'avez-vous ressenti quand vous avez su qu'il existait des opinions négatives ici en Argentine relatives au fait que vous interprétiez le rôle d'Evita ? hasarde un reporter.

— Je ne dirais pas que cela ne m'a pas fait mal. Je pense toutefois que ces jugements négatifs sont fondés sur des choses que ces gens ne comprennent pas. Je demande à ce que chacun se forge sa propre opinion après avoir vu le film.

— Avez-vous appris des choses intéressantes lorsque vous avez parlé à des gens qui ont connu Evita ?

— J'ai été surprise d'apprendre combien elle était timide. Cela m'a été rapporté par énormément de gens.

Si Madonna défend officiellement le film par de telles déclarations, son véritable travail de *lobby* s'effectue en parallèle. Dans le plus grand secret, elle fait des pieds et des mains pour obtenir un rendez-vous avec Carlos Menem lui-même, passant outre les premiers refus. Elle a patiemment étudié la biographie du Président afin de mieux l'approcher.

Le 8 février, elle se retrouve accroupie sur le plancher d'une automobile noire qui se dirige secrètement vers le lieu prévu pour la rencontre avec Carlos Menem. Elle parvient jusqu'à un petit aéroport où un hélicoptère l'emmène sur les terres d'un associé du Président. Madonna a pris soin de s'habiller dans le style des années 30, avec le raffinement dont elle sait faire preuve.

Carlos Menem s'était juré de garder son sang-froid vis-à-vis de la chanteuse, mais dès les premières minutes, il laisse transparaître combien il est impressionné par sa présence. Avant tout, il s'avoue sidéré par la ressemblance entre Madonna et Eva Peron. Désarçonnée, la chanteuse savoure cette première victoire immédiate. Par la suite, durant leur discussion, elle remarque que le Président la dévisage des pieds à la tête.

Alors qu'ils se retrouvent dans le salon, Madonna fait écouter au Président d'Argentine la chanson « You must love me », qu'elle a enregistrée. Il s'agit d'une nouvelle création de Andrew Lloyd et de Webber, faite spécialement pour le film. Elle est déclamée par Evita à son mari Juan Peron alors qu'elle se sent proche de la fin. Carlos Menem écoute la chanson religieusement, les yeux clos. Lorsqu'il les ouvre, il a les yeux mouillés.

Assurée d'avoir touché personnellement le Président, Madonna entame alors sa supplique. « Je tiens à faire ce film. Je vous promets qu'il sera honnête. Je veux me montrer respectueuse de la mémoire d'Eva. Mon intention est bonne et vous devez le comprendre ». Menem lui dit alors qu'il la croit.

Durant le dîner, Menem et Madonna s'entretiennent de thèmes divers, évoquant leurs ascensions respectives vers le sommet. Avant de prendre congé vers vingt-trois heures, Madonna lui demande s'il est prêt à infléchir sa position et permettre que l'équipe de tournage puisse filmer depuis le balcon de la Casa Rosada. Menem répond de manière évasive, en laissant entendre que tout est possible.

Le tournage effectif du film démarre le 13 février. Quelques jours plus tard, le Ministre de la Culture prend contact avec Alan Parker. Une réunion officielle est organisée le 23 février dans la résidence privée de Carlos Menem. Cette fois, Alan Parker, Antonio Banderas et Jonathan Pryce ont également été conviés. Après avoir longtemps participé à l'échange poli de civilités, Madonna brise soudain le consensus et en appelle au Président :

— Allons à l'essentiel. Avons-nous le balcon ou non ?

Menem sourit et jette, goguenard.

— Vous pouvez avoir le balcon.

Au cours de la soirée, Menem annonce qu'il met à la disposition de l'équipe tous les bâtiments gouvernementaux dont ils souhaiteraient disposer !

Durant le tournage, les médias sont aux aguets. Il est fréquent que les prises de vue soient perturbées par le vol d'hélicoptères qui survolent les lieux du tournage afin de capturer quelques clichés. Par bonheur, étant donné que les acteurs interviennent en play-back sur la bande enregistrée à Londres, cette nuisance sonore n'a pas de conséquence sur ce qui est filmé. En réalité, comme le dira Alan Parker, le plus grand souci rencontré par l'équipe de tournage vient de ce que les fans de Madonna se postent en permanence aux alentours, ce qui nécessite de mettre en place une surveillance de tous les instants.

Tout au long des prises, Madonna donne le meilleur d'elle-même et Antonio Banderas explique ainsi une telle fougue :

« À mon avis, Madonna utilise Evita comme une thérapie. C'est pour elle comme un journal personnel, une façon d'exprimer des sentiments réels sans avoir à se confier à la presse. Il existe une certaine osmose entre les deux. Elles ont gravi les échelons du plus bas au plus haut. Elles ont toutes les deux quelque chose qui fait qu'on les aime ou les déteste. Elles ont pareillement une image publique très importante. Il me semble que Madonna avait tout cela en tête lorsqu'elle a sauté sur ce projet. »

Au début du mois de mars, Madonna ressent fréquemment un étrange malaise, en particulier au cours de nuits très agitées. Après consultation de son médecin, elle apprend qu'elle est enceinte, depuis déjà plus de deux mois !

Sur le moment, cette nouvelle la remplit de joie. Pourtant l'émotion est teintée d'une légère angoisse : pourra-t-elle aller jusqu'au terme du tournage tout en conservant sa silhouette longiligne ? Aura-t-elle suffisamment d'énergie pour effectuer les mouvements de danse qu'exigent certaines scènes qui n'ont pas encore été filmées ? Pour l'heure, elle choisit de ne pas informer Alan Parker de la nouvelle, afin d'éviter qu'elle soit ébruitée dans les médias et de n'en parler qu'à un nombre extrêmement restreint de personnes, et notamment à son compagnon Carlos Leon.

Quelques jours plus tard, n'y tenant plus, Madonna appelle toutefois Alan Parker pour lui faire part de la situation. Ébranlé, mais pragmatique, le réalisateur britannique, demande quand l'accouchement est censé intervenir et calcule immédiatement les conséquences pour les scènes restant à tourner. Après avoir félicité l'actrice, il convient avec elle qu'il importe de conserver le silence aussi longtemps qu'il sera possible.

Parker est tout de même obligé de modifier la planification de tournage de certaines scènes, notamment celles où Madonna doit danser et qu'il faut désormais filmer au plus vite. Pour l'actrice elle-même, le travail va devenir de plus en plus pénible au fil des semaines, dans la mesure où elle accuse la fatigue de la grossesse.

Le soir du 10 mars, Alan Parker a réuni quatre mille figurants devant le balcon de la Casa Rosada à l'endroit même où Eva Peron a harangué la foule 50 ans plus tôt. Madonna apparaît au balcon et interprète en play-back la chanson « Don't cry for me Argentina ». Elle dira qu'il y avait alors comme « de l'électricité dans l'air ».

Le 24 mars, Madonna débarque à Budapest, le tournage du film devant s'achever dans cette ville. Après avoir affronté la chaleur éprouvante de l'Argentine, l'équipe doit à présent braver le froid glacial de la Hongrie. Le 16 avril, dans la mesure où il devient de plus en plus difficile de le dissimuler, Madonna annonce officiellement la nouvelle : elle est enceinte de quatre mois de son entraîneur personnel Carlos Leon. Peu après, dans son journal intime, elle détaille l'événement.

« Tout le monde est au courant, et j'ai l'impression de voir mes tripes étalées au grand jour. La première page du *Washington Post*, CNN, même la radio hongroise. Pourquoi tant de tapage ? Est-ce que chaque jour, il n'y a pas des millions de femmes qui tombent enceintes ? La plupart des réactions sont positives, mais j'aimerais juste que l'on me laisse faire mon travail. Certains ont suggéré que j'ai uniquement fait cela pour que l'on parle de moi. Seul un homme pouvait faire un tel commentaire ! C'est bien trop difficile de vivre une grossesse et de donner naissance à un enfant pour qu'il soit possible de le faire par provocation ou par caprice. Certains disent que je me suis servi du père de l'enfant comme d'un étalon. Ce qui semblerait dire que je sois incapable d'établir une vraie relation avec un homme. Ce que je réalise, c'est que toutes ces spéculations sont l'œuvre de gens qui ne supportent pas l'idée qu'il puisse m'arriver quelque chose de bien. Quelque chose d'unique et de merveilleux, qu'ils ne pourront pas gâcher. [4] »

Enceinte depuis plus de quatre mois, l'actrice est de plus en plus épuisée par le travail qu'elle doit fournir jour après jour, en particulier les très longues séances de maquillage, de coiffure et d'habillement, d'autant qu'elle n'arrive pas à se débarrasser de sensations de frilosité. À cela s'ajoute la nécessité de jouer chaque scène avec la force voulue, ce qui inclut la triste fin de l'épouse de Juan Péron.

---

[4] *Vanity Fair*, Madonna diary.

« L'intensité des scènes que nous avons tournées et la quantité de travail émotionnel et de concentration néces- saire pour aller jusqu'au bout de la journée sont tellement épuisantes au niveau mental et physique que je me demande parfois si je ne dois pas partir en maison de repos après le tournage », écrit-elle dans son journal.

Le 3 mai, Madonna se retrouve à Londres dans les studios Shepperton afin de contribuer à la post-produc- tion d'*Evita*. Le tournage se termine le 28 mai. Il aura duré 84 jours et nécessité un budget de 60 millions de dollars. Madonna aura utilisé 85 costumes, porté 39 chapeaux, 45 paires de chaussures et 56 paires de boucles-d'oreille.

À partir du 9 septembre, Madonna tient un journal où elle conte ses dernières semaines de grossesse. Elle y décrit ses soudains changements d'humeur, les douleurs qu'elle ressent dans le dos et de façon générale, son malaise de tous les instants.

Le 14 octobre, à Los Angeles, elle accouche de son premier enfant, une fille nommée Lourdes Maria Ciccone Leon. Madonna choisit Lourdes comme nom de baptême, en souvenir de sa mère qui disait souvent qu'elle rêvait de se rendre dans cette ville de France, réputée pour les mira- cles qui s'y produiraient régulièrement. Carlos Leon, le père de Lourdes est présent et coupe le cordon ombilical qui lie la mère à l'enfant. Toutefois, conformément au vœu de Madonna, il confie à cette dernière la garde exclusive de Lourdes. Quand bien même Carlos apprécie fortement d'être papa, il semble que les deux partenaires aient décidé d'un commun accord d'agir ainsi et qu'une telle décision ait été prise de manière tranquille, sans que l'on sache quelles ont été les raisons l'ayant motivée, ni les conditions exactes ayant présidé à leur arrangement. En tout cas, Madonna n'a pas l'intention d'épouser le père et entend élever sa fille seule.

Au cours des semaines qui suivent, elle se consacre presque exclusivement à prendre soin de son bébé. Carlos va progressivement disparaître de sa vie, comme s'il avait accompli la mission qui lui était implicitement confiée. Il va toutefois demeurer proche de sa fille à laquelle il rend visite régulièrement tout en se montrant admirablement discret.

« Le jour où ma fille est née, je suis née une seconde fois. Ma perspective sur la vie a énormément changé », dira Madonna.

La première du film a lieu le 14 décembre au Shrine Auditorium de Los Angeles, en présence de la chanteuse. Madonna s'envole ensuite pour Londres afin d'y démarrer, dès le 18, la tournée mondiale de promotion du film *Evita*.

Le pari consistant à transposer une comédie musicale des planches de Broadway sur la pellicule a été magnifiquement réussi grâce à un quatuor de qualité : une histoire d'autant plus forte qu'elle est puisée dans le drame de la réalité historique avec ses espoirs et ses désillusions, une mise en scène brillante, une actrice chanteuse transcendée par un tel écrin et une bande musicale d'exception.

De son côté, Alan Parker rend hommage au travail effectué par la comédienne. « Tout ce que je peux dire, c'est qu'elle a tenu toutes les promesses qu'elle m'avait faites dans sa lettre. » Il dira aussi que rétrospectivement, il lui paraît difficile d'imaginer une autre actrice qui aurait pu mieux assumer le rôle d'Eva Peron.

Le démarrage du film est bon, à défaut d'être spectaculaire. Le 5 janvier 1997, *Evita* a rapporté 2,22 millions de dollars durant le week-end suivant sa sortie, ce qui positionne le film à la 20ème place du box office. Dès le 12 janvier, il s'installe en deuxième position avec 8,4 millions de dollars récoltés.

La véritable réussite pour la chanteuse est palpable le 19 janvier lors de la remise du 54ème Golden Globe à Beverley Hills. À la différence des Oscars, cette cérémonie amène les membres de la profession à couronner ceux qu'ils estiment être les meilleurs. Il s'agit donc d'une récompense honorifique, dont la valeur est inestimable pour un acteur puisqu'elle atteste de la reconnaissance de ses pairs.

Rayonnante, la comédienne Nicole Kidman a pour tâche d'ouvrir la fameuse enveloppe désignant la gagnante dans la catégorie Actrices. Il s'avère que la compétition est imposante, et a de quoi donner des frissons. Madonna affronte ainsi des monstres sacrés de la stature de Glenn Close, Barbra Streisand, ainsi que deux excellentes comédiennes dont Frances McDorman du film *Fargo*. Kidman dévoile bientôt le nom tant attendu :

— Et le gagnant est... Madonna !

L'annonce de la victoire est effectuée tandis que retentit la musique de « Don't cry for me Argentina ». Fébrile, Madonna embrasse son partenaire Carlos Leon et s'avance vers le podium, cheminant comme dans un rêve.

Pendant son discours, l'actrice a parfois du mal à s'exprimer tant elle déborde d'émotion. Elle est au bord des larmes et savoure un moment qu'elle a souhaité plus que tout autre.

« Ce film a été une expérience artistique et spirituelle que je n'oublierai jamais, affirme-t-elle. Je veux remercier Alan Parker pour avoir cru en moi. » Tout en peinant à articuler ses mots, elle remercie également les autres acteurs et l'équipe pour avoir maintenu un tel niveau, sans oublier le producteur Robert Stigwood qui a su tenir bon contre vents et marées sur un projet longtemps cahotique.

Durant la même cérémonie, *Evita* est nommé Meilleur film, et « You must love me » est distinguée comme Meilleure chanson originale.

À la 69ème cérémonie des Oscars qui se déroule le 24 mars, Madonna est absente des nominés. Le film *The English Patient* rafle la mise en gagnant pas moins de neuf distinctions. Toutefois, le film d'Alan Parker décroche un Oscar grâce à « You must love me » qui se voit décerner le prix de la meilleure chanson. Madonna monte donc sur la scène du Shrine Auditorium pour interpréter cette chanson du tandem Webber & Rice.

Le 27 avril 1997, *Evita* a rapporté quelques 49 millions de dollars aux USA et plus de 140 au niveau mondial... C'est une performance tout à fait satisfaisante pour un long métrage à caractère musical. Pourtant, l'importance d'*Evita* va au-delà de son impact sur le public. Le film a accompagné la transformation de Madonna qui, d'une jeune fille rebelle prête à tout pour s'imposer, est devenue une femme d'une immense majesté personnelle.

Une femme comblée qui peut désormais ouvrir un nouveau chapitre dans le grand roman de son existence...

11

Rayons de lumière

« Je n'ai pas abandonné tout espoir dans ma quête de l'homme idéal. Ne vous en faites pas pour moi, je ne suis pas aussi seule qu'on le prétend. Je ne passe pas mes nuits en solitaire... En essayant de m'éveiller spirituellement, j'ai fait une découverte simple : le bonheur réside en chacun de nous. »

« Je ne pourrai jamais vraiment t'oublier. Tu m'as touchée d'une manière insondable et difficile à expliquer. Tu dis qu'il ne peut y avoir d'amour sans confiance et tu ne peux savoir à quel point je partage cet avis. Mais tu as négligé de me faire confiance bien avant que je me comporte d'une façon qui puisse le mériter.

Tout cela n'a fait que perpétuer un comportement négatif et réactif en chacun de nous deux. Nous sommes partis dans notre coin et avons tiré nos épées.

L'ironie, c'est que je suis totalement seule à présent. Seule avec mes pensées et mes souvenirs. J'ai tellement de souvenirs de toi chers à mon cœur, dans ma maison. En fait, ce sont les souvenirs *les plus heureux de ma vie. Il est très difficile de m'en séparer.*

Je te souhaite tant de choses. J'aimerais tant que nous soyons ensemble et heureux. J'aurais aimé que nous ayons un enfant, que tu t'accomplisses artistiquement et au niveau créatif, tu as un esprit tellement brillant, je voudrais tant de choses...

Avant tout, je te souhaite le bonheur et la paix dans ton cœur et ton esprit. Sache que tu es ma dernière pensée avant de m'endormir et ma première pensée lorsque je me réveille.

Mon amour pour toi est profond et immense. Bouleversant et mystérieux. Il me manque de pouvoir placer mes bras autour de toi. »

Cette lettre écrite sur le finale d'une grande passion, témoigne de la grandeur d'âme de Madonna et de sa capacité à éprouver un sentiment amoureux et à en conserver l'essentiel, alors que la relation amoureuse s'achève. L'homme qui a inspiré un tel béguin est un personnage discret, dépourvu de toute fortune ou de fait de gloire. Madonna l'a aimé pour ce qu'il était, et la réciproque est vraie. D'une grande taille, avec des cheveux noirs en bataille, Andy Bird dégage une personnalité intense, l'allure d'un poète à l'ancienne, une âme romantique. Compagnon de cœur de Madonna durant dix-huit mois, il est parvenu à rester à l'écart des feux de la gloire qui scintillent autour de la star...

La sortie du film *Evita* a aidé à modifier l'image publique de Madonna. Elle est apparue dans la peau d'un personnage altruiste et magnanime, concerné par le bonheur social de toute une population, et a incarné ce rôle à merveille.

À partir du printemps 1997, la chanteuse s'attelle à la préparation d'un album crucial, l'un des plus brillants de sa carrière : *Ray of Light*. Un disque charnière, celui d'une nouvelle Madonna. Il traduit une métamorphose en profondeur dans ses directions musicales ainsi que dans ses centres d'intérêts à travers les textes et dans son allure personnelle, d'un ultime raffinement. La présence à ses côtés de Lourdes, née le 14 octobre de l'année précédente, n'est pas pour rien dans cette nouvelle approche de sa vie. Sa fille est son premier rayon de lumière.

« La naissance de Lourdes a été un énorme catalyseur pour moi. Cela m'a menée vers une quête, à la recherche de réponses à des questions que je ne m'étais jamais posées auparavant. [1] »

Touchée au plus profond de son être par la béatitude qu'elle tire de la maternité, Madonna a senti naître un intérêt pour des philosophies ésotériques ou religieuses. Elle a développé un penchant pour l'hindouisme et le yoga et a démarré l'étude de la Kabbale, une série d'interprétations mystiques de l'Ancien Testament des Israélites. Elle en a tiré une vision élargie de l'existence.

« Pour la première fois depuis bien longtemps, j'ai pu m'extraire de moi-même et voir le monde selon une perspective différente. »

La métamorphose intérieure de Madonna a commencé pendant les derniers mois de sa grossesse. Elle a alors ressenti le besoin de corriger certaines erreurs qu'elle estimait avoir commises par le passé, et a notamment eu le désir de réparer les brouilles subsistant avec certaines personnes qu'elle avait côtoyées alors. Déterminée à être une bonne mère, Madonna estime qu'elle doit en premier lieu évoluer elle-même, devenir plus humaine et plus ouverte aux autres.

La participation au film *Evita* a eu pour conséquence de l'imposer non seulement comme une actrice de talent, mais aussi comme une chanteuse d'envergure. Les cours de chant

---

[1] *Q Magazine*, août 2002.

qu'elle a suivis expressément pour le film l'ont amenée à élargir la palette de ses performances vocales. Les séances de travail sur *Ray of light* vont refléter ces nouvelles possibilités.

Comme à l'accoutumée, la toute première étape, pour Madonna, consiste à sélectionner des collaborateurs pour l'écriture des chansons. Elle sollicite son compère de longue date, le producteur Patrick Leonard, coauteur de morceaux tels que « La Isla Bonita », « Live to tell » ou « I'll remember ». Parmi les autres auteurs qu'elle approche, figure Rick Nowels, qui a écrit des chansons pour Celine Dion, Stevie Nicks et Kim Wilde. Elle démarre également une collaboration d'écriture avec un autre proche, le producteur Kenny Edmonds, le fameux Babyface. Au niveau de la réalisation, elle souhaite se rapprocher d'un spécialiste du son electro/techno alors très populaire. Parmi les collaborateurs envisagés, elle pense à Trent Reznor du groupe Nine Inch Nails, Robert Miles dont l'album *Dreamland* a récemment triomphé ou Nellee Hopper de Massive Attack.

Au cours du mois de mars 1997, Guy Oseary, le cofondateur de Maverick Records, la maison de disque créée par Madonna cinq ans plus tôt, lui suggère de se rapprocher d'un artiste britannique de la musique électronique : William Orbit. Ce dernier s'est distingué par les remixes aventureux qu'il a effectué de chansons de Prince ou Human League mais aussi de certains morceaux de Madonna comme « Justify my love » ou « I'll remember ». Autant de relectures sonores qui ont attiré l'attention d'Oseary. William Orbit a également sorti quelques albums instrumentaux tels que *Strange Cargo*, en 1987. Oseary décroche son téléphone et suggère à William Orbit d'adresser quelques bandes à Madonna.

« Au départ, je n'ai pas pris la chose au sérieux et je n'ai donc rien envoyé. Puis, Oseary m'a appelé de nouveau et cette fois, j'ai envoyé un disque avec 13 de mes morceaux », relate Orbit [2].

Il s'avère que Madonna est une grande fan des premiers albums de William Orbit, *Strange Cargo 1 & 2*.

« J'adorais également les remixes qu'il avait réalisé sur mes chansons. J'étais donc intéressée à opérer une fusion entre des sons futuristes et des influences indiennes ou marocaines. Je voulais que l'ensemble sonne à la fois ancien et nouveau. »

Le 18 mai 1997, Orbit reçoit un appel de Madonna. Elle lui annonce qu'elle est en train de travailler sur certains des morceaux qu'il lui a adressés et qu'elle voudrait qu'il la rejoigne à New York, pour aller de l'avant. Le temps de réaliser ce qui lui arrive, Orbit reçoit un billet d'avion et s'envole pour les USA.

Au tout début du mois de juin, Orbit débarque à New York par une journée à la fois ensoleillée et pluvieuse. Lorsqu'il arrive à l'appartement de Madonna, et qui donne directement sur Central Park, l'artiste londonien est trempé des pieds à la tête. La chanteuse le perçoit comme fragile, et est sensible à son humilité et son absence de prétention : « Il était attachant, un peu comme un petit garçon. Dès que je l'ai vu, je l'ai apprécié. » Comme l'équipement stéréo du salon est en panne, ils se rendent dans la salle de gymnastique de la chanteuse. Lorsqu'il écoute ce que Madonna et Babyface ont déjà réalisé, Orbit ne peut s'empêcher de penser : « Tout cela est super bien réalisé. Comment pourrais-je y apporter quoi que ce soit ? »

---

[2] *Ibid.*

Ce qu'il ignore alors, c'est que les titres coécrits avec Babyface ne seront pas retenus pour l'album.

« Nous avions créé quelques chansons que nous aimions bien, mais elle a soudainement changé d'idée concernant la direction que devait suivre l'album », raconte Babyface.

Madonna et William Orbit passent une semaine dans le studio Hit Factory afin que la chanteuse puisse travailler sur les morceaux que le compositeur londonien a fournis et sur lesquels elle a commencé à écrire des textes. Clairement, il se passe quelque chose au niveau musical. Au bout d'une semaine, Madonna demande à Orbit :

— Est-ce que tu aimerais produire mon disque ?

— J'adorerais !

Quelques jours plus tard, Orbit se retrouve à Los Angeles, dans le North Studio Larrabee à Universal City. Il s'agit d'un studio à la pointe, muni d'une table de mixage automatisée, ce qui est une totale nouveauté pour Orbit. « Il m'a fallu apprendre vite et bien », explique l'intéressé. Un dénommé Pat McCarthy fait office d'ingénieur du son, aidé par son assistant Matt. Patrick Leonard coproduit l'album aux côtés d'Orbit.

« Dans la mesure où c'est un musicien ayant une formation classique, Pat Leonard a amené d'autres éléments au mixage, en particulier ses arrangements de corde », commente Madonna.

William Orbit, pour sa part, travaille comme à l'accoutumée avec son vieil ordinateur Atari ST 1040 qu'il a amené pour l'occasion et dont l'unité centrale est rafistolée avec de la bande adhésive. À deux reprises, le ST 1040 va prendre feu durant les séances !

Accoutumé à opérer de manière autonome, le réalisateur britannique découvre qu'il devra rendre des comptes et se soumettre à une supervision. Comme le reconnaît

Madonna : « Je ne suis pas du genre à laisser un gars faire son truc. Il va falloir que tu t'y habitues. » Il faut un certain temps à Orbit pour s'accoutumer à l'idée qu'il y a désormais quelqu'un qui regarde par-dessus son épaule tandis qu'il opère ses alchimies sonores.

Selon ce que rapporte William Orbit, fort peu de musiciens sont intervenus sur l'album et lui-même a joué la plupart des instruments. De son côté, Madonna répète ses parties vocales à la maison ou lorsqu'elle prend sa voiture.

William Orbit, pour sa part, fait les frais de son manque d'organisation. Un jour, il se rend chez Madonna pour lui jouer l'orchestration qu'il a réalisée sur « Power of Goodbye », une chanson qu'il a écrite. Une fois sur place, il se rend compte qu'il est venu avec la mauvaise bande. La chose n'amuse pas du tout Madonna qui déteste perdre son temps et l'arrangeur se demande si elle peut le virer. Il requiert une semaine pour redresser la situation et parvient à lui faire reprendre confiance dans ses capacités à mener les choses à bien.

Le 15 juillet 1997 est marqué par la disparition d'un être cher au cœur de Madonna : Gianni Versace, assassiné dans sa maison de Miami Beach, en Floride. Le couturier était un proche de la chanteuse : elle était même intervenue dans une campagne publicitaire pour promouvoir sa nouvelle ligne de vêtements. Ce jour-là, au studio Larrabee, Madonna est en train d'enregistrer la chanson « Swim on the day » et apprend la nouvelle de la bouche de Donatella Versace, la sœur du couturier, qui l'appelle depuis son téléphone portable. « Elle a tout de même enregistré sa partie vocale », raconte William Orbit et c'est probablement la raison pour laquelle cette chanson a un tel impact émotionnel.

La chanson « Ray of light » fait partie des morceaux que William Orbit a originellement envoyés à Madonna, mais le titre remonte aux années 70. À cette époque, deux auteurs, Clive Muldoon et Dave Curtiss ont écrit le texte d'une chanson qu'ils ont appelée « Shepheryn ». En 1996, la chanteuse Christine Leach, nièce de Clive Muldoon, a travaillé avec William Orbit sur un morceau de ce dernier. Leach a découvert alors que les paroles de « Shepheryn » collaient à merveille sur les parties orchestrales d'Orbit. Il aime tant le morceau qu'il l'envoie à Madonna avec les paroles en question. Madonna apprécie également cette chanson, mais en change quelques vers puis décide de la rebaptiser « rayon de lumière ».

« La chanson "Ray of light" est une vision mystique de l'univers qui dit combien nous paraissons petits », explique la chanteuse.

Le 8 septembre, Madonna assiste à l'office commémoratif organisé au Metropolitan Museum of Art de New York en l'honneur de Gianni Versace. Si la tristesse est grande, un événement va venir adoucir l'automne. Un bel inconnu (en anglais, *beautiful stranger*) va sortir de nulle part. Un nouveau rayon de lumière, éphémère mais particulièrement vif…

C'est par l'intermédiaire de Alek Keshishian, le réalisateur de *In Bed with Madonna*, que la chanteuse fait la connaissance de ce jeune homme de 32 ans. Andy Bird apparaît comme l'antithèse de Madonna. Elle est riche, ambitieuse, aux commandes de sa carrière. Bird est un artiste bohème et sans le sou, à qui il arrive de dormir sur le sofa de l'appartement d'un ami dans le quartier de Notting Hill à Londres. Son activité consiste à écrire des scénarios, mais cela ne lui rapporte que peu d'argent. À cette époque,

Bird a écrit le script d'une comédie décalée et a attiré l'attention d'une productrice américaine qui lui a demandé de la rejoindre à Los Angeles (c'est elle-même qui fournit le billet d'avion).

Une semaine avant son départ pour les USA, Andy se rend à Paris pour y rencontrer Alek Keshishian et lui demander s'il connaît des gens à Hollywood…

— Je connais quelqu'un qui devrait t'apprécier, quelqu'un avec qui tu t'entendrais bien, glisse Alek, tout en demeurant énigmatique sur le sujet.

Un peu plus tard, Alek décroche son téléphone et appelle une amie américaine. Puis, soudainement, sans que l'intéressé puisse s'expliquer pourquoi il agit ainsi, Alek se tourne vers Andy et lui dit :

— Andrew, voudrais-tu dire bonjour à Madonna ?

Andy attrape le combiné. À l'autre bout de la ligne, il entend une voix guillerette, entrecoupée de rires… S'agit-il réellement de la chanteuse ? Ou n'est-ce qu'une blague ? Il se prête au jeu.

« Nous avons discuté un peu. Vers la fin de l'appel, il m'est apparu que, quelle que soit la personne avec laquelle je discutais, elle était d'une nature gentille. À la fin de la conversation, elle a dit : "Demande à Alek de te donner mon numéro à L.A." », se souvient Andy Bird [3].

Tandis qu'il retourne à Londres par l'Eurostar, Bird se demande s'il a réellement parlé à la chanteuse et décide d'en avoir le cœur net. Il prend le papier que lui a donné Alek et appelle le numéro inscrit dessus. C'est bel et bien Madonna qui décroche.

« Je me rappelle que sa voix était mélodieuse. Elle a une très belle voix au téléphone, plutôt basse et douce. Quelque chose s'est établi entre nous. (…) D'autres gens pourraient

---

[3] *Daily Mail*, 19 janvier 2002.

trouver bizarre de lui parler mais d'une certaine façon, je ne sentais rien d'étrange. J'étais simplement en train de parler avec une fille avec qui je m'entendais bien. Je parlais à la personne, pas à l'icône. (...) Nous avons d'abord parlé de Alek. Mais elle m'a aussi évoqué la préparation de son album avec le producteur William Orbit dont j'admirais le travail et cela m'a fortement intéressé. »

D'une façon naturelle et sans arrière-pensée particulière, Madonna et Andy Bird se retrouvent à discuter de nouveau et en viennent à passer plusieurs heures par jour au téléphone avant même qu'il ait mis le pied à Los Angeles. Madonna se montre gentiment aguicheuse et Andy joue le jeu de façon légère.

« Nos conversations devenaient la première chose du matin et la dernière chose de la journée. C'était un peu le *deal*. Il existait une sorte d'intimité dès ce moment-là. Au bout d'un moment, si nous n'avions pas conversé durant quelques heures, nous nous disions : "Tu me manques". Il existait un authentique empressement à se rencontrer. »

À Londres, cette amitié nouvelle s'ébruite légèrement. Il peut arriver qu'Andy se trouve dans un bar, que son téléphone sonne et qu'à l'autre bout du fil ce soit Madonna.

« Mes amis étaient un peu surpris et cela faisait l'objet de blagues durant quelques minutes mais ils s'y sont habitués. »

Le jour prévu, Andy s'envole pour L.A. et y retrouve la productrice qui a émis un intérêt pour son scénario. Le lendemain, il appelle Madonna, un peu nerveux. Ils décident de se retrouver au studio d'une photographe (Madonna pose pour la couverture de *Rolling Stone*). Pour le numéro de son 30ème anniversaire, à paraître le 13 novembre 1997, le magazine de la culture rock entend placer la chanteuse aux côtés de Courtney Love et Tina Turner avec pour titre « Women of Rock » (les femmes du rock). Andy attend à l'extérieur car il est interdit de fumer dans le studio. Il porte un manteau de fausse fourrure. Comme il l'a lui-même déclaré : « À cette époque, je portais couramment des vêtements rafistolés avec du scotch. »

Au bout de vingt minutes, Andy est convié à entrer dans le studio. Dissimulée derrière un rideau, Madonna lâche :

— Salut, comment ça va ?

Elle est coiffée de longs cheveux blonds et intégralement vêtue de noir. Après quelques brefs échanges, elle l'emmène en voiture dans une soirée à laquelle elle est invitée. Madonna est aussi nerveuse que son invité londonien. À un moment, alors qu'elle doit prendre un tournant, elle fait marche arrière et tamponne un mur. Heureusement, l'incident est insignifiant.

La soirée se déroule de manière informelle dans la cuisine de l'hôte, les invités étant assis sur des bancs. Andy, qui ne connaît personne à l'exception de Madonna ne se sent pas dans son élément. Quelqu'un lui demande où il habite à Londres. Facétieuse, Madonna intervient aussitôt : « Il va de sofa en sofa ! »

« Dès les premiers moments, nous avons aimé nous taquiner mutuellement », raconte Andy.

Alors qu'ils sont de retour dans la voiture de Madonna, elle lance, d'une manière désinvolte, comme pour le tester :

— Est-ce que je te jette dans un hôtel, comme je le fais habituellement avec mes cavaliers, ou est-ce que tu veux venir à mon hôtel et appeler un taxi de là-bas ?

— Dans le tien, sans nul doute, répond Andy.

Depuis sa chambre, Madonna prépare un café et appelle un taxi. Ils échangent un court baiser.

« Nous étions à l'aise ensemble. Du fait d'avoir déjà tant discuté, un grand nombre de barrières avaient déjà sauté », commente Bird.

Andy est bientôt invité dans la demeure de Madonna, une vieille maison de style espagnol à Los Feliz. Derrière la porte centrale de verre et d'acier sont accrochés deux tableaux de Frida Kahlo. En remontant un couloir où apparaissent des photographies artistiques en noir et blanc, le visiteur arrive à un salon spacieux, décoré comme les autres pièces, de façon stylée mais sans démesure, ce qui fait que l'on peut s'y sentir à l'aise. Andy trouve son hôte « chaleureuse, affectionnée et féminine. »

« Elle était vraiment tout à fait normale : une personne adorable, traditionnelle et douce. »

Le lendemain soir, ils se retrouvent pour dîner. Andy Bird s'enhardit jusqu'à payer la note et ce sera l'une des seules fois qu'il pourra se le permettre. De fil en aiguille, une attraction réciproque se dessine. Madonna est sensible au fait qu'Andy la perçoive comme une personne normale et qu'il l'estime purement pour ce qu'elle est.

Tandis que Madonna est en train de peaufiner les chansons de *Ray of Light,* Andy s'est installé dans sa maison de Los Feliz. Le matin, ils se lèvent tôt et l'un d'eux prépare le café. Puis, alors qu'elle fait ses exercices de yoga, il joue avec Lola (le surnom que sa mère a donné à Lourdes) ou participe à des réunions concernant le scénario pour lequel il est venu à L.A.

Les premiers moments de Madonna et d'Andy baignent dans un bonheur immense. Ils se sentent très proches, comme s'ils se connaissaient depuis toujours. Ce qu'ils ressentent l'un pour l'autre est fort, et cela gomme ce qui devrait logiquement les distancier. Ainsi, la différence entre leurs situations financières ne semble aucunement les importuner. Il en est de même pour les anciens amants de Madonna qu'ils n'évoquent jamais, son passé, son statut de popstar et ce qu'il pourrait impliquer pour leur vie privée. Ils éprouvent une félicité à être ensemble, au point que le simple fait de se retrouver coincé dans un embouteillage devient idyllique simplement parce qu'ils sont à côté l'un de l'autre. Madonna lui demande souvent son avis sur les choses les plus diverses.

La chanteuse tente d'amener Andy à changer sa garde-robe. Comme elle reçoit fréquemment des vêtements de *designers*, elle les propose à son compagnon qui rechigne le plus souvent à les porter. De son côté, Andy loue une petite camionnette Dodge pour ses déplacements et il lui arrive de suivre Madonna. Il découvre alors ce fait étonnant : la star qui maîtrise si bien sa carrière personnelle est totalement dépouvue de sens de l'orientation dès lors qu'elle conduit son automobile.

Leur passion est telle qu'Andy, qui ne devait rester à L.A. que trois semaines, voit les mois défiler. Ils passent de bons moments à faire les choses les plus simples : regarder des vidéos au lit, lire les journaux au petit déjeuner et passer du temps avec Lourdes. Ils peuvent également se rendre à Disneyland comme n'importe quel couple. Une vie ordinaire dont elle raffole.

« Sa fille lui procure une joie immense. De la voir essayer de courir dans un parc avec ses petites jambes tremblantes la faisait rire », raconte Andy.

Il arrive que Madonna emmène Lourdes de Larrabee au studio où elle enregistre *Ray of light* et elle peut alors passer plusieurs heures à jouer avec elle. À plusieurs reprises, William Orbit découvre que la petite s'est amusée à aligner toutes les manettes de la table de mixage selon une ligne rigoureusement droite. À chaque fois, la chanteuse et ses assistants réalisent la chose en s'apercevant que soudainement, le son d'ensemble a bien changé ! Il est donc décidé de garder l'œil sur elle, pour ne pas perdre les précieux mixages qui ont été mis au point.

Le dernier morceau de l'album *Ray of Light*, « Mer Girl » est une source d'inquiétude pour William Orbit : « J'en étais très fier. Toutefois, Madonna subissait des pressions externes pour que la forme en soit changée. Elle a dit : "Non ! C'est une œuvre d'art. N'y touchez pas". J'ai alors pensé que j'étais en de bonnes mains. Je savais que la création musicale ne pourrait être piétinée par des interventions de la maison de disque. »

« La chanson "Mer Girl" parle de la mort, explique pour sa part Madonna. De toute évidence, elle fait référence à la disparition de ma mère, mais aussi à celle de la Princesse Diana et à celle de Versace. Au moment où je l'ai écrite, de tels événements étaient dans l'air... »

L'envie de revoir le sol britannique s'installe bientôt dans l'âme d'Andy. En novembre 1997, Madonna doit passer à Londres pour promouvoir *Ray of light*. Andy la précède de quelques jours. Lorsqu'elle débarque avec son jet privé à l'aéroport de Luton, il vient la chercher dans une Range Rover aux vitres teintées.

Pendant deux jours, tout se passe d'une manière tranquille. Puis, Andy emmène sa compagne à la fête d'anniversaire d'un ami. Dès le lendemain, le déchaînement médiatique se déclenche : leur relation fait la une des quotidiens. Andy découvre sur le vif ce que peut représenter l'acharnement des médias : son téléphone sonne sans cesse, il se sent suivi dans la rue, des histoires abracadabrantes émergent à son sujet. Sur Radio 1, les gens sont invités à dire ce qu'ils pensent du nouveau boyfriend de Madonna.

« En réaction à cela, je me suis complètement retiré, raconte Andy. Je me sentais paranoïaque. Cela me remuait de voir que l'on peut écrire n'importe quoi à mon sujet. Ce qui faisait le plus de mal, c'est qu'ils laissaient entendre que la seule façon pour moi d'obtenir une renommée et un semblant de carrière était de sortir avec Madonna. Cela a fortement heurté ma fierté. »

Andy tente néanmoins de traiter Madonna comme une petite amie normale et dans une telle optique, il l'emmène rencontrer ses parents. Andy leur demande de ne pas en faire plus que ce qu'ils feraient normalement et le message est bien reçu.

Le dimanche, Madonna, Lola et Andy n'arrivent à la maison des Bird qu'à 4 heures de l'après-midi après avoir évité les paparazzi. Lorsqu'ils ouvrent la porte, les parents d'Andy sont vêtus de leurs plus beaux habits, ce qui déconcerte leur fils. Le père explique alors : « Ce n'est pas pour toi. Nous allons à une petite fête et ne pourrons rester que 20 minutes. » Pour le reste, ils apparaissent à l'aise et sans manière aucune. La mère d'Andy prend plaisir à montrer à l'amie de son fils des photos de ce dernier enfant.

Le lendemain, pourtant, Andy a la désagréable surprise de retrouver la maison de ses parents à la première page d'un quotidien britannique et la chose le désole au plus haut point. Il commence alors à se sentir de plus en plus mal vis-à-vis de cette situation.

« Nous étions toujours attachés l'un à l'autre. Pourtant, je commençais à prendre conscience de la difficulté qu'il y aurait à vivre avec elle. »

L'heure est venue pour Madonna de retourner à Los Angeles afin de préparer la promotion de *Ray of light*. La veille du départ, en début de soirée, Andy prend la voiture et roule un certain temps, ressentant le besoin de clarifier ses idées. Il décide finalement qu'il ne va pas repartir aux USA avec Madonna mais rester à Londres, en espérant que leur relation pourra passer le cap. Pourtant au moment de regagner son domicile, une surprise l'attend…

— Ecoute, j'ai bien réfléchi et j'ai quelque chose à te dire, commence Andy…

Avant qu'il puisse poursuivre, Madonna le coupe :

— Moi aussi j'ai quelque chose à te dire. Je suis enceinte.

Immédiatement, Andy est traversé par une série d'émotions contradictoires qui vont de la panique au bonheur en passant par la tristesse et la fatigue. Avant tout, il veut savoir ce qu'en pense Madonna. La chanteuse est elle-même déboussolée. Elle souhaitait donner un frère ou une sœur à Lourdes mais la nouvelle l'a prise au dépourvu. Quoiqu'il en soit, Andy a laissé tomber l'idée de demeurer seul à Londres. Il faut immédiatement faire les bagages tandis que des proches passent dire au revoir. La situation ne leur permet pas de trouver le temps de parler sereinement de cette nouvelle qui modifie leur existence commune.

Le lendemain, Madonna et Andy s'envolent pour Miami. Ils passent quelques jours dans la propriété de la chanteuse à Coconut Grove, près de la demeure de Sylvester Stallone. Dans un premier temps, la perspective d'être parents les rapproche. Mais la pression professionnelle monte. Nous sommes alors en novembre 1997. La production de *Ray of Light* est achevée et il faut préparer le tournage du clip du single « Frozen ». Le très talentueux Chris Cunningham a été retenu pour l'occasion. Madonna doit aussi poser pour le magazine *Vanity Fair* dans une série de vêtements spécialement conçus par Dolce & Gabbana (la chanteuse a contribué à lancer la marque en se montrant avec leurs vêtements dans ses vidéos et depuis, les couturiers sont aux petits soins). Autant d'événements qui demandent énormément d'implication personnelle. Les deux futurs parents trouvent tout de même le temps d'évoquer ce qu'ils comptent faire de leur enfant et Andy se déclare prêt à assumer le choix de Madonna, quel qu'il soit.

Au bout de la septième semaine de grossesse, Madonna apprend une triste nouvelle : elle ne peut conserver son enfant. Terrassée par l'événement, elle peine à ravaler sa déception. Andy se sent pareillement affecté. Ils ne peuvent toutefois trouver le temps de discuter : le 8 décembre, Madonna doit se rendre à New York pour une nouvelle cérémonie d'hommage à Gianni Versace. Elle demande à Andy de se rendre à la maison de Los Angeles et d'y préparer sa venue, attendue quelques jours plus tard. Ce dernier se sent misérable. Il est tellement fauché qu'il n'a même pas les moyens de faire envoyer des fleurs à sa belle, et encore moins d'aller à New York s'il le fallait.

Une fois Madonna de retour dans la villa de Los Feliz, le couple tente en vain de retrouver la quiétude ayant présidé à leurs premiers mois de vie commune. Noël approche et devrait donner un goût de fête à leurs retrouvailles. Pourtant, quelque chose a disparu. L'innocence originelle n'est plus. Andy, d'ordinaire si cool et doux, devient instable.

Tandis que Madonna s'affaire à la promotion de *Ray of Light*, ce qui inclut une tournée des grandes villes d'Europe, il préfère rester dans l'isolement, redoutant par-dessus tout d'être à nouveau la cible des médias. Madonna se retrouve seule à affronter la presse sans avoir son compagnon à proximité.

Le clip de « Frozen » est tourné le 7 janvier 1998 dans le désert Mojave en Californie par Chris Cunningham. Il s'agit d'un film envoûtant reposant sur des transformations lentes du personnage que l'on voit parfois se dédoubler ou se métamorphoser. Habillée et coiffée de noir, Madonna y apparaît à la manière d'un oiseau fabuleux. La danse à laquelle elle se livre avec le grand vêtement qui l'enveloppe, dessine d'extraordinaires formes surréalistes. Si la journée se déroule avec bonheur, Madonna est intérieurement stressée. C'est la toute première fois qu'elle a dû passer une nuit entière loin de sa fille Lourdes. De plus, la voiture censée venir prendre Lourdes et l'emmener voir sa mère le lendemain a eu un problème technique. Jusqu'à ce qu'elle arrive enfin, Madonna manifeste un état de panique aiguë.

Le 3 février 1998, Andy fête son 33ème anniversaire. Pour l'occasion, Madonna organise une réception-surprise. Elle l'invite dans son restaurant favori sur Hollywood Boulevard. Lorsqu'il entre, Andy a de quoi être stupéfait : la chanteuse a elle-même invité les proches d'Andy à Los Angeles afin qu'ils soient présents. De plus, elle a fait venir de Londres deux des amis de son amoureux, Ben et Martina, en leur offrant le voyage et en réservant une chambre dans l'un des meilleurs hôtels de la ville. Andy, qui a parfois le mal du pays est touché par le geste. De son côté, la chanteuse adulée de tous sent son cœur battre auprès de l'homme qu'elle aime. Lorsqu'ils s'aperçoivent, Martine et Andy s'étreignent fortement et s'embrassent chaleureusement.

Sur le chemin du retour, Madonna lui demande :

— Pourquoi est-ce que tu m'aimes, Andrew, alors que Martina est d'une beauté aussi éclatante ?

Au Roxy Club de New York, à 2 heures du matin, le 14 février, Madonna donne un concert surprise devant une foule de 2 500 personnes, afin de promouvoir son nouvel album. C'est la première fois depuis quatorze ans qu'elle se produit dans un petit club. Ce même jour, pour fêter la Saint-Valentin, elle offre à Andy un couteau suisse en argent acheté chez Tiffany sur lequel est gravé « Birdy, sois mon Valentin ! » De son côté, Andy a économisé suffisamment pour pouvoir lui acheter un collier orné d'un petit diamant qu'elle reçoit avec grâce.

Le clip de « Frozen » est diffusé sur MTV le 16 tandis que Madonna se prépare à partir pour l'Europe. Elle est attendue à Londres, San Remo, Paris, Duisberg en Allemagne et à Madrid avant de poursuivre sur le sol américain. Peu avant son départ, Andy a décidé de quitter la résidence de Madonna et de louer un appartement à Venice Beach, une autre partie de Los Angeles. « Je n'envisageais pas de rester à la maison seul. Je voulais aussi davantage d'autonomie. » Pendant les mois qui vont suivre, il va en effet essayer de percer en tant que scénariste à Hollywood. Il va toutefois décrocher un petit job de complément dans un garage de Santa Monica.

Le CD *Ray of Light* sort le 3 mars 1998. Il marque un tournant au niveau musical mais aussi dans la démarche de l'artiste qui, à l'approche de la quarantaine, est à la recherche de nouvelles références philosophiques. Une évolution qu'elle confirme dans son look, les clips de plusieurs chansons la faisant apparaître habillée de toges ou de saris.

« Hollywood ne célébrant que les apparences, on peut être tenté de chercher des choses plus profondes. J'étudie toutes sortes de spiritualités et prends ce qui peut m'être utile. Dégager ce que le christianisme, le judaïsme et le bouddhisme ont en commun, un résumé des grands principes humains. Mon disque est inspiré par le judaïsme, la Kabbale, qui est l'interprétation mystique de l'Ancien Testament. »

Le 6 mars, elle est à Toronto et donne une conférence de presse sur *Ray of Light*.

« En général, les gens ont des idées trop prétentieuses sur la musique. À savoir si c'est de l'art ou non, si c'est intègre ou non. Une musique simple et accessible leur semble forcément commerciale et malhonnête. A contrario, ils crient au génie dès qu'ils entendent des morceaux complexes, incompréhensibles et pas forcément séduisants à l'oreille. Moi, je ne souscris pas à une telle doctrine. »

Le succès de l'album est immédiat. Dès le 21 mars, il se classe à la deuxième place du hit-parade américain.

De temps à autre, Andy vient retrouver Madonna à la fin des soirées auxquelles elle participe. Il croise ainsi des célébrités qu'il s'efforce de ne pas regarder fixement telles que Jack Nicholson ou des amis proches de Madonna comme Sting ou la styliste Stella McCartney.

Le 23 mars, la chanteuse remet une statuette de la Meilleure Chanson à Céline Dion pour « My heart will go on » du film *Titanic*, à la 70ème cérémonie annuelle des Oscars. À défaut d'assister à l'événement, Andy retrouve sa dulcinée à la fête organisée par le magazine *Vanity Fair*. Les participants se voient remettre des gâteaux décorés avec la couverture du magazine.

« C'était le cadeau ultime à rapporter à la maison pour montrer que l'on avait assisté à l'événement le plus convoité de l'année. Pour ma part, j'ai eu un coup de faim et j'ai mangé le mien ! », raconte Andy.

Depuis plusieurs mois, Andy est revenu de temps à autre habiter avec Madonna et ils ont parfois retrouvé le goût des matinées d'antan, le plaisir de jouer avec Lourdes ou de regarder un film au lit. Pourtant, les faibles revenus d'Andy

Bird, s'ils n'ont pas posé problème au début de leur relation, commencent à se faire sentir. À présent, il peut lui arriver de s'emporter lorsqu'elle insiste pour qu'il s'habille mieux ou lorsqu'il découvre qu'elle a jeté des sous-vêtements qu'elle estimait trop vieux. De façon générale, la passion initiale qui les a soudés s'effiloche et leur relation devient conflictuelle.

Andy décide de reprendre le chemin de Londres. Une fois de retour dans la capitale britannique, le scénariste reprend sa vie de bohème dans son quartier de prédilection de Notting Hill. Fauché comme les blés, il accepte le premier emploi qui lui est proposé par l'un de ses amis, qui dirige le Met Bar à Mayfair : celui de videur. Il continue d'échanger des lettres ou des appels tumultueux avec Madonna, se sentant incapables de mettre fin à cette relation.

Le 8 mai est le jour de la Fête des mères aux USA et Madonna en profite pour écrire à son amant :

« Durant les heures qui ont précédé, j'ai été distraite par mes pensées envers toi et j'ai repensé à notre dernière conversation. Je déteste batailler avec toi, en particulier lorsque Lola est présente (…) J'aimerais que tu sois là et je cherche tes yeux. Il y a trop longtemps que nous ne nous sommes pas vus et rien ne me rendrait plus heureuse. »

Elle déplore toutefois qu'il se mette aisément en colère et garde ses mots doux pour Lola, ce qui lui fait mal. Par moments, elle cherche aussi à savoir s'il voit quelqu'un, un soupçon qui la met mal à l'aise.

Alors que le printemps 1998 avance, les nouvelles sont bonnes sur le plan artistique. Fin mai, Madonna apprend que l'album *Like a Virgin* a dépassé les 10 millions d'exemplaires vendus. *Ray of Light*, de son côté, a déjà passé le cap des deux millions d'unités. Le nouvel album triomphe internationalement et pourrait devenir son plus gros succès.

Toutes les deux semaines environ, Andy passe deux ou trois jours à New York dans l'appartement de Central Park. Pourtant, leur relation ne parvient pas à se rétablir au beau fixe et ils peinent à communiquer.

Dans ses lettres, Madonna reste positive et encourageante, affirmant qu'elle ne peut imaginer un domaine dans lequel Andy ne pourrait exceller. « Je l'ai dit et redit auparavant et je vais le redire : tu as tant de créativité en toi. Elle a juste besoin de se manifester. Tu as tellement de choses à offrir à l'univers. » Elle ajoute qu'il est toujours présent dans son cœur.

Lorsque Madonna fête son 40ème anniversaire, le 16 août 1998, elle est plus belle que jamais. Au fond, le rayon de lumière, c'est elle-même. Assagie, revitalisée, elle est un astre autour duquel gravitent des millions d'individualités, qu'elle illumine à plus ou moins grande échelle, selon qu'ils sont proches ou éloignés.

Cette semaine-là, Madonna accueille Andy dans l'appartement de New York. La chanteuse affrète un hydravion afin d'emmener une dizaine de personnes (Lola et sa nourrice, Andy, son frère Christopher et plusieurs amis) jusqu'à une résidence louée spécialement pour l'occasion. Une trentaine d'invités les rejoignent ensuite.

À cette époque, Madonna parle souvent à Andy du roman *Geisha* d'Arthur Golden qu'elle a adoré lire. Pour marquer le coup, Andy lui a acheté un kimono antique ainsi qu'une version réduite pour Lola. Durant la soirée, plusieurs jeux sont organisés. La masseuse de Madonna vient donner à chacun des invités un massage personnalisé. Au sortir du dîner, les invités se retrouvent dans la grande salle de projection afin de regarder *Chapeau melon et bottes de cuir* avec Uma Thurman et Sean Connery qui vient tout juste de sortir au cinéma. Le film s'avère suffisamment mauvais pour qu'Andy s'aventure dans la vidéothèque afin de trouver un film de remplacement : *Dans la chaleur de la nuit*, avec Sidney Poitier, qui recueille l'unanimité. Hélas, Andy se sent souvent mal durant la soirée et il lui arrive de disparaître pour aller vomir. Madonna en vient à l'accuser de gâcher intentionnellement sa fête d'anniversaire.

Quelque chose ne tourne plus rond entre les deux tourtereaux. Il est vrai que deux semaines plus tôt, un événement s'est produit…

12

Mrs Ritchie

« *Avant de rencontrer Guy, je n'étais pas quelqu'un de généreux. Avoir des enfants et tomber amoureuse, cela vous transforme. Après mon premier mariage, je pensais savoir ce qu'était l'amour mais je vivais dans un rêve. L'amour n'est pas ce que l'on imagine. L'amour inconditionnel consiste à donner pour le simple plaisir de donner, sans rien attendre en retour.* [1] »

Elle était tigresse, elle est devenue tendre féline. Elle se voulait effrontée, elle a accompli sa mue et acquis de la grandeur. Madonna a rangé ses griffes pour se faire caressante. À jamais insoumise, elle a pourtant choisi d'autres façons d'exprimer sa vision du monde. Tout en conservant la maîtrise du gouvernail, elle a pris plaisir à se laisser porter par le vent. Un homme a fortement contribué à cette tranquille métamorphose. Un gentleman nommé Guy Ritchie.

[1] *The Sun,* mars 2003.

Ritchie n'a pas l'anatomie avantageuse d'un Tony Ward ou d'un Carlos Leon, et son charme n'a rien d'exotique. S'il saupoudre son discours d'une ironie légère, il n'a rien du fiel mordant de Sean Penn. Plutôt classique dans ses goûts musicaux, il n'a pas la prescience du remix d'un Jellybean. Le physique anodin, Ritchie dégage quelque chose de léger et de rassurant, une aisance à évoluer dans le monde, une impression de confort et de stabilité. Une fois qu'elle l'a trouvé, elle ne l'a plus lâché...

Vers la fin juillet 1998, l'agenda professionnel de Madonna l'a menée jusqu'à Londres. Trudi Styler, épouse du chanteur Sting, a profité de l'occasion pour l'inviter à un barbecue campagnard, dans sa maison de Wiltshire au sud de l'Angleterre. Trudi vient de produire le film *Arnaques, crimes et botanique* d'un jeune réalisateur, Guy Ritchie. Ce thriller délirant dans la lignée de *Pulp Fiction* compte Sting parmi ses acteurs.

« Je ne pense pas que Trudi ait prémédité quoi que ce soit, confie Madonna. Moi-même, je n'ai pas accepté son invitation dans l'espoir de rencontrer quelqu'un. Trudi avait convié un grand nombre de gens dignes d'intérêt et c'est cela qui m'a déterminée à venir. »

Fort naturellement, Madonna demande à Andy Bird de l'accompagner au barbecue. Bird hésite quelque peu à confirmer sa venue pour la simple raison que cet après-midi là, il n'est pas habillé pour la circonstance, mais il se laisse finalement tenter. Une Mercedes avec chauffeur passe le prendre. Sans réfléchir, Bird s'installe sur le siège avant, à côté du chauffeur, tandis que Madonna et Lourdes sont assises sur la banquette arrière. Selon lui, il est possible que la chanteuse ait interprété un tel geste comme une volonté de garder ses distances.

Une fois dans la maison de Sting, l'attention de Madonna est happée par un homme de grande taille, torse nu sur le court de tennis. Le cheveu blond, il a l'allure sportive et une jolie prestance. Peu après la partie de tennis, Trudi présente cet inconnu au visage avenant à Madonna et Andy. Ce dernier affirme qu'il aurait immédiatement senti une attirance entre Guy Ritchie et la chanteuse.

« Ils allaient bien ensemble, ils se correspondaient bien. »

La conversation s'engage aussitôt entre eux. Le cinéaste la surprend par son humour badin assorti d'une pointe de gentille bravade.

« Je lui ai dit, si vous savez y faire, je pourrais peut-être vous trouver un rôle dans mon prochain film. Elle a dû penser que j'étais drôlement gonflé ! C'est comme cela que tout a commencé… », raconte Guy Ritchie.

Lorsque vient le moment du dîner, Madonna invite Andy à venir s'asseoir auprès d'elle. Toutefois, comme ils se sont disputés auparavant, celui-ci préfère se placer en bout de table à côté de Lourdes. La chanteuse se met donc à côté de Guy, ce cinéaste dont elle apprécie les traits d'esprit. Pendant la soirée, ils paraissent s'entendre à merveille, mais Andy affirme qu'il n'a ressenti aucune jalousie.

Les jours passent et un sentiment se dessine en filigrane. Madonna va voir le film *Arnaques, crime et botanique* et s'extasie devant le talent du réalisateur. Elle le trouve simplement « aphrodisiaque ». Certes, la relation avec Andy n'est pas totalement achevée mais elle se réduit le plus souvent à des conversations téléphoniques envenimées pouvant amener l'un des deux à raccrocher prématurément.

Un premier rendez-vous autour d'une tasse de thé est pris avec Guy Ritchie. Ambitieux, flegmatique et vif d'esprit,

Ritchie dégage quelque chose de particulier. Une étrange idée flotte dans l'atmosphère : pourrait-il être l'homme à même de lui donner un deuxième enfant ?

Ray of light est sur toutes les ondes, sur les pistes de danse comme dans les salons où l'on se relaxe le temps d'un apéritif. En ce début d'année 1999, l'album est honoré durant la cérémonie des *Grammy Awards*, célébration ultime de l'industrie américaine du disque. Madonna repart avec trois statuettes : meilleur album pop, meilleur morceau de danse, meilleure vidéo. Un nouveau single extrait de *Ray of light* arrive alors à point nommé. « Nothing really matters » est mis en valeur par un vidéoclip d'une belle audace dans lequel Madonna apparaît habillée et coiffée en geisha. C'est le roman *Geisha* d'Arthur Gilden qui a inspiré cet accoutrement. Enveloppée dans un kimono rouge flamboyant spécialement conçu par Jean-Paul Gaultier, la chanteuse secoue son corps comme si sa vie en dépendait. Tout se passe comme si elle scandait : « C'est moi Madonna et je fais ce que je veux ! Qui m'aime me suive ! »

Depuis qu'elle est apparue dans la série de visuels luxueux du couturier Versace, Madonna intéresse l'univers de la mode. Max Factor/Ellen est prêt à débourser plus de six millions de dollars pour l'inciter à figurer dans ses publicités de cosmétiques. Elle y apparaît plus glamour que jamais.

Arnaques, crimes et botanique est projeté en première californienne le 16 février à Los Angeles. Ce soir-là, Madonna vient assister à la projection et se montre aux côtés du réalisateur britannique. La liaison avec Andy Bird a bel et bien pris fin. Tout comme lui, Ritchie a le don de traiter la star comme une personne normale, sans se montrer intimidé par sa gloire. Il a l'avantage de s'assumer et de mener sa barque avec assurance et une certaine dose de réussite, ce qui apparaît réconfortant dans la perspective d'une union à long terme. Petit bonus, Guy sait parfois la complimenter d'une manière sincère qui lui va droit au cœur.

Les sentiments que Madonna a éprouvés pour Andy ressurgissent toutefois dans les paroles d'une chanson écrite quelques mois plus tôt, « Beautiful stranger »…

To know you is to love you (te connaître, c'est t'aimer)

You're everywhere I go (où que j'aille, tu y es)

And everybody knows (et comme chacun le sait)

To love you is to be part of you (t'aimer, c'est faire partie de toi)

I've paid you with my tears (je t'ai payé avec mes larmes)

And swallowed my pride (et ravalé mon orgueil)

Mike Myers a contacté Madonna afin qu'elle compose une chanson dans le style des années 60 pour sa comédie *Austin Powers II* dans laquelle le personnage principal à replonger dans cette période. Pour l'occasion, William Orbit a tissé un paysage sonore trempé dans l'atmosphère psychédélique propre à l'époque des Beatles et des hippies : guitares, flûtes, cithare…

Guy Ritchie a-t-il pu ressentir de la jalousie à entendre Madonna déclamer le texte de « Beautiful stranger » tout en sachant qu'il était dédié à Andy ? Toujours est-il que les deux hommes vont se retrouver par hasard un soir dans un club de Londres, le Met Bar et que le nouvel amant de Madonna va perdre son calme. Comme ils se sont reconnus, Andy et Guy s'en vont discuter dans le vestibule. Soudainement, Guy saisit Andy alors que ce dernier est assis sur une chaise, et il le projette sans ménagement vers le sol. Alertés, les videurs interviennent aussitôt, empêchant la situation de s'envenimer. Guy Ritchie est éjecté du club, et Andy s'abstient de sortir lui-même, se refusant à répondre à l'agression subie. Lui-même ne s'est pas souvenu de ce qui avait pu susciter l'ire du nouvel amant de Madonna :

« Peut-être ai-je dit quelque chose qui a semblé péjoratif à propos de Madonna... »

Bird attribue un tel écart à l'alcool, mêlé au sentiment d'amour naissant.

Au printemps, Madonna reprend le flambeau en tant qu'actrice, dans le film *Un couple presque parfait* (*The next best thing*) du britannique John Schlesinger, célèbre pour avoir dirigé *Marathon Man*. Elle partage l'affiche avec Ruppert Everett. L'histoire est celle d'un homme et d'une femme, Robert et Abbie, que tout rapproche et qui, pourtant, ne peuvent envisager de vivre ensemble. Tous deux partagent une attitude non conformiste et joyeuse et ils semblent avoir, comme le suggère le titre du film, les atouts d'un couple parfait. Le seul bémol vient de ce que Robert est gay. À la suite d'une nuit un peu arrosée, ils passent toutefois une nuit ensemble et Abbie tombe enceinte. Ils choisissent de vivre ensemble et de simuler une vie de famille traditionnelle. Pour les besoins du film et sur le conseil de Ruppert Everett, Madonna enregistre une version actualisée de la chanson de Don McLean « American pie » qui déplorait, au tout début des années 70, que le rock ait perdu toute saveur.

Le single « Beautiful stranger » envahit les ondes à partir du mois de juin. Il est soutenu par un clip comique dans lequel l'agent Austin Power, en dépit des mises en garde proférées par son supérieur, tombe sous le charme d'une mystérieuse espionne incarnée par Madonna. Assise à côté du guilleret Myke Myers, Madonna le drague voluptueusement, lui faisant perdre tous ses moyens. Il en vient à lui dire :

— Toi, tu mérites une bonne fessée !

Ce à quoi elle répond :

— J'espère bien !

« Beautiful stranger » devient un immense succès planétaire. En Angleterre, il décroche un nouveau record : celui de la chanson la plus diffusée sur les ondes au cours d'une seule semaine (2 462 fois).

Si Madonna a un don, c'est celui de capter l'air du temps. Accoutumée à fréquenter les clubs, elle a l'oreille vive, la capacité à saisir les courants en émergence, les tendances qu'il serait bon de s'approprier. Après tout, le style musical qu'affectionnent les amateurs éclairés finit par débarquer tôt ou tard sur les radios. Pour surfer sur la vague, il importe de déployer ses antennes à bon escient.

Le style qui prédomine alors est celui de la musique électronique, une variante adoucie de la techno. Composée de boucles complexes, cette musique s'est insinuée sur les pistes de danse et impose une nouvelle forme de rythmiques, répétitives et hypnotiques. Tel est l'enrobage que Madonna souhaite offrir à ses nouvelles mélopées.

En ce début d'automne 1999, elle réside à Londres aux côtés de Guy Ritchie dans le quartier chic de Kensington. De se retrouver dans la capitale de l'Angleterre ne la ravit guère, elle s'y sent trop éloignée de ses amis et est d'humeur maussade. Elle se résout néanmoins à enregistrer son nouvel album sur place, afin de pouvoir demeurer à proximité de Guy. C'est la première fois qu'elle procède ainsi et pour l'heure, elle cherche encore ses marques. Plusieurs dizaines de chansons potentielles sont écartées, dont un grand nombre qu'elle a elle-même écrites.

« Je n'arrivais pas à déterminer quelle était la direction exacte à suivre, le son que je désirais. »

William Orbit a rempilé pour quelques morceaux. Le DJ Sasha vient prêter main forte sur quelques titres, mais ce qu'il offre à Madonna la laisse de marbre. Qui pourrait être le magicien à même d'opérer la fusion entre la musique électronique et sa brûlante présence ?

La chance veut qu'un ami photographe, Stéphane Sednaoui, transmette à Maverick, le disque réalisé par un musicien français d'origine afghane, Mirwais Ahmadzaï. Après avoir fait parler de lui dans le rock punk au début des années 80 avec le groupe Taxi Girl, Mirwais a apprivoisé l'univers des boucles sur ordinateur. Un jour, alors que Madonna se rend chez Maverick, le directeur du label Guy Oseary lui fait écouter le CD de Mirwais, *Disco Science* :

— Que penses-tu de cela ? Est-ce que cela vaudrait le coup de signer ce gars-là chez Maverick ?

Madonna est retournée par ce qu'elle entend. L'approche de Mirwais, plus urbaine et electro que celle d'Orbit, est exactement le son dont elle rêve pour son album.

— Oh mon Dieu !... C'est exactement ce que je recherche ! Trouve-le immédiatement et demande-lui s'il veut bien travailler avec moi.

« En fréquentant Madonna, on comprend mieux la clef de son succès, explique Mirwais. Cela ne tient pas au travail, elle est vraiment très intuitive et a une grande intelligence des rapports humains. Elle était parfaitement consciente de ce que cette collaboration pouvait m'apporter au niveau professionnel, mais elle me respectait. Il existait un véritable échange entre nous. Elle est également très forte musicalement et coproduit chaque morceau. »

Une dizaine de titres sont retenus pour l'album. Un principe oriente son choix : chaque chanson doit comporter quelque chose de neuf et d'inédit.

« Une fois que j'ai trouvé ce que je voulais, j'ai voulu que tout soit simple, direct et empli de sens. »

Madonna prépare l'album le plus branché de sa carrière, avec un son à l'avant-garde de ce qui se pratique dans les clubs. Elle se sent étrangement à l'aise dans l'univers des ordinateurs et du logiciel *Pro Tools*. Les séances se déroulent dans les studios Sarm East et Sarm West de Londres. L'activité de la rue est visible de l'intérieur et cela lui plaît bien : « Je me sentais reliée au monde. »

Mirwais opte pour traiter la voix de Madonna de deux façons radicalement opposées. Il la fait transiter par un « auto-tuner » qui donne un effet analogue au Vocoder cher à Daft Punk. La chanteuse se prête de bonne grâce à un tel traitement vocal, sachant que cela implique, pour que l'effet entre en action, qu'elle chante légèrement faux. Dans le même temps, sur d'autres morceaux, Mirwais traite sa voix de façon totalement pure, sans le moindre effet. Après une première réticence, Madonna accepte également cet autre défi.

La chanson « Don't tell me » est l'œuvre de son beau-frère, Joe Henry. Lui-même n'a rien fait pour se mettre en avant, ne voulant aucunement donner l'impression de vouloir profiter de la situation. Initialement, Joe a écrit cette chanson pour la série télévisée *The Sopranos*. Sa proposition ayant été refusée par Sony, Mélanie Ciccone l'a persuadé d'envoyer la chanson à sa sœur Madonna. Celle-ci en apprécie le feeling *country* mais commence par la couper car elle lui apparaît bien trop longue. Très originale, la chanson mélange un riff de guitare acoustique country avec une rythmique hip hop. Le mariage de ces styles qui auraient pu sembler incompatibles est pourtant réussi.

Madonna tombe enceinte alors que l'enregistrement a démarré et durant plusieurs semaines, s'acharne à le dissimuler, quand bien même elle est suivie par une nuée de photographes dès qu'elle s'extrait de sa demeure de Kensington. Comme elle désire conserver la nouvelle secrète, elle le cache aussi aux membres de l'équipe du studio et pour ce faire, conserve en permanence son manteau, prétextant qu'elle a froid.

La chanson « What it feels for a girl » coécrite avec Guy Sigworth parle des affres qu'elle a pu éprouver au début de sa relation avec Ritchie, quand elle a su qu'elle était enceinte.

« C'était une période tumultueuse. La relation n'était pas très stable, en partie parce que nous vivions dans des pays différents. Cette chanson est venue : vous êtes enceinte, vos hormones sont en rage et vous ne pouvez en parler à personne. »

L'album est finalisé en partie à Los Angeles et à New York.

Un millénaire se termine. L'heure est aux bilans et à de rapides rétrospectives sur les époques révolues et sur ce XX° siècle marqué par tant de soubresauts. Pour Madonna, il s'achève par une nouvelle consécration : le Guiness World Records déclare qu'elle est l'artiste féminine qui a vendu le plus de disques de tous les temps : 120 millions d'albums.

Lors de la célébration du nouvel an, Madonna se trouve aux côtés de Guy Ritchie à une fête donnée par son amie Donatella Versace à Miami. Détail original : tout le personnel de service masculin embauché pour cette soirée est nu !

À mesure que les semaines s'écoulent, la nouvelle idylle de Madonna s'épanouit progressivement. Le chaos fait place à la quiétude. Elle se sent bien aux côtés de Guy, comme si elle avait enfin trouvé un compagnon avec qui partager son existence, un homme avec lequel elle se sente en osmose, un bon vivant qui savoure chaque moment.

« Je suis incroyablement romantique et n'ai jamais perdu espoir », confie la chanteuse.

Dès avril, alors qu'elle assiste à une soirée de charité pour le Sanderson Event, ses premières rondeurs sont perceptibles.

En cette année 2000, les médias font des gorges chaudes d'un phénomène qui secoue Internet : le téléchargement à grande échelle de chansons en tout genre, sur le réseau. Un service se trouve dans le collimateur des maisons de disque : Napster, qui permet à divers ordinateurs connectés de s'échanger les chansons présentes sur leur disque dur. Madonna n'y coupe pas. Le 31 mai, une version de son nouveau single « Music » circule sur Napster alors qu'il n'est même pas encore sorti ! Caresse Norman, manager de la star dénonce « le vol d'une chanson qui ne devait pas être diffusée avant plusieurs mois, sa production n'étant pas terminée. » Pourtant, certains s'interrogent tout haut. La star, célèbre pour exploiter le moindre événement en sa faveur, se serait-elle servie de Napster comme outil de promotion avant l'heure de sa nouvelle chanson ?

La nouvelle grossesse de Madonna ne se déroule pas sans incident, ce qui n'est pas pour la rassurer compte tenu des soucis qu'elle a pu connaître avec Tony Ward comme avec Andy Bird. Vers la fin juin, les médecins qui la suivent découvrent que le placenta de la chanteuse recouvre en partie le col de l'utérus (une complication que l'on rencontre chez une femme sur deux-cent cinquante) ce qui entraîne des hémorragies, et a pour conséquence de couper l'alimentation en sang du bébé. Leur recommandation est claire : elle doit cesser ses exercices quotidiens, notamment ses figures de yoga. Peu habituée à l'inaction, Madonna se retrouve obligée d'errer dans sa demeure californienne à passer des coups de fils et à lire. « C'était comme d'être condamnée à mort pour moi », dira-t-elle. Guy Ritchie a la bonne idée de lui offrir une guitare et Madonna en profite pour prendre des leçons. Elle peut ainsi utiliser ce temps libre pour écrire de nouvelles chansons et trouve la chose « libératrice ».

Puisque le repos forcé est de mise, le début de l'été est tranquille. En compagnie de Guy Ritchie, la future maman passe ses vacances en Italie du sud. Une photographie d'elle en bikini prenant un bain de boue, avec son ventre proéminent, apparaît dans la presse et la gêne fortement : elle a tenté de conserver le secret sur sa grossesse et craint que certains médias prétendent qu'elle serait devenue obèse. Pour le prénom du futur garçon, elle souhaite réutiliser celui d'un des membres de sa famille. Hélas, aucun d'entre eux ne convient à Guy qui les trouve par trop typés : Gatano, Sylvio, Guido, Rocco... Madonna finit par imposer ce dernier choix en arguant que l'enfant portera, outre le nom écossais de son père, le prénom John en sus d'un prénom italien.

Habituée à organiser sa vie de manière extrêmement précise, Madonna a réservé la première semaine de septembre à l'accouchement de Rocco en Californie (elle s'avoue mitigée face aux hôpitaux britanniques). Il est auparavant prévu que le couple se retrouve le 23 août à Londres pour la première de *Snatch*, le nouveau film de Ritchie dans lequel Brad Pitt joue le rôle d'un boxeur gitan édenté. À partir du 18 septembre, Madonna entend lancer son nouvel album, *Music*.

Pourtant, le 11 août, alors qu'elle se trouve à Los Angeles, la future maman commence à avoir de nouveau des saignements. Après avoir appelé Guy pour qu'il la rejoigne d'urgence au Centre Médical Cedars Sinai, elle subit une césarienne et accouche trois heures après son entrée à l'hôpital. Dans la mesure où il est né avec plusieurs semaines d'avance, Rocco est placé dans une chambre de soins intensifs durant près d'une semaine. Chaque jour, Madonna se rend au Centre Médical, passant son temps en lecture ou gymnastique entre deux tétées. Le 16 août, alors qu'elle fête ses 42 ans, elle peut enfin emmener son fils à la maison dans sa résidence de Los Feliz.

Une fois de retour dans sa propriété, Madonna redécouvre l'ardente existence que représente le soin d'un nouveau-né. Par bonheur, Guy met la main à la pâte et apporte son concours lorsqu'il est de passage.

« Être papa, c'est extraordinaire, reconnaît Ritchie. Je pourrais le comparer à une immense vague d'amour mais c'est encore plus fort que cela. [2] »

Madonna paraît transformée par cette deuxième maternité et affiche une personnalité apaisée et détendue. Si l'entrée dans la quarantaine avait déjà initié une métamorphose, celle-ci s'amplifie.

« Il y a des moments où je n'arrive pas à croire que je puisse être si vieille. Pourtant, je me sens mieux physiquement qu'il y a dix ans. J'accomplis davantage de choses et je me sens plus épanouie. Et je n'ai plus ces moments où je pense : mon Dieu, il me manque quelque chose. »

Peu après son anniversaire, Madonna a une extraordinaire surprise. Un matin, elle reçoit par la poste une boule de

---

[2] *US Weekly*, 2 octobre 2000.

papier qu'elle manque de jeter à la poubelle avant de découvrir que quelque chose se trouve à l'intérieur. En dépliant le papier, elle trouve une petite boîte. Celle-ci renferme une bague sertie d'un diamant. Elle explose alors d'une joie sans nom, tant elle savoure la beauté du geste de Guy.

Le son « electro/techno » de la nouvelle chanson « Music » colle à merveille avec la tendance du moment. L'ouverture qui comporte le fameux single donne le ton : « Hey Mr DJ, mets un disque, je veux danser avec mon bébé... »

Le single grimpe à toute vitesse à la première place du hit-parade américain. Il s'y classe dès le 16 septembre et va y rester durant 4 semaines. Il s'agit du douzième single de Madonna qui atteint le sommet des ventes. Pour sa part, l'album connaît un démarrage en trombe avec 420 000 exemplaires vendus en une semaine. Il atteint la première position des charts américains le 7 septembre, ce qui n'était pas arrivé à Madonna depuis 1989, et se classe n°1 dans 23 pays du monde.

Pour le couple Ritchie, l'heure de choisir un foyer unique se dessine. Lourdes est inscrite dans plusieurs écoles, à Los Angeles, New York et Londres. Or, il apparaît important aux yeux de Madonna qu'elle puisse trouver une stabilité et conserver des amis sur le long terme. Elle choisit finalement de s'installer pour de bon en Angleterre et d'y acquérir une propriété.

À l'annonce d'une telle nouvelle, Ritchie est aux anges. Qui plus est, il a la satisfaction d'apprendre que son deuxième film, *Snatch*, non content d'avoir été acclamé par les critiques anglais, est un succès au box-office.

« Maman, est ce que tu comptes te marier avant que je me marie ? » demande Lourdes à Madonna en cet automne 2000.

Quelques jours plus tard, Guy Ritchie demande sa compagne en mariage. Il pose rapidement une condition à un tel événement : elle doit le laisser gérer la chose de fond en comble. Le cinéaste entend s'assurer qu'aucun média, aucun gêneur ne viendra troubler l'intimité de la cérémonie. Il n'est pas question de reproduire les débordements du mariage avec Sean Penn.

À présent, Madonna se sent bien en Angleterre, éprouvant un plus grand sentiment de sécurité à Londres qu'à New York ou Los Angeles. Elle a appris à trouver ses repères et peut occasionnellement aider ceux qui l'interpellent pour demander leur chemin. Elle trouve par ailleurs que les Anglais sont infiniment plus cultivés et curieux que ses compatriotes ! « Eux au moins ne situent pas l'Italie au-dessus du Danemark ! Les Américains, eux, ne savent pas ce qu'est un livre ! Ils préfèrent regarder la télé en s'enfilant des bières [3]. »

Depuis l'année 1993, date à laquelle elle avait organisé la tournée *The Girlie Show*, Madonna n'est pas remontée sur scène. Le désir de se retrouver au contact d'une foule pâmée vient parfois titiller celle qui aime mettre en scène d'immenses shows. L'idéee d'éprouver à nouveau ces émotions fortes devient de plus en plus tenace.

Tout commence le 5 novembre alors qu'elle donne un petit concert sans prétention au Roseland Ballroom de Manhattan. Elle interprète cinq titres de l'album *Music*.

« J'ai là une bonne occasion de me tremper les pieds à nouveau. Cela fait bien longtemps… », soupire Madonna.

[3] *Entrevue*, mai 2003.

Habillée à la manière d'un cowboy, elle porte un T-shirt avec la mention « Britney Spears », parodiant ainsi les jeunes fans de la nouvelle star de la pop. Parmi les rares spectateurs de cette prestation restreinte figurent Gwyneth Paltrow et Donatella Versace.

Une fois la représentation achevée, un journaliste de *Rolling Stone*, Kurt Lodger, se hasarde à demander à la future madame Ritchie s'il faut y voir les prémices d'un show à part entière. En clair, aimerait-elle reprendre la route ?

— J'y pense, répond-elle simplement…

Le 14 novembre, Madonna vend la maison qu'elle possédait sur la colline d'Hollywood à l'actrice Jenna Elfman, pour la coquette somme de 4 millions de dollars. La résidence qu'elle entend acquérir dans le quartier de Notting Hill à Londres coûte 7 millions de livres sterling.

Quinze jours plus tard, Madonna donne un autre concert devant tout juste 2 800 personnes, au Brixton Academy de Londres. Pour l'occasion, le site MSN a déboursé 300 millions de francs afin obtenir l'exclusivité de la retransmission en direct. Neuf millions d'internautes se connectent, pulvérisant le record établi par Paul McCartney onze mois plus tôt. Sur place, le bouche-à-oreille fonctionne à merveille et entraîne une surenchère sur les billets (certains sont revendus 180 euros).

Madonna s'avoue anxieuse quant à ses performances. « Je n'ai pas été sur scène depuis un moment et je m'interroge beaucoup ». Elle démarre le concert en compagnie de ses danseurs au milieu de meules de foin, accompagnée d'un groupe dans lequel Mirwais tient la guitare. Dès le deuxième morceau, « Don't tell me », elle paraît à son aise. Progressivement, elle sort le grand jeu, celui de la Madonna qui aguiche, défie et affirme haut et fort sa féminité. Ce concert serait-il un avant-goût d'un retour sur les stades ?

Le 1ᵉʳ décembre, la rumeur d'un mariage, plusieurs fois démentie, y compris par sa responsable des relations publiques, Liz Rosenberg, est confirmée.

« Guy me permet de garder les pieds sur terre. Nous évoluons dans le même milieu, il m'aide énormément. Nous sommes très amoureux et ce sera une chose très naturelle. Nous nous épaulons mutuellement et sommes très heureux d'être ensemble », commente Madonna. Elle dit avoir enfin trouvé quelqu'un qui est son égal. Elle n'en reconnaît pas moins qu'elle n'aurait jamais imaginé épouser un homme « qui a gardé l'esprit gamin, apprécie la chasse, fréquente les pubs et adore la nature. »

Quand bien même Ritchie a organisé les choses dans une discrétion absolue, il apparaît que la cérémonie aura lieu dans la cathédrale protestante de Dornoch en Ecosse. L'idée d'un mariage dans cette contrée du nord des îles britanniques vient de Guy qui en est originaire. À quelques semaines du moment-clé, Madonna s'interroge :

— Tu ne crois pas que ce serait une bonne idée de m'emmener au moins une fois là-bas avant ?

Le futur époux s'exécute au début du mois de décembre et sa promise n'est pas déçue du voyage.

« J'ai trouvé l'Ecosse splendide, sauvage, c'est une beauté dure et naturelle. Absolument superbe. [4] »

Le début du mois est quelque peu agité. La propriété où résident Madonna et Guy a fait l'objet d'un cambriolage tandis qu'ils dormaient à l'étage. Les malfrats ont dérobé la Range Rover de Guy Ritchie mais celle-ci a été retrouvée quelques heures plus tard.

Le 7 décembre, les bans sont publiés. Le mariage est prévu pour 22 dans la cathédrale à Dornoch. La soirée qui

---

[4] *Forth One Radio*, mai 2003.

243

s'ensuit doit se dérouler au château de Skido, toujours en Ecosse. Le bruit court que la cérémonie coûterait 10 millions de dollars, une partie d'une telle somme étant affectée à la surveillance des lieux afin d'en préserver la quiétude. La mariée devrait être habillée par Stella McCartney et chaussée de santiags de diamants. Elle portera sur le front un diadème Cartier (déjà porté par la princesse Grace de Monaco lors du mariage de sa fille en 1978). Guy va s'habiller en kilt en hommage à son grand-père le Major Stewart Ritchie qui a servi dans l'armée (la boutique londonienne *The Scotch House* à Londres a été chargée de confectionner ce costume de cérémonie). Le baptême de Rocco est prévu la veille du mariage dans la cathédrale. Parmi les divers invités présumés, on murmure les noms de Sting et de sa femme Trudi, Donatella Versace, Rupert Everett, George Clooney, Brad Pitt, Jennifer Aniston, Robin Williams, Jon Bon Jovi, Bryan Adams sans oublier les Français Jean-Paul Gaultier et Jean-Baptiste Mondino. Il se pourrait qu'Elton John vienne pousser la complainte au cours de la soirée.

Le 18 décembre, trois jours après avoir acheté une propriété de 8 millions de dollars à Londres, la famille débarque à l'aéroport d'Inverness en jet privé. Une Range Rover les emmène alors au château de Skido à quelques soixante kilomètres des lieux. Deux jours plus tard, l'actrice Gwyneth Paltrow arrive à son tour.

La révérende Susan Brown procède au baptême de Rocco le 21 décembre en présence des futurs époux et de leurs amis Gwyneth Paltrow et Stella Mc Cartney. La cérémonie est brièvement perturbée par un intrus qui parvient à forcer le cordon de sécurité.

Les premiers invités à arriver sur les lieux sont Sting et son épouse Trudi, Donatella Versace, Gwyneth Paltrow (qui joue le rôle de demoiselle d'honneur) et Stella McCartney.

L'ancien sportif Vinnie Jones qui devait servir de témoin pour Ritchie a été retenu sur un tournage par John Travolta et a simplement envoyé ses vœux de bonheur par vidéo interposée.

Les amateurs d'indiscrétions en demeurent pour leurs frais. Pas le moindre cliché du mariage n'est apparu dans les médias. Il faut donc s'en tenir aux bribes qui circulent ici et là, sans qu'il soit nullement possible de les accréditer. Il se dit que la chanteuse était vêtue d'une robe couleur ivoire, et que Guy Ritchie portait un kilt.

Les deux époux passent leur lune de miel dans la propriété de Sting au sud de l'Angleterre, dans le petit village de Wilsford-Cum-Lake, près de Salisbury. La situation est au beau fixe et les diverses déclarations du couple donnent l'impression d'une relation douce, même si celle-ci est parfois traversée de tensions. Madonna décrit ainsi son nouvel époux :

« Il est aussi désorganisé que je suis organisée. Il adore vivre de façon spontanée, je suis consciencieuse et prévoyante. Il m'a appris à prendre des vacances, et à apprécier la nature. [5] »

Ritchie déplore d'être parfois obligé de se plier à un régime macrobiotique, excluant la viande au profit des céréales et des légumes. Il reconnaît toutefois qu'il lui arrive de se « taper quelques hamburgers » de temps à autre. À la maison, les nouveaux époux ne regardent jamais la télévision et s'abstiennent de lire des journaux. « C'est une règle de notre maison. Personne ne doit apporter de magazines ou de journaux à la maison », explique Madonna qui justifie ainsi une telle attitude : « Parce qu'ils ne disent que des mensonges. Je ne veux rien avoir à faire avec eux. » Une telle contrainte a des avantages induits : Guy Ritchie, qui

---

[5] *USA Today*, avril 2003.

serait volontiers tenté de suivre les matches de football ne risque pas de la délaisser pour regarder ce sport adulé des Britanniques !

« Madonna est normale, elle aime faire les mêmes choses que n'importe qui d'autre. Nous ne regardons pas la télé. Nous écoutons de la musique et regardons des films, nous écrivons un peu et lisons beaucoup. Etre marié avec Madonna est magnifique, nous avons eu un très beau mariage et nous ne pourrions être plus heureux [6]», s'extasie Ritchie.

Dans la presse anglaise, la chanteuse révèle qu'elle est heureuse d'habiter dans ce pays et qu'elle va jusqu'à apprécier la présence d'une monarchie. Elle ajoute que sa fille Lourdes évoque parfois la possibilité d'aller voir la Reine. « C'est vraiment très drôle. Chaque fois que nous passons à côté de Buckingham Palace, je lui dis : "Tu vois, c'est ici que vit la reine." Et Lola me répond : "Maman, est-ce que nous pourrions lui rendre visite ?". Je lui dis alors : "Oui, nous allons sonner à sa porte." »

La première apparition du couple Ritchie a lieu le 19 janvier à l'occasion de la première américaine du film *Snatch*. Pour l'occasion, Madonna porte une veste blanche au dos de laquelle est écrit Mrs Ritchie, tandis que sur son pantalon apparaissent les mentions Lola et Rocco.

Un nouveau single est extrait de l'album *Music*, le fameux « Don't tell me » qu'a écrit son beau-frère. Dans le clip qui accompagne le morceau, Madonna est habillée à la manière d'une *cow-girl* sur une route désertique. A l'arrière-plan, des garçons au style rural (Stetson couvrant la tête, santiags, etc.) se livrent à une danse. L'un d'eux opère des figures de rodéo sur un cheval fougueux.

---

[6] *The Mirror,* janvier 2001.

Une nouvelle tournée est bel et bien en préparation pour l'été suivant. Destinée à sillonner l'Amérique du Nord et l'Europe, elle fait l'objet d'une réflexion à grande échelle.

« J'ai l'intention de me bouger et de me rendre dans un studio de répétition. Je ne vois pas l'intérêt de faire un concert si ce n'est pas pour faire quelque chose qui explose les sens ! Monter sur scène et chanter une chanson n'est pas suffisant. Un show, c'est du théâtre, du drame et du suspense. Je planche là-dessus, mais cela me rend nerveuse. »

Ses sources d'inspiration sont les arts martiaux, le flamenco, la country music, le punk, le rock'n'roll, la danse japonaise butoh et le cirque.

Les auditions pour trouver des danseurs démarrent à Manhattan le 13 mars. L'annonce attire des milliers de postulants, et la plupart doivent patienter des heures durant dans Lafayette Street, affrontant le froid mordant de cette fin d'hiver. En plus de deux choristes, dix danseurs sont prévus sur la scène, tous opérant sous la supervision de Jamie King. Un nom est choisi : *The drowned world tour* et le premier concert est prévu à Cologne en Allemagne le 5 juin.

Le groupe qui doit accompagner Madonna est composé de Ron Powell aux percussions, Steve Sidelnyk à la batterie, et Monte Pittman à la guitare — ce dernier sert également de professeur de guitare à Madonna qui entend jouer de cet instrument sur le morceau « Candy Perfume Girl ». Si William Orbit est retenu aux claviers, la basse et un deuxième clavier sont tenus par un Français, Jacques Le Cont, couramment surnommé Stuart Price. C'est son compatriote Mirwais qui a recommandé le choix de Stuart, membre d'un groupe inconnu, Les Rythmes Digitales.

Lorsqu'il a reçu l'appel de Madonna en février, le musicien français était sous le choc. Stuart Price n'est pourtant pas au bout de ses surprises, car Madonna juge bientôt opportun de lui faire assurer la direction musicale. « Il était d'abord question que je joue les claviers, mais il s'est trouvé que Madonna recherchait une certaine couleur musicale. Elle m'a donc demandé de faire en sorte que la musique soit la plus cool possible, a confié Stuart Price. Je ne connais aucun artiste d'une telle envergure qui aurait pris le risque de confier le contrôle de la musique à quelqu'un comme moi, de quasi inconnu. »

Les répétitions du groupe démarrent en mars dans le studio Culver City Sound de Los Angeles. Pour l'essentiel, les chansons du spectacle sont issues des deux derniers albums, *Ray of Light* et *Music*, avec quelques incontournables comme la chanson « Holiday », le tout premier hit de 1983. Les musiciens découvrent au passage l'infernal rythme qu'impose Madonna à ses troupes avec des journées de 13 heures, cinq jours par semaine. « Madonna est réputée pour être un bourreau de travail mais elle est également très amusante [7] », tempère Stuart Price.

Les suggestions de Stuart Price sont bien accueillies par la meneuse du spectacle. Ainsi la structure musicale de la chanson « Music », qui est empruntée au disque *Trans-Europe Express* de Kraftwerk, est récréée en introduction de la version *live*. Stuart Price propose aussi d'insérer un *sample* de la chanson « Music sounds better with you » de Stardust au milieu de « Holiday ». Madonna exulte : « Allons-y ! Je n'imagine pas Whitney ou Tina Turner faisant cela ! »

Tandis que Madonna peaufine son spectacle, elle décroche un énorme contrat relatif à une publicité pour BMW que doit réaliser Guy Ritchie. On y voit la chanteuse sauter dans un taxi pour échapper aux paparazzis, exhorter son chauffeur à l'emmener n'importe où...

---

[7] *Q Magazine*, 20th Anniversary Collection Edition.

Durant le tournage de la publicité pour BMW, l'un des protagonistes raconte à Guy que l'atmosphère de son clip rappelle furieusement un film italien sorti en 1974 et réalisé par Lina Wertmüller, *Swept Away* (À la dérive). Curieux d'en savoir plus, Ritchie récupère une copie de ce film et le visionne.

Swept Away raconte l'histoire d'une femme bourgeoise, Amber qui a loué un yacht afin de s'offrir une croisière oisive sur la Méditerranée, en compagnie d'amis. Un jour, elle monte sur un petit bateau à moteur en compagnie de Giuseppe, un membre de l'équipage qui ne l'apprécie guère. À la suite d'une panne, tous deux dérivent vers une île déserte et Amber doit alors se plier aux volontés du marin italien.

Lorsque Ritchie voit ce film, la scène de la panne du bateau le happe et le maintient en haleine. Il n'ose imaginer ce qui va s'ensuivre même s'il le pressent avec angoisse. Une fois la projection achevée, il fait l'éloge du film et lance :

— Quelqu'un devrait faire un *remake* de ce film !

— Pourquoi ne le fais-tu pas toi-même ? jette alors Madonna.

— Admettons. Mais alors, pourquoi est-ce que tu ne jouerais pas dedans ? répond Guy, du tac au tac.

— C'est d'accord ! répond Madonna.

Le projet prend alors naissance et il est prévu d'en démarrer le tournage après le *Drowned World Tour*.

Un nuage apparaît vers la fin mars, à propos du clip du nouveau single « What it feels like for a girl », réalisé par Guy Ritchie. Après une seule diffusion sur les chaînes MTV et VH1, il est décidé qu'il ne sera plus diffusé.

C'est la troisième fois que Madonna voit l'un de ses clips censuré après « Justify my love » et « Erotica ». Cette fois, ce n'est pas l'obscénité qui est en cause, mais la violence. Madonna joue le rôle d'un escroc féminin qui après avoir volé un inconnu, part dans une folle cavale au volant de sa Camaro, emboutissant d'autres véhicules ou fonçant sur de jeunes joueurs de hockey avant de se crasher sur un poteau.

Quelle a pu être l'intention de la chanteuse au travers de telles images ? Elle dit avoir voulu montrer un personnage qui se laisse entraîner par ses fantasmes : « Pourquoi une femme ne pourrait-elle pas prendre ses poings, retourner un mec ou se faire un braquage ? Vous ne me croyez bonne qu'à faire la vaisselle, la belle et le ménage ? »

Drowned World Tour exploite des thèmes similaires à celui du clip de « What it feels like for a girl ». Il tourne en effet autour des femmes et du pouvoir et durant le spectacle, Madonna mitraille un individu qui la harcèle !

Au mois d'avril, le show fait l'objet de répétitions dans le stade Lakers de Los Angeles, afin de mettre au point certains réglages dans le contexte d'immenses arènes. Il s'avère nécessaire de repenser de nombreux éléments musicaux pour tenir compte du gigantisme des lieux.

Madonna change fréquemment de tenue au cours de chaque concert. L'intention affichée a été de faire revivre certains grands moments. Au tout début du spectacle, elle apparaît en kilt écossais. Sur la chanson « What it feels like for a girl », qu'elle chante en espagnol, elle est habillée comme dans le clip de « La Isla Bonita ». Deux jeunes stylistes, Dean et Dan Caten, déjà mis à contribution sur le clip de « Don't tell me », ont conçu le vêtement de cow-boy qu'elle porte lors de l'interprétation de ce titre. Le costume de geisha qu'elle revêt au milieu du show a été confectionné par Jean-Paul Gaultier, en s'inspirant une fois de plus du personnage de Hatsumomo du roman *Mémoires d'une geisha.* Cette séquence est accompagnée de la projection d'extraits de mangas japonais. Dolce et Gabbana, quant à eux, ont créé un T-shirt d'allure agressive et Versace a conçu le manteau qu'elle porte durant le spectacle.

Le 26 avril, Madonna bat les records de vente de tickets de concert en Angleterre : les seize mille places du concert du 4 juillet se vendent en 15 minutes. Certains fans sont arrivés sur place trois jours à l'avance afin d'être sûr d'emporter un billet. Pour répondre à la demande, cinq dates sont ajoutées en Angleterre et il ne faut que six heures pour que la location affiche complet. En France, la même situation se produit : une fois les billets du 26 juin à Bercy écoulés en quelques minutes, plusieurs dates sont ajoutées sur les jours qui suivent. Le site Internet qui gère les ventes de billets en ligne reçoit plus de deux millions de connexions.

Madonna se voit contrainte d'interrompre les dernières répétitions de la tournée *Drowned world tour* afin d'endosser sa casquette de femme d'affaire. Il s'avère qu'il y a urgence : Alanis Morissette, l'artiste la plus populaire du label Maverick menace de quitter le navire. Motif : la maison de disque de Madonna n'aurait pas suffisamment travaillé le marketing de son dernier album, *Supposed former infatuation junkie.* Alanis est boudeuse, et ce d'autant plus que bien des *majors* lui font les yeux doux. Un compromis est trouvé à la hâte, Madonna assurant que tout sera mis en œuvre pour promouvoir au mieux le prochain album de la chanteuse canadienne.

La tournée démarre finalement le 9 juin, non pas à Cologne mais à Barcelone. Les concerts prévus en Allemagne ont dû être annulés en raison de problèmes techniques de dernière minute. Il se trouve que *Drowned World Tour* nécessite de déplacer outre une équipe de 200 personnes, une centaine de tonnes de matériel. Deux jumbo jets 747 ont acheminé l'équipement jusqu'en Europe, suite à quoi, huit poids lourds servent à le transporter de ville en ville.

Le 5 juillet alors qu'elle chante à Londres, Madonna rend hommage au nouvel homme de sa vie en lui dédiant la chanson « I deserve it » :

« Je voudrais dédicacer cette chanson à quelqu'un de très spécial pour moi. J'ai attendu des mois pour le faire dans la ville où il est né. C'est pour mon mari et pour chacun d'entre vous. »

Elle confie par ailleurs au magazine *Heat* : « Guy est mon égal, et cela c'est dur à trouver ! »

Le 13 juillet, lors de son ultime concert à Londres, elle le désigne comme « le gars le plus cool de l'univers ».

À partir du 21 juillet, Madonna est de retour aux Etats-Unis pour y donner les trente concerts prévus sur ce continent. *Drowned World Tour* se joue à guichets fermés et fait le plus souvent l'objet de critiques éblouissantes.

Au début de septembre 2001, Madonna se prépare à tourner dans le film *Swept away* que prépare son époux. La tournée doit bientôt s'achever et une immense fête est prévue.

C'est alors qu'un certain événement intervient le 11…

- 13 -

Peace

« Ce pays est surprenant. Il n'en existe pas d'autre où l'on puisse ainsi sortir de nulle part et devenir le Président, ou accomplir ce que j'ai accompli. Il est certain que je ne serais pas arrivée là où je suis aujourd'hui, si j'avais vécu ailleurs. J'ai pourtant l'impression que l'Amérique a bien changé au fil des années. Nos valeurs sont désormais orientées vers le matériel et le superficiel. [1] *»*

L'atmosphère d'une tournée est trépidante. Les fans viennent par milliers dans l'espoir d'embarquer pour un tour en tapis volant. Chaque public a quelque chose de particulier comme si ces milliers d'âmes qui résonnent à l'unisson engendraient une éphémère énergie.

Tant d'événements inattendus peuvent se produire qu'il faut constamment demeurer sur le qui-vive, multiplier les traits d'ingéniosité. Si l'imprévu est le pain quotidien des

[1] *MTV*, avril 2003.

organisateurs de concert, il s'inscrit toutefois dans un environnement que l'on sait maîtriser. Un musicien qui se prend les pieds dans les fils, un casque défaillant, une acoustique inappropriée à certaines sonorités... Il faut dans l'instant trouver une solution et celle-ci relève d'un savoir-faire technique ou d'une certaine dose d'esprit pratique.

Que faire pourtant lorsque l'inconnue est externe ? Lorsque c'est l'Histoire avec un grand H qui vient mettre son grain de sel dans l'épopée ? À partir du 11 septembre, il faut intégrer une nouvelle donne dans la partie. L'agression a eu lieu et l'on ne peut l'effacer, tout au plus est-il possible de soulager la douleur de ceux qui ont été touchés.

Il n'est pas envisageable de chanter le soir de cette tragédie. Le concert prévu à Los Angeles est donc reporté, le temps pour chacun de digérer ce qui vient de se passer et de trouver un certain recul face aux émois que suscite le choc.

Pour Madonna qui est devenue anglaise d'adoption, le regard porté sur son pays natal n'est plus le même qu'auparavant. Si elle respecte toujours la terre qui a nourri ses ambitions, elle n'est plus au diapason. Elle a croisé un miroir déformant et ce qu'elle a vu ne lui a pas réchauffé l'âme. À Londres, elle s'est accoutumée aux bonnes manières et à la civilité qui règlent les rapports sociaux.

Vu de l'autre côté de l'Atlantique, la contrée d'où elle vient a des airs de caricature. Le factice serait-il le dieu tout puissant qu'adore une partie de la population ? Faut-il voir dans cette dégradation de l'âme le ferment du drame d'aujourd'hui ? Il s'avère qu'elle a par ailleurs épousé une philosophie, celle de la Kabbale juive, qui mène son cœur vers une vision plus respectueuse de ceux qui vivent ailleurs ou autrement. Elle est donc imperméable aux

appels à la haine et à la revanche qui surgissent spontanément ici et là.

Se pourrait-il que Madonna en vienne à rejeter le
système qui l'a fabriquée et dont elle s'est tant plu à tirer les
ficelles à son avantage ? Que le fruit mûr rejette l'arbre qui
l'a porté ? La velléité d'émancipation ne sera qu'éphémère
et bientôt réprimée devant l'ampleur du courant. Madonna
a certes ouvert son âme à de plus nobles valeurs, pétries
d'amour et de tolérance. Il n'en demeure pas moins qu'elle
s'est construite dans le *show business*, qu'elle se repaît du
marketing et qu'elle baigne naturellement dans la suave
superficialité de l'univers de la pop music. Renier totalement une telle lignée reviendrait à renier une partie d'elle-
même qu'elle n'est sûrement pas prête à abandonner...

Le 15 septembre, le vieil adage « the show must go on »
(le spectacle doit continuer) reprend ses droits. Après cette
brève interruption, le *Drowned World Tour* est remis sur
pied, pour les trois derniers concerts initialement prévus.
Solidarité oblige, le bénéfice issu de chacun d'eux sera
reversé aux victimes de la tragédie et à leur famille. Difficile
de faire moins. Le concert qui devait se tenir à Los Angeles
est finalement donné, dans une atmosphère émue, certains
visages se cherchant mutuellement comme dans une quête
d'un vague réconfort. Madonna s'est voulue patriote et a
revêtu une jupe à l'effigie du drapeau américain. La prière
qu'elle entame cependant vise à décourager les dirigeants
de la première puissance militaire mondiale à céder à la
tentation de vaines représailles.

« Ce soir, j'aimerais dire une prière pour la paix. La
violence engendre la violence. Je ne sais pas ce qu'il en est
pour vous mais pour ma part, j'aspire à une vie heureuse

et longue. Je souhaite qu'il en soit de même pour mes enfants. »

Elle réclame alors l'observation d'une minute de silence en mémoire des disparus. Ce moment de recueillement est cependant perturbé par les cris d'une poignée de fans qui ne peuvent s'empêcher de scander les lettres : U-S-A, U-S-A… Elle tente de modérer leur ardeur.

« Oui, bien sûr, les USA… Il est cependant temps pour nous de regarder le reste du monde. Si vous désirez que le monde change, il importe que vous vous changiez vous-mêmes. (…) Ce concert n'a pas été organisé afin que l'on puisse oublier ce qui s'est passé. Nous voulons que les gens se rappellent combien la vie est précieuse. »

Le message que voudrait faire passer Madonna se dilue pourtant dans un tourbillon de dépêches contradictoires. Bush et sa clique ont déjà mis sur pied une machine de guerre et les fabricants d'armes se frottent les mains à la perspective des contrats mirobolants qu'ils se préparent à signer.

À la fin du mois de septembre, l'esprit de Madonna est bien loin des événements de New York. En compagnie de son époux, elle s'est rendue à Malte pour les besoins du tournage de *À la dérive*. Dans l'avion qui l'a menée vers cette île de la Méditerranée, elle a fait la connaissance d'une autre actrice du film, Jeanne Tripplehorn, qui a auparavant joué dans *Basic Instinct*, *La Firme* et *Waterworld*. Durant neuf heures d'affilée, elles conversent sans discontinuer et nouent une amitié.

« J'avais suivi son parcours depuis une vingtaine d'années et elle ne m'a pas déçue, confie Tripplehorn. Elle est forte, intelligente et énigmatique, tout comme je l'imaginais. »

Parmi les autres acteurs figurent Bruce Greenwood et l'italien Adriano Giannini qui tient le rôle du marin agressif envers Madonna. S'il lui paraît difficile de tourner les scènes d'amour avec celle-ci, il trouve plus ardu encore d'avoir à la frapper d'une manière humiliante, quand bien même l'intéressée se montre stoïque. La première fois qu'elle reçoit un coup de sa part, Madonna juge que l'acteur a fait preuve d'une trop grande retenue et l'engage à y aller plus fort !

« Il n'est pas facile pour moi de brutaliser une femme surtout lorsque j'apprécie sa musique depuis toujours », explique Giannini.

Le fait d'apparaître nue dans certaines scènes ne pose aucun problème à Madonna, même si elle trouve que son mari veut en faire un peu trop. Tout de même, elle trouve fort bizarre de simuler l'acte d'amour tandis qu'elle est dirigée par celui qu'elle aime.

« Je n'aime pas particulièrement embrasser des hommes que je ne connais pas, contrairement à ce que certains pourraient penser ! »

Durant le tournage, Madonna apprend que la compilation *Immaculate Collection* a dépassé les dix millions d'exemplaires !

Tout comme elle l'a fait à la fin des années 80 à New York, Madonna est de nouveau attirée par le défi que représente un passage au théâtre. La pièce, *Up for grabs* est une œuvre satyrique de l'auteur australien David Williamson dans laquelle interviennent sept personnages. Elle dépeint les déboires de Loren, une propriétaire de galerie qui tente de vendre coûte que coûte une toile pour deux millions de dollars, afin de se faire un nom sur le marché de l'art. La chanteuse est tombée sur le scénario et l'a adoré au point de vouloir l'interpréter. La pièce doit se jouer à partir de la fin mai au théâtre Wyndhams de Londres, dont la capacité est de plus de sept cent cinquante places.

Les répétitions démarrent en février. William Ingey, l'homme qui assure la direction de la pièce, connaît plusieurs altercations avec Madonna en raison des exigences de la comédienne. Elle demande à ce qu'une décoration spéciale soit aménagée pour sa loge, réclame la fourniture de provisions de chaque côté de la scène afin de pouvoir se restaurer quand elle le désire. Elle exige par ailleurs que le théâtre loue des agents de sécurité qui seront à même de contenir d'éventuels admirateurs tentés de monter sur scène. Ingey va parfois penser à donner sa démission.

En parallèle, les nouvelles de *À la dérive* sont plutôt inquiétantes. Un premier montage du film a fait l'objet d'une projection devant une audience-test. Les avis recueillis à l'issue de la séance sont négatifs. « Nous avons commis l'erreur de montrer des scènes qui n'étaient pas encore totalement montées », déplore Matthew Vaughn qui produit le film, tout en ajoutant que la bande sonore n'a pas suffisamment été travaillée. Quoiqu'il en soit, le verdict du public est sans appel : certaines scènes sont excessivement brutales et suscitent un franc rejet. Ritchie convient qu'il est préférable de les couper.

Tandis qu'elle répète la pièce *Up for grabs*, Madonna prend la mouche au sujet d'un spectacle que donne Boy George à Londres. Intitulé *Taboo*, il relate la propre histoire du chanteur de Culture Club. L'un des morceaux consiste en une parodie de la chanson *Vogue*. Sur le passage où Madonna évoque une série de stars d'Hollywood, Boy George a placé les vers « Madonna, that dyes her hair » (Madonna, qui se teint les cheveux). L'intéressée n'apprécie pas la boutade et Boy George est donc contraint de supprimer cette parodie de *Vogue* de son show.

« Je pensais qu'elle avait de l'humour, [2] déclarera Boy George dépité. Je la prenais pour une icône mais elle est descendue de son piédestal. Ce n'était qu'une parodie inoffensive. D'autres groupes que je parodie dans mon spectacle comme Human League ou Spandau Ballet, n'ont rien trouvé à y redire. »

De son côté, Madonna a été approchée par l'équipe qui supervise le nouveau James Bond, *Meurs un autre jour*. Elle souhaiterait que la chanteuse compose et interprète la chanson du film. « Elle est l'un des meilleurs autocompositeurs du monde », commente l'une des responsables de la production.

Lors de la rencontre avec Barbara Broccoli, l'une des productrices du James Bond, Madonna laisse affleurer une suggestion :

— Cela serait encore plus amusant si je jouais un rôle dans le film…

Broccoli se tourne alors vers ses collègues et ils échangent un regard complice.

— Il se trouve que nous avons un rôle de libre.

Le personnage en question est celui d'une femme professeur d'escrime. La proposition enchante Madonna.

Le 14 mai 2002, la pièce *Up for grabs* fait l'objet d'une avant-première sur la scène du théâtre Wyndhams. Dans le premier acte, Madonna n'apparaît pas à son aise, et manifeste une certaine tension. Dès le suivant, elle se décontracte et donne une performance appréciable. À la suite de cet avant-goût, la comédienne recueille des critiques plutôt flatteuses. En revanche, il semble que les spectateurs aient été heurtés par le baiser ardent qu'elle échange avec une autre comédienne, Megan Dodds.

---

[2] *Sun,* avril 2002.

La première officielle a lieu neuf jours plus tard. Parmi les spectateurs figurent Guy Ritchie, Sting et son épouse Trudi, Donatella Versace et Stella McCartney. À la fin de la représentation, Madonna a droit à une « standing ovation ». Durant plusieurs mois, *Up for grabs* va se jouer à guichets fermés.

Le 23 mai, Madonna enregistre la chanson « Die another day » du film *Meurs un autre jour* en compagnie du coauteur et arrangeur Mirwais qui, comme sur l'album *Music*, prend un malin plaisir à déformer sa voix à l'aide de l'effet « Auto-Tuner ». Les mixtures électroniques sont plaquées sur une orchestration à base de violons composée par le Français Michel Colombier. Madonna se déclare époustouflée par le talent de ce dernier.

Le 8 juillet, elle se rend dans les studios de Pinewood à Londres pour tourner les scènes où elle intervient aux côtés de Pierce Brosnan et Halle Berry dans le film *Meurs un autre jour*. Dans la mesure où elle apparaît encore dans la pièce *Up for grabs* le soir, Madonna est contrainte de jouer l'ensemble en une seule journée. Elle donne toutefois sa dernière prestation sur les planches du théâtre Wyndhams le 14 juillet.

Au-delà du single « Die another day », Madonna commence à réfléchir sérieusement à son futur album. Au niveau du personnel qui entoure la chanteuse, peu de surprise : Mirwais reprend du service, ce qui augure d'un son « electro » avec des synthétiseurs comme pour *Music*, mais agrémenté, davantage encore de sons classiques de guitares acoustiques. Madonna compare son collaborateur à un savant fou qui travaillerait dans un laboratoire et dit adorer cet aspect :

« Personne dans ce métier ne maîtrise aussi bien que lui la programmation et les machines. Il manipule les sons d'une façon incroyable, c'est vraiment un visionnaire. Mais il est également capable de créer des sons très intimes. C'est aussi un musicien incroyable, quelqu'un qui joue extrêmement bien de la guitare. [3] »

Madonna songe également à ajouter des violons, qui devraient être arrangés par le Français Michel Colombier. Le titre de l'album est déjà connu, il devrait s'intituler *American Life*.

Un thème majeur ressort alors dans les préoccupations de la chanteuse. Dans le droit fil des événements de septembre 2001, l'Amérique a durci ses positions. Pas une semaine ne se passe sans que l'on entende les déclarations bellicistes d'un Président américain avide d'en découdre avec une menace qu'il entretient de toutes pièces.

Chez les Ritchie, on ne regarde pas la télévision et on s'abstient de lire la presse, afin d'éviter l'écœurement né de la lecture continue de faits inventés de toutes pièces. Il est pourtant impossible de ne pas être au courant de la situation de conflit qui pointe, les USA accusant l'Iraq, sans la moindre preuve, de posséder des armes de destruction massive. George W. Bush veut attaquer et l'ONU peine à contenir ses ardeurs guerrières. La perspective d'un conflit nourrit les conversations, d'un bout à l'autre de la planète.

Le texte de la chanson « American Life » exprime un clair désenchantement de l'artiste vis-à-vis de la civilisation *yankee*. Elle exprime sans ambages le désarroi de celle qui s'est battue pour arriver au sommet, atteindre la gloire et la fortune, devenir une star, au nom du rêve américain, et qui se demande à présent si cette vie lui convient et s'il ne s'agit pas d'un miroir aux alouettes, le véritable bonheur résidant

---

[3] AOL, avril 2003.

ailleurs. Deux autres chansons de l'album, « Hollywood »
et « I'm so stupid » sont pareillement dédiées à la désillu-
sion entretenue par Madonna. « Elles montrent mon besoin
de crier sur tous les toits que nous avons vécu notre vie
comme un rêve et que nous devons revenir à la réalité. »

La carrière de *À la dérive* paraît en revanche de plus
en plus compromise. Malgré les coupures effectuées, les
séances de test sur les spectateurs recueillent tant d'avis
défavorables que les producteurs envisagent parfois de ne
sortir le film qu'en vidéo. Madonna pour sa part, en prend
son parti :

« Je serais ravie que les gens aiment le film. Mais s'ils ne
l'aiment pas, ce ne sera pas la fin de tout. [4] »

Ritchie pour sa part, confie qu'il n'a conservé qu'un quart
des scènes érotiques et violentes du film. « Je ne voulais pas
voir mon épouse se balader nue la moitié du film. »

Le film sort finalement sur les écrans en octobre. Afin
d'aider à sa promotion, un documentaire est diffusé sur
MTV, assorti d'une séquence où les époux Ritchie s'inter-
viewent mutuellement, avec force humour.

— Pourquoi m'as-tu engagée plutôt que Julia Roberts ?
demande Madonna.

— Je lui ai bien demandé mais elle n'était pas libre.
Alors que toi tu étais disponible, tu ne coûtes pas cher et tu
es ma femme !

En fin d'interview, elle le gifle afin, dit-elle, de se venger
pour toutes les fois où elle a elle-même été giflée lors du
tournage et aussi pour le punir de l'avoir fait tourner dans
l'eau glacée durant plusieurs heures.

Une telle promotion n'empêche aucunement le film de
connaître un bide aux Etats-Unis. Deux semaines après sa

---

[4] *Vanity Fair*, septembre 2002.

sortie, *À la dérive* est retiré de l'affiche. Lina Wertmüller, qui a consenti à ce que son propre film fasse l'objet d'un *remake* par Guy Ritchie, s'en mord les doigts. Elle craint qu'un tel *flop* puisse nuire à sa propre carrière de cinéaste. Dans certains pays européens, il est décrété que *À la dérive* ne sortira qu'en vidéo.

Si le couple souffre de l'intensité d'un tel *flop*, cet échec commun contribue à les rapprocher. « Nous aurions pu nous culpabiliser mutuellement en rejetant la faute sur l'autre mais ce n'est jamais arrivé. Nous sommes fiers de ce que nous avons fait et c'est tout ce qui compte. Cela a été comme un test qui m'a montré que je n'étais pas soumise à l'approbation des gens. »

Le maxi-single « Die Another day », bande sonore du film *Meurs un autre jour* sort le 22 octobre. Il est accompagné d'un vidéoclip où l'on peut voir deux bourreaux maltraiter Madonna, puis un combat d'escrime entre deux Madonna, l'une en noir et l'autre en blanc. Une fois de plus, ce clip se voit reprocher d'être ultraviolent. Fidèle à son habitude, Liz Rosenberg monte au créneau afin de livrer une explication de texte peu convaincante comme quoi le mini-film véhiculerait un message contre la peine de mort :

« Lorsqu'on voit Madonna sur une chaise électrique, elle porte sur le bras un tatouage en hébreu qui signifie : Non ».

Peu après, cette remarque est pourtant rectifiée par Caresse Henry, manager de Madonna, qui indique que l'inscription en question signifie « maîtriser son ego ».

Elton John n'apprécie pas la chanson « Die another day » et ne s'en cache pas. Selon lui, « c'est la pire chanson de toute l'histoire de la série des James Bond. » Il semble pourtant que le public ne partage pas cet avis car le maxi-single rencontre un succès immédiat. Dès le 1er novembre, il est n°1 des *charts* américains. Il atteint la même position en Italie, en Espagne, à Hong Kong et en Slovaquie.

L'avant-première mondiale du nouveau James Bond a lieu le 18 novembre au Royal Albert Hall de Londres en présence des principaux acteurs. Une impression désagréable de déjà vu s'empare de Madonna lors de la projection : certaines des scènes où elle intervenait ont été coupées au montage afin d'éviter une censure dans les salles américaines. Une scène où elle embrassait l'actrice Rosamund Pike a ainsi été supprimée ! La fin de la soirée se déroule dans une ambiance joyeuse, la reine d'Angleterre Elisabeth II prenant plaisir à questionner Madonna sur ce film auquel elle n'a pourtant que fort peu participé.

À la fin de l'année 2002, rien ne va plus entre Stella McCartney et Madonna. La styliste déclare au magazine *Glamour* qu'elle a rompu les liens avec la chanteuse.

« Elle a pour principe de ne jamais porter quelque chose qu'elle ne mange pas. Or, je l'ai vue avec un manteau confectionné à partir de peau de fœtus de moutons. Des moutons qui n'étaient pas même nés. Cela donnait l'impression de boucles mouillées. Je lui ai dit : "Je ne savais pas que tu mangeais des fœtus" ! Elle a alors fait "Beurk". Je ne l'ai pas revue depuis. »

Le couple Ritchie est depuis de nombreux mois la cible des défenseurs des animaux. Il s'avère que Guy et son épouse ne s'opposent aucunement à la traque des renards sur le terrain de leur propriété. Afin de tenter de leur faire prendre conscience de la cruauté d'un tel sport, les militants anti-chasse ont envoyé des vidéos à Madonna, montrant des renards se faisant tuer. « Ils n'ont aucune excuse, affirme l'un d'eux. Ils vont savoir la vérité. S'ils n'interdisent pas cette chasse, ils ne pourront aucunement dire qu'ils n'étaient pas au courant. »

Madonna campe sur sa position et répond par une déclaration bien étrange pour la végétarienne qu'elle est : « Vous avez plus de respect pour les choses que vous mangez quand vous les avez tuées. »

Curieusement, l'humaniste Madonna semble manifester peu de sensibilité à la cause animale. En cette période précise, la situation mondiale cristallise l'essentiel de son attention. Juste après les fêtes de fin d'année, Madonna est repartie à Los Angeles afin de finaliser son nouvel album qu'elle veut offensif.

« Mes chansons reflètent mon état d'esprit actuel. J'ai l'impression de me réveiller d'un rêve. Elles vont de la consternation et de la colère à la joie et la certitude. Avec optimisme, j'ai pris ce qui était personnel pour le rendre universel [5]. »

Structurée autour d'une rythmique techno complexe, à la façon de « Music », la chanson « American Life », celle qui exprime son rejet de ce qu'est devenue la civilisation américaine, s'envole vers un refrain mélodieux enrobé de quelques arpèges de guitare acoustique avant de replonger dans un couplet agressif, et de se terminer sur un rap inattendu…

« Nous avions enregistré toute la chanson avec une fin instrumentale assez longue. Mirwais a dit : "Tu sais quoi, tu devrais y retourner et rapper." J'ai pensé : "A d'autres ! Je ne sais pas rapper." Ce à quoi il m'a répondu : "Mais si tu peux le faire, vas-y et fais-le!" Je n'avais rien planifié, rien écrit, il m'a juste dit de laisser faire ma conscience, quelle que soit la chose qui me venait à l'esprit. Comme je buvais tout le temps du lait de soja dans le studio et que je condui-

---

[5] Document promotionnel de Warner diffusé le 12 mars 2003.

sais ma Mini Cooper, je me suis dit que j'allais parler de ce genre de choses que j'aime. J'y suis allée en improvisation totale. Evidemment, au début c'était n'importe quoi, puis j'ai exprimé mes pensées, j'ai écrit ce que je disais puis je l'ai retravaillé sur le rythme. »

En fin de morceau, Madonna va jusqu'à lâcher les mots « Fuck it ! », envoyant par-là même tout cela au diable. Pour le clip de la chanson, elle fait appel au suédois Jonas Akerlund, qui a déjà réalisé celui de « Ray of light ». Elle entend profiter de l'occasion pour se livrer à un plaidoyer sans concession contre la façon d'opérer d'une certaine Amérique quotidiennement abreuvée par CNN d'un message de peur. Pour mieux ponctuer son message d'opposition à la guerre, elle s'est fait filmer en uniforme militaire et entend montrer l'abjection d'une telle aberration.

Si l'album reprend la formule qui a si bien réussi à la chanteuse dans *Music*, il montre d'autres facettes et d'autres explorations. Ainsi, sur le final de la très belle ballade folk « Nothing Fails », elle est rejointe sur le refrain par une chorale de gospel londonienne, the London Community Gospel Choir. À propos de la chanson « Easy Ride », elle déclare : « J'aime l'image d'un cercle, parce qu'il n'y pas de début ni de fin. Pour moi, il représente l'immortalité et c'est l'essence de l'art. [6] »

Dans la mesure où elle s'est teint les cheveux d'un noir de jais, Madonna connaît une légère mésaventure alors qu'elle vient chercher sa fille Lourdes à la sortie d'une école de Los Angeles. L'un des parents d'élèves, habitué à la voir en blonde, ne la reconnaît pas. Il a l'impression qu'une autre femme est en train de kidnapper Lourdes !

---

[6] MTV, avril 2003.

Dès le 10 février, le bruit circule que le clip de « American Life » serait un véritable brûlot. Sur les sites Internet qui suivent de près l'actualité de la madonne, il se dit que le film ferait apparaître des images de victimes de guerre démembrées, des bébés ensanglantés... Madonna serait-elle en train de s'opposer à un Président américain que peu osent pourtant attaquer d'une manière frontale dans une Amérique sous tranquillisants ? Une fois de plus, l'attachée de presse, Liz Rosenberg, se voit contrainte de montrer au créneau pour clarifier le propos :

« Le clip de Madonna s'oppose à la guerre, mais son objectif, comme souvent chez elle, est avant tout d'être provocant. Il traite de nombreux autres sujets et je ne dirais pas qu'il est spécifiquement anti-Bush. »

Le 14, c'est à Madonna elle-même d'apporter une mise au point.

« J'ai énormément de chance d'être une citoyenne américaine et ce, pour plusieurs raisons. L'une d'elles, c'est qu'il m'est possible de m'exprimer librement, principalement dans mon travail. J'ai vu qu'il y avait eu des comptes rendus dans la presse concernant mon futur clip pour *American Life,* la plupart sont faux. Je ne suis pas anti-Bush. Je ne suis pas pro-Iraq. Je suis pour la paix. J'ai écrit cette chanson et réalisé un clip qui exprime mes pensées sur notre culture, nos valeurs et les illusions qu'entretiennent de nombreuses personnes sur le rêve américain, perçu comme une vie idéale. En tant qu'artiste, j'espère aider à la réflexion et au dialogue. Je n'espère pas que tout le monde adoptera mon point de vue. Je suis reconnaissante de pouvoir exprimer aussi librement mes pensées, c'est pour moi une façon d'honorer mon pays. »

Huit jours plus tard, des précisions sont apportées de la part de ceux qui ont pu visionner le clip et elles confirment qu'il marquerait une opposition claire aux intentions belliqueuses de la Maison Blanche. On y verrait bel et bien du sang et des corps déchiquetés. À la fin du clip, Madonna, habillée en soldat, balance une grenade au milieu d'un défilé de mode déjanté, dans lequel des mannequins haut perchés et filiformes promènent des jambes coupées devant une assistance à laquelle participent des travestis, des enfants asiatiques et arabes. Ladite grenade atterrit sur les genoux du président Bush (interprété par un sosie) qui la prend et allume un cigare avec avant de la rejeter à son tour.

À une époque où un certain nombre d'artistes américains expriment timidement leur dégoût envers les exactions que prépare l'équipe au pouvoir, Madonna serait-elle prête à lancer l'assaut le plus direct ? Des signes troublants surgissent ici et là. Ainsi, la photo de pochette de l'album la fait apparaître en uniforme de combat révolutionnaire, à la Che Guevara, sur une image en noir et blanc, tandis que son visage est traversé de deux griffes rouges (« C'est la couleur du jugement et les gens me jugent », dit-elle en exégèse).

Les regards sont tournés vers la date du 24 mars, à laquelle doit démarrer la diffusion du clip de « American life ». Pourtant, plusieurs événements troublants perturbent le calendrier prévu par l'artiste.

Le 9 mars, le groupe féminin les Dixie Chicks se trouve à Londres devant un public majoritairement hostile à la guerre. La chanteuse Natalie Maines croit bon de déclarer : « Juste pour que vous le sachiez, nous avons honte que le président des USA soit du Texas ! » La petite phrase traverse l'Atlantique, est amplifiée par les journaux et bulletins télévisés, et entraîne des réactions dignes des pires moments de l'histoire des USA, de nombreuses radios boycottant les Dixie Chicks. Les ventes du dernier disque du groupe,

Home, s'effondrent aussitôt, passant de 124 000 exemplaires par semaine à 33 000. Un tel revers de fortune vis-à-vis d'un trio jusqu'alors ultra-populaire a de quoi refroidir certaines ardeurs. Il s'avère qu'en cette époque, le Président jouit encore d'une immense popularité auprès d'une population soumise au matraquage des médias.

Le tournant majeur s'opère le 20 mars, date à laquelle l'attaque des Etats-Unis sur l'Iraq a officiellement lieu, le Président ayant décidé de passer outre les objections de l'ONU.

Dès le lendemain, Liz Rosenberg annonce qu'un certain nombre de scènes du fameux clip « American Life » vont être tournées de nouveau, le début des hostilités rendant leur diffusion inopportune dans ce nouveau contexte :

« Certaines scènes rappellent cruellement ce qui se passe en ce moment. Madonna est sensible aux événements qui secouent actuellement le monde et il y aura donc quelques modifications mineures. Ce qui pouvait apparaître comme fondé il y a encore deux semaines, doit être changé. »

En attendant cette nouvelle édition du clip, sa diffusion télévisée est reportée.

Dès son apparition sur les ondes, la chanson « American Life » suscite la polémique. En cette période où une partie de l'Amérique resserre les rangs et se déchaîne en patriotisme, la chanson se voit fustigée par un grand nombre de médias. La chaîne musicale MTV, pour sa part, annonce son intention de ne diffuser aucun clip traitant de la guerre ou de sujets similaires, en raison du conflit qui sévit au même moment en Iraq.

En cette fin mars 2003, il règne un étrange climat aux Etats-Unis, avec une population qui a choisi de se réfugier majoritairement derrière son Président, et des médias qui se comportent en chiens de garde (certains présentateurs feront plus tard leur *mea culpa*). Durant de nombreuses semaines, il ne fait pas bon manifester ouvertement son opposition à ce qui apparaît comme un consensus national qui échappe alors à l'analyse rationnelle. Dépassée par les événements, Madonna se voit contrainte de mettre de l'eau dans son vin. Au cours des journées qui suivent, vêtue de manière classique, en tailleur et chemisier, comme pour mieux donner d'elle-même une image rassurante, elle multiplie les déclarations télévisées et commentaires, chaque intervention allant dans le sens d'un apaisement. Le clip s'oppose avant tout à la guerre en tant que telle et s'il recelait un message vis-à-vis du Président, c'était de l'inciter à renoncer à son projet d'invasion...

Lorsque Madonna apparaît dans l'émission *Entertainment Tonight*, elle recentre le discours musclé de son single dans une perspective plus large, celui d'une prise de conscience de nature religieuse. Elle explique qu'elle a eu de nombreuses révélations personnelles suite à l'étude qu'elle a effectuée de la Kabbale. Elle donne aussi quelques clés quant à la chanson « American Life », et à son fameux clip, dont le message, comme à l'accoutumée, aurait été mal interprété.

« Ce que je dis, c'est que nous ne pouvons pas nous cacher éternellement. Nous devons cesser de nous amuser avec toutes ces notions superficielles qui nous entourent : le jeu, les défilés de mode, la beauté, le glamour... Nous pouvons essayer de nous distraire autant que nous le voulons, mais l'horreur de la réalité n'est jamais loin et il est dur d'essayer de l'oublier. Le chaos ne s'arrêtera que si nous cessons de nous contenter de telles distractions afin de nous concentrer sur ce qui est important. »

Dans le quotidien *USA Today*, elle poursuit l'explication de texte :

« Je peux vous dire que la célébrité et la fortune ne sont pas aussi sensationnelles qu'on le croit. Nous vivons dans une société qui ne semble donner de l'importance qu'aux choses physiques et éphémères. Les gens feraient n'importe quoi pour apparaître dans les émissions de télé-réalité ou ces grands castings de la télévision. »

« Je ne suis pas en train de me plaindre et de dire "C'est nul d'être riche et célèbre", je n'échangerais pas ce que j'ai. Je ne pense pas avoir atteint la cime de l'iceberg, il me reste énormément de choses à faire et à accomplir. J'étais très ambitieuse, bosseuse et directive, j'ai possédé toutes les belles choses que je désirais. Je sais maintenant que ma raison d'être ici n'est pas d'être tout en haut de la liste. [7] »

Sur MTV, Madonna déclare qu'elle a voulu s'exprimer sur le rêve américain mais que le moment d'en parler n'était pas adéquat. Elle raconte que le clip a fait l'objet d'un travail de plusieurs mois et qu'au moment où il a été démarré, elle et son équipe ignoraient que les événements allaient évoluer ainsi.

« C'est devenu un véritable court-métrage. La version originale durait près de dix minutes. Il y avait des pauses où la musique s'arrêtait et ou l'on voyait des courses-poursuites de voitures et des conversations, et cela continuait après la fin de la chanson. Puis nous avons réalisé que nous avions été un peu trop loin. Alors nous avons dû le remanier. »

À propos de la guerre elle-même, Madonna se positionne essentiellement comme pacifiste. « Je suis effrayée par ce qui se passe comme tout le monde. La guerre est l'expression de nous-mêmes. J'essaye de faire passer un message,

---

[7] *USA Today*, 19 avril 2003.

si nous voulons la paix et l'amour alors il faut faire en sorte que ça arrive. »

Le présentateur de MTV ne manque pas d'interroger Madonna sur la fameuse fin du clip originel où elle lance une grenade qui est rattrapée par le président : « La personne qui l'attrape tient alors quelque chose qui est violent et destructeur et l'envoie ailleurs pour éviter le carnage. C'est mon espoir d'un changement, pas seulement pour cette guerre mais pour toutes les guerres. J'espère faire comprendre que les soldats qui sont partis là-bas sont en chair et en os. Ce sont de vrais individus, et mon soutien va vers eux. J'aimerais qu'ils puissent tous rentrer sains et saufs. »

Pourquoi avoir choisi le cadre d'un défilé de mode ? « Parce que c'est le modèle même de la superficialité. La mode est amusante et je la respecte, mais au final, les gens prennent ça trop au sérieux. C'est une constatation de notre obsession du monde de l'illusion. »

Madonna se voit aussi questionnée sur l'une des phrases où elle affirme qu'elle n'est « ni chrétienne ni juive » : « Je dis juste que je ne veux pas être identifiée à une religion précise, car dire que l'on est blanc ou noir ou chrétien ou juif, c'est avoir une pensée fragmentée. Et parce que nous avons des pensées fragmentées, nous avons des guerres, nous ne voyons pas les autres comme des prolongations de nous-mêmes, comme l'humanité. C'est le plus grand concept auquel je crois. [8] »

Lors d'une autre émission, *Access Hollywood,* Madonna revient sur la séquence de la grenade qui se transforme en briquet dans les mains du président. Elle affirme alors qu'elle n'est pas anti-Bush et qu'elle se veut juste « ironique et impertinente. » « En montrant le changement d'une arme de destruction comme la grenade en quelque chose d'inof-

[8] MTV, avril 2003

fensif, je manifeste mon désir de trouver une alternative à la guerre. »

Le coup de théâtre intervient le 1ᵉʳ avril. Sur son site Web, la chanteuse fait savoir qu'elle a purement et simplement annulé dans son intégralité le vidéoclip de « American Life » par respect pour les forces américaines qui se battent en Iraq.

« Il a été tourné avant le début de la guerre et le moment n'est plus approprié. »

Le clip ne sortira pas davantage en DVD et paraît donc destiné à l'oubli (il aura tout de même été diffusé à la sauvette par certaines télévisions européennes). Certains médias ne manqueront pas de s'interroger sur cette prudence inaccoutumée de la part de celle qui n'a jusqu'alors pas hésité à aller jusqu'au bout de ses idées, quitte à choquer. La chanteuse Shakira dira même que Madonna serait une femme dépourvue de caractère pour avoir reculé ainsi. Il se pourrait simplement que les temps aient bien changé dans la vieille Amérique...

Le single sort officiellement le 22 avril, après avoir fait l'objet d'une pré-vente sur le site Internet de la chanteuse. Sa diffusion est boycottée par plusieurs stations de radio américaines en raison de l'opposition que l'artiste semble manifester vis-à-vis de la guerre en Iraq, en dépit de ses nombreuses interventions depuis un bon mois pour adoucir son discours. Il semble que le grand public soit pour sa part plus clairvoyant car le single entre à la 4ᵉᵐᵉ position des ventes aux USA. Quant à l'album, il fait l'objet de pré-commandes considérables, augurant d'un nouveau triomphe. En conséquence, le discours de Madonna se fait légèrement plus offensif lorsqu'elle se produit sur la chaîne musicale VH1 le 16 avril.

« C'est ironique… Nous nous battons pour la démocratie en Iraq alors qu'en fin de compte nous n'en avons pas ici. Celui qui s'exprime contre la guerre ou contre le Président est puni. Ce n'est pas de la démocratie mais de l'intolérance. Tout le monde a le droit d'avoir sa propre opinion, pour ou contre, c'est ce que nos droits constitutionnels sont supposés nous donner : être libre de s'exprimer et d'exprimer sa différence d'opinion le cas échéant. »

La popularité de Madonna a admirablement survécu à l'épisode du clip. Écoulé à 240 000 copies dès la première semaine, l'album *American Life* est très rapidement n°1 dans 18 pays du monde, à commencer par les USA. Là où il n'est pas encore en tête des ventes, il s'en rapproche à grande vitesse.

Ragaillardie, Madonna ne manque pas de rebondir sur les errances du système de valeurs américain. Elle déclare ainsi qu'elle n'est pas sûre que l'on a fourni à l'opinion américaine toutes les informations. « Je pense que notre presse a été complètement manipulée. » Elle se maintient ainsi dans une position d'intellectuelle philosophe qui soulève certaines questions, tout en conservant une tranquille modération.

L'attaque en règle n'a pas eu lieu. La nouvelle version du clip de « American Life » est une énorme déception pour ceux qui ont eu l'heur de voir l'original sur certains sites Web européens. Habillée à la manière d'un soldat, elle déclame sa chanson tandis que derrière défilent les divers drapeaux du monde (le clip se termine par une image du drapeau américain). Tourné à la va-vite, il demeurera dans l'histoire de la chanteuse comme le clip le plus ordinaire auquel elle n'ait jamais participé.

« Hollywood » est le single prévu pour accompagner l'été. La réflexion porte à présent sur la futilité de la capitale mondiale du cinéma. Madonna peut désormais véhiculer un message, qui tout en demeurant aigre sur la civilisation américaine porte avant tout sur l'univers du septième art. « Hollywood est la cité des rêves et de la superficialité. C'est un lieu où l'on oublie très vite les choses qui sont réellement importantes dans la vie. À Hollywood, vous pouvez faire l'impasse sur votre mémoire et votre vision du futur. Vous pouvez tout perdre car vous vous perdez vous-même. »

Madonna a négocié le virage avec maîtrise, réussi à s'attirer la sympathie des intellectuels sans s'aliéner l'essentiel de son public, fondamentalement peu attiré par les débat d'idées. D'ailleurs, comme si elle voulait faire remarquer qu'au fond, elle parle un peu d'elle-même lorsqu'elle décrit un tel système, elle a choisi de porter pour l'occasion pour 20 millions de dollars de joaillerie : un bracelet jadis porté par l'actrice Mae West et divers bijoux ayant appartenu à Ginger Rogers et Jean Harlow.

Et comme l'image demeure primordiale, sur ce même clip, Madonna ne manque pas de faire admirer des jambes que bien des jeunes premières lui envieraient. Et dévoile une souplesse extraordinaire pour une quadragénaire dont le physique est clairement en décalage avec son âge réel. Si une fois de plus, elle se distingue par des coiffures inventives, elle surprend tout autant par une énergie aussi intacte qu'à ses débuts.

Que reste-t-il de cette période où la chanteuse a voulu endosser la tenue d'une rebelle sur un terrain plus vaste que celui de la libération sexuelle, son ancien cheval de bataille ?

Un certain regard, une attitude personnelle qui, à défaut d'être intense, se veut conséquente. À l'automne 2003, en prévision de l'élection présidentielle, elle apporte son soutien à un candidat démocrate, l'ancien général Wesley Clark devenu un ardent pacifiste... Une façon comme une autre d'affirmer une fidélité aux idées qu'elle embrasse désormais. Avec la sincérité d'une bourgeoise éclairée, sûre de son fait.

La chanteuse
de tous les records

« Il n'y a absolument rien dans le monde matériel ou physique qui puisse vous apporter le bonheur. La seule qui compte est la façon dont vous traitez les gens et l'amour. [1] *»*

« Je voudrais m'impliquer pour faire que la Terre soit un meilleur endroit pour vivre. Je veux me montrer plus concernée par l'humanité. Il n'y a qu'une chose qui perdure, c'est notre âme. Si vous n'y prêtez pas attention, rien ne pourra la racheter. Je veux m'impliquer davantage dans la paix dans le monde. Je peux écrire de belles chansons, faire de fabuleux films ou jouer les *fashions victim* et conquérir le monde, je le peux. Mais s'il ne reste plus de monde à conquérir, à quoi bon ? [2] »

Qu'on le déplore ou que l'on s'en réjouisse, Madonna est devenue prêcheuse. Avec sans nul doute, candeur et authenti-

---

[1] ABC, mai 2003.
[2] *Daily Mirror,* 10 octobre 2002.

cité. Un grand nombre d'actions auxquelles elle se prête vise à apporter son soutien au mouvement de la Kabbale, à cet enseignement qu'elle assimile à un « manuel de vie ». Plus les mois passent et plus il devient rare de lire ou d'écouter une interview de celle qui jadis prônait la liberté sexuelle, sans qu'il ne s'y soit glissé quelques réflexions profondes sur la vie, et les bienfaits qu'elle dit tirer de la pratique de sa nouvelle philosophie.

Il semble que ce soit l'actrice Elisabeth Taylor qui lui ait fait connaître cette interprétation mystique des textes de l'Ancien Testament au printemps 1997. L'approche de la maternité avait transformé Madonna et l'avait amenée à se poser des questions fondamentales sur l'existence.

« J'ai commencé cette recherche alors que j'étais enceinte de ma fille parce que j'ai soudain réalisé que j'allais être déterminante dans la vie d'un autre. »

Si l'incidence d'un tel enseignement s'est fait sentir de façon légère dès l'album *Ray of light*, il est progressivement apparu qu'il prenait une place prépondérante dans sa vie. Madonna l'indomptable a cédé place à Madonna l'avisée. Elle conserve certes son franc-parler et peut montrer les dents si elle estime que le contexte le justifie. Ainsi, en février 2001, elle se fait publiquement l'avocate du rappeur Eminem affirmant :

« J'aime le fait qu'Eminem soit agressif, en colère et politiquement incorrect. Au moins, il a une opinion, il provoque la discussion, fait réagir les gens. Il reflète la société actuelle. C'est ce que l'art est supposé accomplir. »

Au passage, elle prend la défense du langage vulgaire qu'emploie Eminem et demande où est le problème : « Je trouve le langage de G.W. Bush bien plus choquant ! »

Progressivement, on se rend cependant compte que la Madonna des années 2000 est différente. Elle cite spontanément *L'Alchimiste* de Paulo Coehlo comme son livre préféré, prône un message d'amour au sens large, de paix et d'hymne à la famille, et même un apparent détachement envers la fortune. Des mots qui pourraient paraître déplacés dans la bouche de celle que le *Sunday Times* a désigné en novembre 2002 comme la femme la plus riche d'Angleterre, s'ils n'étaient prononcés avec franchise et intelligence et accompagnés d'actes s'inscrivant dans une pareille ligne de conduite :

« Chaque personne, sur la planète, vit dans une sorte de bulle, cernée par une pensée programmée selon laquelle nous devons tous posséder un certain nombre de richesses pour être considérés comme quelqu'un de bien. (...) Notre job est de nous frayer un chemin dans le monde tout en comprenant que la seule chose qui compte c'est notre état d'esprit et c'est très dur parce que je suis dans le domaine du divertissement, qui est fondé sur l'illusion et les choses physiques. [3] »

Vingt ans après ses débuts, Madonna aligne sur son chemin une série impressionnante de records en tous genres. Ils se sont accumulés au fil des disques et des tournées et continuent d'être son lot en ce début de millénaire. Avec une fréquence telle qu'ils ont cessé d'impressionner…

Le 27 septembre 2002, elle a été élue la femme la plus importante de l'histoire de la musique, rien de moins, par les spectateurs de la chaîne musicale VH1. Sur les sept cent cinquante mille personnes qui ont participé au vote, 17 % lui ont accordé leurs suffrages, la plaçant devant Kylie Minogue, Céline Dion, Whitney Houston et Aretha Franklin. À cette époque, elle a déjà vendu 140 millions de disques.

---

[3] *USA Today*, 19 avril 2003.

En août 2003, l'album *Immaculate Conception* a célébré sa 400ème semaine dans le classement *Billboard 200*.

Le Guiness Book des records publié à la fin de cette même année fait ressortir qu'elle a classé 44 singles dans le top 40 américain.

Il suffit que Madonna participe à un événement particulier pour que celui-ci en ressorte bonifié. Elle a ainsi figuré dans un épisode de la série *Will & Grace*, attirée par la possibilité de mettre en avant son côté comique. Le soir de sa diffusion, à la fin avril 2003, le feuilleton a réalisé la meilleure audience de la soirée.

La liste pourrait se prolonger sur des pages et des pages. Coutumière du fait, Madonna semble n'avoir plus rien à prouver. Elle a été distinguée en tant que chanteuse, en tant qu'actrice, en tant qu'auteur de chansons, célébrée pour la qualité de ses shows, son talent de danseuse. Elle a même eu suffisamment de clairvoyance pour détecter le potentiel d'Alanis Morrissette et l'accueillir sur son label Maverick. Battre des records est devenu habituel et Madonna n'y trouve plus son compte. Il existe certes un plaisir à défier le temps et à conserver son nom au zénith, mais il ne pourrait suffire à la satisfaire. Tout comme un peintre traverse des périodes au cours desquelles son art peut changer radicalement, Madonna est passée à une autre phase.

Le bonheur qu'éprouve Madonna dans sa nouvelle vie d'épouse et de mère est immense, sur de nombreuses photographies où elle est capturée à son insu, elle apparaît radieuse. Comme si, après un parcours long et escarpé, elle était parvenue sur un plateau. La conjugaison de ce bien-être familial et de ce qu'elle dit avoir découvert au travers de sa philosophie a tissé une nouvelle personnalité, plus épanouie. Elle peut d'autant mieux jouir de cette félicité qu'elle revient de loin. Certains des dérapages qu'elle s'est autorisée auraient pu lui être fatals et elle a eu le mérite de redresser la barre juste avant de heurter les écueils. À son actif, elle peut s'enorgueillir, ce qui la différencie de nombreux artistes de sa génération, d'avoir été totalement imperméable au piège des paradis artificiels. Sa constance dans l'exercice physique lui a par ailleurs permis de conserver une prestance physique si forte qu'une présentatrice de télévision dira qu'en regardant d'un œil distrait cette quadragénaire arriver sur le plateau, elle a eu l'impression fugace de voir débarquer une fille de seize ans...

La nouvelle Madonna est un curieux mélange. Elle se veut sereine, porteuse de message et réfléchie. Pourtant, quelque chose en elle a conservé l'allure d'une amazone, une propension à briser le consensus. La fille de 14 ans qui s'amusait à aguicher les garçons en montrant sa petite culotte l'espace d'une seconde n'est jamais totalement en sommeil. Elle est donc à l'aise partout où elle se promène, chez les conservateurs comme chez les insoumis. Tous peuvent se l'approprier. Et ses actes témoignent d'une incroyable capacité à se mêler à chacun. La femme la plus célèbre du monde serait-elle un caméléon ?

Madonna aime à exposer ses convictions et ne rate pas une occasion d'évoquer les principes qui lui tiennent à cœur. Lors d'un passage sur MTV, elle peut se lancer dans un exposé comme on en voit peu sur cette chaîne destinée en priorité à un public adolescent...

« Vous, tout comme la personne qui vit à l'autre bout de la Terre, êtes une prolongation de moi. Les sentiments comme l'envie, la jalousie ou toute autre pensée négative que ressent l'humain, reviennent à se détester soi-même. Le pouvoir de vos pensées et de vos mots déterminent votre environnement. »

La religion catholique qui lui a été inculquée lors de l'enfance n'est plus sa tasse de thé. « Plus j'étudie l'histoire des religions et plus je découvre qu'elle est associée à la violence et la destruction et je ne veux pas en faire partie. Ce n'était d'ailleurs pas le but de Jésus. Je crois qu'il a existé, mais est-ce qu'il a fondé une église afin d'annihiler les centaines de millions de gens qui refusent de se convertir au christianisme ? Je ne peux y croire. [4] »

L'épouse de Guy Ritchie a pareillement pris ses distances vis-à-vis du sexe. Elle s'oppose désormais à ce que soit réédité le fameux livre *Sex*, estimant qu'il n'est plus en adéquation avec sa position de mère de famille. Elle ne renie pas pour autant son passé. L'une de ses forces a toujours consisté à assumer ce qu'elle avait fait, écartant tout regret d'un revers d'éventail :

« Je ne m'excuse pas pour ce livre. Il se trouve juste que c'était mon esprit de l'époque. J'étais alors intéressée à enfoncer des portes, à me montrer rebelle et malicieuse, à faire une entorse aux règles établies. Il y avait beaucoup d'ironie dans le livre *Sex*. Je me suis amusée de beaucoup de choses, j'ai fait la folle et l'adolescente. Toute l'idée, c'était que si un homme pouvait le faire, alors pourquoi pas moi ? »

Ceux qui voudraient croire que Madonna la provocante a disparu se trompent pourtant. La tentation de briser certains tabous n'a pas totalement disparu. Elle va resurgir au cours de l'été 2003...

Le printemps a pourtant commencé dans le calme d'un projet débonnaire : Madonna écrivait un livre pour enfants, *Les Roses anglaises*...

---

[4] *Journal du Dimanche*, 28 avril 2003.

Destiné à un public de six à douze ans, le conte auquel elle s'est attelée en compagnie de Guy Ritchie, est le premier d'une série de cinq fables morales basées sur les textes mystiques qu'elle a étudiés. C'est la lecture à Lola d'histoires telles que *Cendrillon, La Belle et la Bête* ou *Blanche-Neige* qui a joué le rôle de déclencheur. Madonna a trouvé que les héroïnes y étaient trop passives !

« Elles ne sont que des faire-valoir, des femmes magnifiques emmenées par des princes qui leur disent qu'ils veulent les épouser, partir avec elles et vivre ensemble pour l'éternité. Je me suis demandée ce que les filles pouvaient bien retirer de ce ramassis de stupidités. [5] »

Madonna la féministe s'insurge de voir qu'une telle image peut ainsi être transmise aux petites filles. Chaque fois qu'elle termine une lecture de cet acabit, elle s'exclame : « Personne ne demande jamais à ces filles ce qu'elles désirent véritablement. »

Elle émet un jugement particulièrement sévère à l'égard de tels contes qu'elle qualifie de « vides, futiles et mièvres. »

« Il n'y a aucune leçon à en tirer. Personne ne demande jamais à la princesse ce qu'elle pense. Ce sont des livres qui ne servent à rien ! »

Madonna a fait part de son désarroi à son professeur de Kabbale et il lui a suggéré d'écrire ses propres histoires, en s'inspirant de ce qu'elle a appris.

Le thème du premier livre, *Les Roses anglaises* est celui de la jalousie. Quatre jeunes filles âgées de onze ans décident d'exclure de leur cercle d'amies, la solitaire et jolie Binah...

« Quand j'étais enfant, j'ai moi-même été envieuse d'autres filles pour diverses raisons. J'étais jalouse qu'elles

---

[5] *Times*, septembre 2003.

aient une mère, qu'elles soient plus jolies ou plus riches. C'est en grandissant que vous comprenez que ressentir de telles choses est une perte de temps. Ce n'est qu'en devenant célèbre que j'ai compris le vide qu'il y avait autour de moi. J'étais mal à l'aise, je ne me sentais pas à ma place à l'école. Je n'étais ni populaire, ni séduisante, j'attendais l'amour et l'approbation de quelqu'un. Ca peut paraître choquant, mais je pense que j'aurais eu davantage confiance en moi si j'avais eu une mère. »

Madonna explique au magazine *Times* que Lourdes connaît une situation similaire à celle de Binah, certains pouvant la rejeter parce qu'elle est la fille d'une star dont on fait des gorges chaudes dans des magazines qu'elle juge stupides.

« Que nous soyons à Los Angeles ou à Londres, les enfants lisent la presse *people*, ils les emmènent en cours et vont voir Lola en disant : "Regarde, il y a une photo de ta mère et de toi." »

Durant l'écriture de *Les Roses anglaises*, Lola est mise à contribution. Chaque fois qu'un chapitre est terminé, elle sert de cobaye. Si elle garde les yeux grands ouverts durant la lecture, le texte est conservé. Si elle manque d'enthousiasme, Guy et son épouse jugent alors préférable de le réécrire.

« Lola a été fort impliquée dans le processus de création. Elle me disait si l'histoire devenait ennuyeuse. Elle m'a aussi aidé à choisir les illustrations et m'a conseillé concernant les activités que les filles pouvaient pratiquer en se basant sur ses loisirs favoris. »

La sortie de *Les Roses Anglaises* est attendue pour la rentrée 2003.

Madonna a-t-elle tiré un trait définitif sur ses années troubles ? On pourrait être tenté d'y croire lorsqu'on l'observe le 22 août, chantant quelques chansons accompagnées à la guitare lors de la célébration de l'anniversaire du Rabbi Yehuda Berg, fondateur du centre de Kabbale qu'elle fréquente, et en la voyant danser sur du Sinatra. Et pourtant, six jours plus tard, la chanteuse va susciter la stupeur d'une façon totalement inattendue.

La scène se passe au cours des *MTV Video Awards,* alors que 11 millions de téléspectateurs sont devant leur poste. Britney Spears s'extrait d'un gâteau de mariage. Habillée en robe de mariée, elle interprète « Like a virgin », imitant en cela la surprenante prestation de Madonna en 1984.

Depuis que Britney Spears la jeunette s'est imposée auprès du public, et a semblé vouloir dérober à Madonna son titre de reine de la pop, cette dernière a témoigné d'attitudes diverses à son égard. En novembre 2000, lors d'un concert, elle portait un T-Shirt avec la mention « Britney Spears». Un mois plus tard, elle s'est montrée caustique, clamant : « Je n'ai rien contre le fait que Britney se fasse appeler la nouvelle Madonna. Mais il en faut davantage que de se déshabiller en public. J'espère qu'elle peut faire plus que cela. » Par la suite, l'aînée a pris la défense de la benjamine et déclaré qu'elle trouvait agaçant que certains cherchent à casser Britney Spears : « Je ne peux que l'encourager, faire son éloge et lui souhaiter le meilleur. » En réalité, les deux chanteuses ont appris à se connaître et à s'apprécier mutuellement. Au point de pouvoir tramer ensemble une surprise publique.

En ce soir du 28 août 2003, tandis que Britney se trémousse sur « Like a virgin », elle est rejointe par une autre nouvelle star, Christina Aguilera, pareillement habillée en mariée. Toutes deux se délestent de leur robe blanche et ne conservent bientôt que leurs sous-vêtements d'une même couleur laiteuse.

Quelques accords de guitare succèdent à des cris d'oiseau, en introduction à la chanson « Hollywood ». Tandis que Britney et Christina continuent de danser, c'est au tour de Madonna de sortir du gâteau. Habillée de noir, elle descend l'escalier et rejoint ses consœurs, déposant au passage son chapeau sur la tête de Britney avant d'enlever sa cape. Madonna est fière, dominatrice et racée. Comme on l'aime, d'une certaine façon.

La madonne de la *dance music* s'agenouille et entreprend de défaire la jarretière de ses coéquipières. Puis, c'est au tour de Britney, faussement angélique, de se placer à ses pieds, comme une victime expiatoire. Elle se relève soudain et Madonna l'embrasse sur la bouche d'une manière franche et intense, ce à quoi elle se prête de bon cœur. Le public est visiblement sous le choc, tout au moins les spectateurs que la caméra met en évidence, comme Justin Timberlake, l'ex-boyfriend de Spears, qui paraît interloqué. Entre-temps, Madonna s'est retournée vers Christina Aguilera et a renouvelé ce franc baiser langoureux.

Avant que les spectateurs aient eu le temps de reprendre leur souffle, une autre invitée, Missy Elliott vient rejoindre les trois filles et partager l'exultation. Elle est vêtue à la manière d'une prêtresse, qui serait venue marier les ingénues.

Une certaine Madonna est de retour et pour un peu, on en redemanderait… La séquence du baiser fait couler beaucoup d'encre et devient par la force des choses l'événement de la soirée.

Comme à son habitude, celle qui a suscité les clameurs voudrait faire croire qu'il ne s'est rien passé de particulier. « Cela s'est fait dans l'innocence et la gaieté et je ne comprends pas pourquoi les gens n'arrêtent pas d'en parler. » Avec un art éprouvé de la naïveté calculée, Madonna insiste une fois de plus pour donner son interprétation de ce qui provoque beaucoup de bruit pour rien. « Il s'agissait juste d'un commentaire espiègle et ironique sur le baiser qu'échangent le jeune marié et la jeune mariée. J'avais mes deux mariées, Britney et Christina, et les ai donc embrassées toutes les deux. »

Aguilera révèle que la chose a été préméditée, et qu'elles ont répété plusieurs fois cette séquence. « Britney était intimidée au début, Madonna l'a beaucoup poussée en lui disant : "Britney, Embrasse-moi, embrasse-moi." [6] » Elle ajoute que la chanteuse a des lèvres douces et que son baiser est tendre.

Pour sa part, Britney déclare qu'elle n'avait jamais embrassé de femme auparavant et qu'elle ne pense pas le refaire « sauf si c'est avec Madonna. »

« J'étais nerveuse, je pensais "Mon Dieu, ma mère va voir ça !" Mais elle a aimé. Et mon père, étrangement, a aimé aussi. C'est Madonna tout de même ! Si vous devez embrasser une seule fille sur Terre, ça ne peut être qu'elle. J'étais nerveuse et intimidée par le simple fait de me trouver à ses côtés, elle a une telle aura... Je suis une personne timide dans la vie, et j'étais encore plus intimidée ; je n'étais pas moi-même. Je n'étais pas la Britney sûre d'elle. Ce n'était pas mon idée. [7] »

---

[6] *New York Daily News*, 1er septembre 2003.
[7] *Access Hollywood*, 5 septembre 2003.

Madonna rendra la faveur à Britney en apparaissant dans la chanson et le vidéoclip de « Me against the music » de sa jeune consœur, lançant à celle-ci : « Hey Britney, come on and loose control » (Hey Britney, laisse-toi aller !). La blonde nymphette confiera qu'elle puise une partie de son énergie en Madonna.

À partir de la rentrée, c'est la Madonna assagie que l'on retrouve sur le devant de la scène médiatique. Le livre de 48 pages, *Les roses anglaises*, sort simultanément dans une centaine de pays et en 42 langues (une première mondiale). Pour l'occasion, elle se livre à des lectures devant des groupes d'enfants. Lors de la conférence de presse à Paris au Ritz, elle dit n'avoir jamais ressenti autant de plaisir qu'en écrivant son livre et qu'elle ne l'a fait ni pour le succès ni pour l'argent mais pour une seule motivation : « Partager quelque chose que je connaisse avec des enfants. »

Le succès auquel elle est abonnée répond présent, une fois de plus. Dès son premier jour de vente, *Les Roses anglaises* se vend à 80 000 exemplaires, épuisant le tirage originel. En une semaine, 1,4 millions d'exemplaires sont écoulés au niveau mondial ! Jamais auparavant un livre pour enfants ne s'était vendu aussi rapidement.

Le deuxième livre, *Les pommes de Mr Peabody,* sort le 10 novembre et à la fin du même mois, il est à son tour en tête des ventes...

L'annonce qui est publiée en février 2004 dans des journaux de Los Angeles est sans équivoque : « Les danseurs doivent accepter de couper leurs cheveux ou de modifier leur coupe d'une manière radicale. » Les auditions sont censées démarrer un mois plus tard en vue d'une tournée prévue pour mai. Elles ont finalement lieu à la fin février, et amènent les postulants à faire état de leurs prouesses sur un *remix* de la chanson « Hollywood ». S'il faut faire vite, c'est parce que la chanteuse, fidèle à elle-même entend démarrer les répétitions dès le 8 mars. À la date indiquée, les danseurs doivent pointer à 7 heures 30 du matin et demeurer jusqu'au soir, six jours sur sept. Elle-même passe une douzaine d'heures par jour à répéter le show *Re-Invention Tour* sa nouvelle tournée qui démarre à la fin mai.

Le concept est celui de l'émergence d'un rêve et du retour progressif à la réalité. Le spectacle est réparti selon quatre tableaux : Rêves, Indulgence, Chute et Illumination. Pour la première fois depuis quatorze ans, un cinéaste filme la chanteuse et va la suivre jusqu'au dernier jour de la tournée. Il s'agit de Jonas Akerlund, le réalisateur des clips de « Ray of light » mais aussi de la première version non diffusée de « American Life ». *Re-Invention Tour* a pour particularité d'amener Madonna à revisiter en partie son répertoire ancien. La chanson « Vogue » a été modifiée afin d'accueillir les noms de quelques stars du moment :

Britney Spears and Minogue,
Aguilera and J. Lo,
Jessica Simpson,
Avril Lavigne...

Plusieurs fidèles sont mis à contribution, qu'il s'agisse de Jean-Paul Gaultier comme du DJ français Stuart Price. Parmi les nouveaux venus figure Calum Fraser qui a joué de la cornemuse lors du mariage de Madonna en Écosse !

Durant le concert, Madonna surprend encore et toujours par la souplesse physique dont elle continue de faire preuve, allant jusqu'à se placer à l'envers sur les mains ou faisant le grand écart avec aisance. Riche en surprises, le spectacle l'amène à se faire « griller » sur une chaise électrique ou à manipuler un fusil sur « American Life » tandis qu'en toile de fond des images du front des hostilités dénoncent le conflit avec son lot d'innocents blessés. Durant la chanson « Die another day », des radiographies médicales défilent sans que l'on sache exactement pourquoi. À d'autres moments, l'ambiance est plus festive présentant trapézistes, acrobates, skate-boardeurs, jongleurs de feu et une Madonna qui se contorsionne sur un tapis roulant. Une séquence émouvante la voit prendre sa guitare pour interpréter « Imagine » de John Lennon sur des vidéos montrant des enfants africains affamés ou malades. Vers la fin du show, elle interprète « Into the groove » accompagnée de musiciens et danseurs en kilt écossais.

Avec 55 dates à guichets fermés, *Re-invention Tour* rapporte 125 millions de dollars et place une fois de plus Madonna au premier rang, cette fois-ci dans la catégorie des tournées, devant Prince et Shania Twain.

Il en est ainsi. Madonna se veut philosophe et se plaît à révéler au monde une face altruiste, grandiose et idéaliste. Elle n'en demeure pas moins une star, avec ses excès et ses caprices. Pour sa participation aux *NRJ Music Awards* de janvier 2004, en compagnie de sa nouvelle amie Britney Spears, elle avait exigé un jet privé, des chambres pour toute son équipe dans un palace de Cannes, soit une facture de 3 millions d'euros pour un séjour de 48 heures.

Le même mois, un magazine de 52 pages lui avait été consacré. Dans l'introduction, elle s'était livrée à une confidence qui lui ressemblait bien :

« À chaque fois que j'atteins un sommet, j'en vois un nouveau à atteindre. Comme si je ne pouvais jamais m'arrêter. Peut-être devrais-je rester et admirer la vue mais cela m'est impossible. Il me faut toujours continuer. Je veux gouverner le monde. Pour quelle raison ? Je n'en sais rien. J'ignore ce qui me motive, je sais juste que je dois le faire. »

Madonna est Madonna et sera toujours Madonna...

- 15 -

Sur une piste de danse

« Ma vie est faite de réunions avec des hommes en costume. Je les adore car je sais qu'ils viennent d'avoir une semaine très ennuyeuse. Moi, j'arrive là avec mes caleçons orange en velours, je laisse tomber du pop-corn dans mon décolleté puis je vais à la pêche pour le retrouver et le croquer. J'aime cela. Je sais que je les divertis et je sais qu'ils le savent. »

Il arrive parfois un temps dans la carrière d'un artiste où l'ampleur de la popularité devient surréaliste. Un facteur joue alors son rôle, un élément qui échappe à toute analyse. Il s'appelle la cote d'amour. Pour ce qui est de Madonna, celle-ci a progressivement atteint des sommets qui dépassent l'imagination. Tout au long de sa carrière, une série de choix avisés ont bâti ce capital affectif. Ils ont été renforcés par une évolution personnelle positive, qui a amené de nombreux détracteurs d'hier à l'évaluer sous de nouveaux éclairages, d'autant qu'une certaine frange de la population apprécie ce qui a passé l'épreuve du temps.

Faire briller son étoile par-delà les caprices des années n'est pas à la portée de tous. Parmi les artistes qui ont émergé à la même époque que Madonna, au début des frétillantes années 80, peu ont réussi à tenir le flambeau sur plusieurs décennies. Prince et Michael Jackson n'ont pas maintenu la barre avec suffisamment de force pour rester dans le cœur de tous. Les groupes comme Dire Straits ou Police ont disparu et leurs leaders sont en retrait de la scène musicale innovante. Seul U2 a tenu bon contre vents et marée, améliorant même le niveau de sa production discographique. Si U2 et Madonna apparaissent comme les survivants majeurs des glorieuses années 80, la Ciccone est la seule qui ait bâti un mythe et puisse être comparée à ceux qu'elle évoque dans « Vogue », les Fred Astaire, Grace Kelly, Dietrich et DiMaggio…

Guy Ritchie a beau être l'homme de sa vie, il arrive que le couple traverse quelques embrouilles. Elle-même, en dépit du travail qu'elle effectue au niveau philosophique ne parvient pas toujours à contenir ses accès de colère. Un jour, ils s'étaient tant disputés que Madonna, excédée, a sauté dans le premier avion pour New York. À son arrivée, surprise, un cadeau de son époux l'attendait : une paire de sandales couleur lavande du designer ultra-mode Jimmy Choo.

« C'est important de savoir dire : je suis désolé ! Cela coupe l'herbe sous le pied parce que les gens ne s'y attendent pas. C'est presque comme dire "Je t'aime" et en tout cas, c'est le meilleur moyen d'arrêter une dispute ou d'empêcher qu'elle se déclenche. Je ne supporte pas qu'un homme parte se coucher sur une querelle. C'est ce que fait Guy et c'est rageant. Il importe d'aller voir l'autre avant de se coucher et de dire : "Tu as raison, je suis désolé". C'est plus écono-mique que d'acheter des chaussures [1]. »

En vérité, Ritchie a son franc-parler et son caractère le porte peu à tenter de maquiller ce qu'il pense sur le moment, quitte à être blessant. Lorsque Madonna lui a présenté son nouvel album *Confessions on a dancefloor*, un retour aux sources du disco des années 70, l'accueil n'a pas réellement été celui qu'elle attendait.

— C'est de la bouse de vache, a lâché Guy.

Peu après, il va jusqu'à sortir de la pièce tant cette musique l'insupporte. Madonna relate la chose avec un certain recul :

« Il préfère la musique irlandaise. »

Le 4 novembre 2004, Madonna se fait construire un studio d'enregistrement dans sa maison campagnarde anglaise afin de pouvoir travailler tranquillement son prochain album. Un disque auquel elle souhaite donner une couleur originale. Mais dans quelle direction aller ? La musique électronique a perdu cette aura d'avant-garde qu'elle dégageait cinq ans plus tôt et s'est banalisée. Aucun mouvement musical novateur n'est à l'horizon. La tendance du moment serait plutôt le retour à la musique des années 80. Seulement voilà… Madonna n'est pas une suiveuse. Son impulsion à elle, serait davantage de créer la mode plutôt que de s'y rattacher. C'est à partir d'un tel constat qu'elle ose un pari fou : remettre au goût du jour le disco de la fin des années 70, tant décrié depuis sa disparition… Des chansons directes comme le voulait l'époque, soutenues par une rythmique actuelle.

Tout démarre par la chanson « Hung up » dont elle écrit le texte en l'espace de cinq minutes alors qu'elle est au

---

[1] *Channel 4*, émission *Richard & Judy*, novembre 2004.

volant de sa Mini. Elle en touche un mot à Stuart Price, le DJ français qui a joué le rôle de directeur musical sur ses deux précédentes tournées et il compose une mélodie autour de ces paroles. Une idée insensée surgit : pourquoi ne pas inclure dans « Hung up » un échantillon d'un tube disco, un gimmick qui serait connu de tous ? Elle penche alors pour celui de la chanson « Gimme, gimme, gimme (a man after midnight) » lancé par le légendaire groupe suédois Abba en 1979.

Un émissaire de Madonna se voit chargé de porter le message à Stockholm, accompagné d'un CD et d'une lettre. Le disque présente la chanson « Hung up » dans laquelle Stuart Price a inclus la fameuse ritournelle d'Abba. Dans la lettre, Madonna explique combien elle adore leur musique et implore Benny Andersson et Bjorn Ulvaeus, les auteurs de « Gimme, gimme, gimme » d'accorder l'autorisation d'usage pour la fameuse séquence.

Andersson et Ulvaeus réservent longuement leur réponse. Ils n'ont jamais jusqu'alors, à une exception près, accordé une telle faveur. Seul le groupe Fugees s'est vu autoriser en 1996 à utiliser un échantillon de « The name of the game » pour l'un de leurs titres, « Rumble in the jungle ».

« Nous recevons tellement de requêtes d'artistes désirant récupérer des extraits de notre musique que nous préférons habituellement les décliner toutes », explique Andersson.

Les deux compères suédois sentent toutefois que cette sollicitation n'est pas commune. Elle provient d'une artiste pour laquelle ils ressentent un immense respect, une brasseuse de hits qu'ils ont toujours adorée, tout comme elle-même affirme qu'en reprenant un peu de « Gimme, gimme, gimme », elle rendrait un bel hommage à Abba. Toute résistance est inutile, comment pourrait-on dire non à Madonna ?

« Nous l'admirons énormément et cela a toujours été le cas. Elle a des tripes et ce n'est pas donné à tout le monde d'être toujours là après 21 années », clame Andersson. Il ajoute toutefois qu'ils n'auraient pas dit oui si la chanson « Hung up » ne leur avait pas plu. Par bonheur, « c'est un super titre. De la pure pop music à 100 % ».

En apprenant qu'elle a le feu vert, Madonna pousse un soupir de soulagement...

« Ils ne laissent jamais qui que ce soit échantillonner leur musique. Ils auraient pu dire non. Dieu merci, cela n'a pas été le cas ! »

L'ensemble de l'album est bâti sur le même principe sonore que « Hung Up » avec une claire tonalité disco. Le mariage des synthétiseurs à l'ancienne, de chœurs chaleureux, de violons attaquant en force et de rythmiques peaufinées sur ordinateur fait merveille, dessinant un pont entre deux époques, restituant une gaieté et une folie de la danse qui ne demande qu'à ressurgir. Si Mirwais intervient sur une chanson, « Future lovers », la quasi-totalité des nouveaux thèmes naît d'une collaboration avec Stuart Price. Sur cet album particulier, pas un seul morceau n'est « down tempo » comme dirait un DJ pour évoquer une chanson plutôt lente. Pas un seul moment de répit n'est accordé à ceux qui vont appuyer sur la touche Play du lecteur de CD et se sentir transportés par une irrésistible envie de remuer leur corps au fil des *beats*. Un titre pour le moins curieux est adopté, avec un brin d'ironie malicieuse de la part de celle qui est autant connue pour ses penchants philosophiques que pour ses prouesses dans la pénombre des clubs : *Confessions on a dance floor* (Confessions sur une piste de danse). Teintée de rose et de pourpre, la pochette montre la chanteuse de dos, au milieu d'un mouvement de *breakdance*, sa chevelure orangée annonçant à elle seule l'extravagance colorée de la période disco.

Le 16 août, alors qu'elle fête ses 47 ans, Madonna reçoit en cadeau de Guy Ritchie un cheval et s'empresse de le monter. Hélas, la créature s'emballe et entraîne une chute mémorable de sa cavalière. Elle s'en tire avec côtes et poignet cassés, une situation embarassante à quelques semaines du tournage du clip de « Hung up ».

La jeunesse du corps n'est pas éternelle. Une artiste qui a fondé une partie de sa carrière sur l'attirance que pouvait déclencher sa plastique, la juvénilité de son allure, la finesse de ses membres sans oublier sa sexualité peut-elle à jamais faire valoir de tels atouts ? Il vient un moment où la nature impose de se mettre en retrait et de changer d'approche. Madonna semble pourtant vouloir reculer à l'extrême ce moment. Depuis des lustres, elle a entraîné son anatomie à simplement obéir à ses désirs, à ses envies, à ses lubies. Elle n'est pas prête de changer...

Une fois remise, Madonna fait appel au Suédois Johan Renck, un vidéaste fort demandé par les stars du rock et de la dance (il a réalisé pour Madonna la vidéo de « Nothing really matters », et œuvré pour Robbie Williams, Kylie Minogue, New Order ou Suede). Renck imagine un scénario complet, à même de mettre en avant combien Madonna est dans son élément parmi ceux qui s'amusent à tout moment à entraîner leur corps dans le délire des mouvements du hip hop, de l'escalade d'immeubles ou des sauts dans le vide...

Dans un studio de danse, la chanteuse débarque, habillée d'une combinaison rose, qui laisse clairement ressortir ses jambes musclées mais fines. Elle allume un poste et commence à s'exercer comme le ferait un athlète à l'aube d'une compétition olympique. Une fois cette mise en forme effectuée, elle se mêle à une série de danseurs qui l'intègrent dans leur équipe improvisée. Eux-mêmes font des prouesses et contorsions époustouflantes, effectuent des sauts périlleux, des figures de breakdance ou de claquettes. Tous se donnent en représentation dans le métro, dans une salle de jeu vidéo, sur une piste baignée de reflets de lumière réguliers évoquant les grandes soirées du disco ou même sur des éléments urbains sur lesquels ils sautent allègrement. Déchaînée, Madonna effectue une impressionnante démonstration de sa souplesse, allant jusqu'à placer nonchalamment une jambe sur l'épaule d'un autre danseur. Qu'on se le dise : le temps n'a pas de prise sur Madonna !

« La vidéo a été inspirée par *Saturday Night Fever* et les divers films avec John Travolta comme *Grease* », explique-t-elle.

Pour le lancement du nouveau Madonna, une infernale machine de guerre est mise en place. Dans plusieurs clubs, les danseurs sont filmés afin de tester les réactions du public à ces morceaux et de détecter les singles potentiels. Les abonnés à certains opérateurs de téléphonie comme Orange sont les premiers servis, pouvant télécharger des sonneries de la mélodie de « Hung up ». Celle-ci sert également de thème au lancement d'un nouvel appareil de Motorola.

Le nouveau single est dévoilé pour la première fois le 17 octobre, sur toutes les radios mondiales. Il suscite une impression pour le moins étrange. L'emprunt au thème de Abba est franc et ne consiste pas simplement en une réutilisation des sonorités. Il est reproduit tel quel, ce qui pourrait inciter l'auditeur à attendre une reprise de « Gimme, gimme, gimme ». Pourtant, le *riff* est intégré à une mélodie toute autre. Originale, la mixture fonctionne, suscitant tour à tour la nostalgie et la surprise. Madonna serait-elle en train de créer une nouvelle tendance, appelée à faire des émules ?

Une tournée des villes européennes est au programme. Madonna est attendue sur des plateaux de télévisions, clubs ou radios, sans compter quelques apparitions surprises. Dès le 4 novembre, elle chante à Lisbonne à l'occasion des *MTV European Music Awards*. Ce soir là, un humoriste du nom de Ali G taquine la chanteuse en arguant qu'il est courageux de la part de la chaîne musicale d'avoir choisi un travesti pour ouvrir le show. Huit jours plus tard, elle est sur les Champs-Elysées dans le cadre d'une soirée organisée par NRJ et fait au passage l'éloge de la France qui l'a toujours bien accueillie « alors que ça n'a pas toujours été le cas aux Etats-Unis ». Deux jours plus tard, elle se produit dans l'émission *Star Academy*, au milieu d'une brochette de vedettes : Alanis Morrissette, Johnny Hallyday, Stevie Wonder et Lorie. Il en résulte la meilleure audience depuis le début de l'émission (à l'exception des finales et demi-finales) : entre 8,31 et 9,58 millions de spectateurs.

La furie « Hung up » se fait très rapidement sentir. Le single, que l'on peut télécharger depuis des sites Internet tels que iTunes s'y classe immédiatement à la première position.

Dans les bacs le 14 novembre, l'album *Confessions on a dance floor* apparaît comme une œuvre à part entière, avec une identité forte et une couleur qui, bien qu'elle paraisse immédiatement familière, se distinguent de la production ambiante. Conçu à la manière d'une compilation *dance* comme en raffolent les organisateurs de soirées, il est composé de titres enchaînés les uns aux autres. Il se consomme idéalement en mode non-stop, tandis qu'une boule disco en rotation sur elle-même recréerait une atmosphère à la *Saturday Night Fever*. L'album atteint immédiatement des scores presque sans précédent pour Madonna. 50 000 exemplaires partent le jour même en France.

Le single « Hung up » a précédé le mouvement et trône déjà en tête des classements n°1 dans 22 pays du monde. En France, Madonna n'a jusqu'alors atteint une telle position que deux fois auparavant : en 1987 pour « La Isla Bonita » et en 1996 pour « Don't cry for me Argentina. »

Pour ce qui est de l'album, le verdict tombe sans attendre. Il s'installe directement à la première place aux USA, en Angleterre, en Allemagne, en Italie et aussi en France. 1,6 million d'exemplaires ont quitté les rayonnages en une semaine. À la fin novembre, l'album est en tête dans 25 pays du monde. Celle que l'on pourrait croire blasée se retrouve comme une fillette devant un tel accueil. Lorsque Ritchie lui annonce que *Confessions on a dance floor* est au sommet du palmarès aux Etats-Unis, elle est submergée par une gamme d'émotions qui va de la stupéfaction à la confusion en passant par la joie.

« J'ai ouvert une bouteille de champagne pour célébrer l'événement et au moment de m'en verser un verre, je me suis mise à pleurer comme un bébé [2] », confie-t-elle avant d'ajouter : « Ne laissez personne tenter de vous faire croire que le succès commercial importe peu. »

Lorsque le single entre dans le Top 10 du *Billboard Hot 100*, Madonna savoure un autre événement de taille : elle fait désormais jeu égal avec Elvis Presley !

Tout comme le « King », elle a désormais placé 38 singles parmi les dix premiers du hit-parade américain. Elle devance des légendes de la pop music comme les Beatles,

---

[2] *New York Post*, décembre 2005.

troisièmes de la liste avec 34 singles, Michael Jackson et Stevie Wonder, ex-aequo (28), Janet Jackson et Elton John (27), Mariah Carey (24), les Rolling Stones et Whitney Houston (23)… Une liste impressionnante de noms glorieux qu'il est glorieux de surplomber.

Madonna, un membre de la gente féminine, s'est placée au même niveau qu'Elvis, le roi suprême du rock'n'roll, celui qui est ressorti au travers de votes divers comme l'une des personnalités marquantes du siècle écoulé, côtoyant ainsi Einstein ou Kennedy.

Pourtant, Madonna ne saurait se contenter d'une cohabitation au sommet. Après tout, sa carrière est loin d'être terminée. Le dernier n°1 d'Elvis Presley remonte à 1972… La reine du *dance floor* a bien d'autres tubes dans son album et dans ceux qui vont suivre. Autant de perspectives d'une future domination sans équivoque.

La petite Ciccone voulait conquérir le monde et y est parvenue. Elle y trouve un grand bonheur et a su faire en sorte que d'autres aiment la voir s'envoler vers le zénith. Le succès lui colle à la peau, elle l'absorbe et, en échange, répand de la félicité et de la beauté par ses paroles, ses sourires, ses spectacles, ses refrains, ses façons de faire la mode, ses audaces…

Il se trouve juste qu'elle aime trop ça…

« Vous ne pouvez pas savoir comme c'est jouissif d'avoir une influence sur les gens ! »

Chronologie

16 août 1958 : Naissance de Madonna Louise Ciccone, fille de Silvio « Tony » et de Madonna Ciccone, à Bay City, Michigan (Detroit).

1er décembre 1963 : Sa mère décède d'un cancer du sein.

Juillet 1978 : Elle débarque à New York avec 35 dollars en poche.

Août 1979 : Stephen Lewicki lui propose le premier rôle du film underground *A certain sacrifice*.

Avril 1982 : Madonna signe son premier contrat d'enregistrement avec Seimour Stein de Sire Records.

Novembre 1982 : La chanson « Everybody » produite par le DJ Mark Kamins est un succès dans les clubs.

Juin 1983 : Sortie du single« Holiday », produit par son petit ami Jellybean Benitez. La chanson avait été proposée à Mary Wilson des Supremes qui l'avait refusée.

27 juillet 1983 : Sortie de l'album *Madonna*.

29 octobre 1983 : « Holiday » devient le premier single de Madonna à entrer dans le Top 100 américain — il se classe à la position 76.

Septembre 1984 : Tournage du film *Recherche Susan désespérément*, en compagnie de Rosanne Arquette, sous la direction de Susan Seidelman.

12 novembre 1984 : Sortie de l'album *Like a Virgin* produit Nile Rodgers.

5 décembre 1984 : L'album *Madonna* est certifié double disque de platine (2 millions d'exemplaires vendus). Au fil des années, ses ventes vont atteindre les 5 millions d'exemplaires.

6 juin 1985 : Durant trois jours Madonna, donne des concerts au Radio City Music Hall de New York. Les 17 672 tickets mis en vente ont été écoulés en 34 minutes, ce qui devient le nouveau record en la matière.

24 juin 1985 : Madonna et Sean Penn annoncent leur mariage.

16 juillet 1985 : Sortie du numéro de *Penthouse* avec des photographies de Madonna nue.

22 juillet 1985 : *Like a Virgin* est certifié 5 fois platine (5 millions d'exemplaires vendus). C'est la première fois qu'une chanteuse réalise un tel score. Au fil des années, l'album va dépasser les 10 millions d'exemplaires.

16 août 1985 : Madonna épouse l'acteur Sean Penn, à Malibu (Hawaii).

21 décembre 1985 : Madonna récolte 7 récompenses au Billboard Musics Award. Elle arrive en tête des catégories album, single, artiste féminin, diffusion en discothèque, vente de chanson de discothèque, vidéo.

Janvier 1986 : Début du tournage de *Shanghai Surprise* dans lequel Madonna joue aux côtés de Sean Penn. Le film est coproduit par l'ancien Beatles George Harrison.

Novembre 1986 : Début du tournage de *Who's that girl* que dirige James Foley.

26 février 1987 : Dans le référendum annuel du magazine *Rolling Stone*, Madonna est élue meilleure chanteuse et artiste féminine la plus sexy.

7 août 1987 : Lors d'un concert à Pontiac dans le Michigan, Madonna s'excuse publiquement d'avoir qualifié sa ville natale, Bay City, de « petite ville puante ».

28 août 1987 : Un jour avant de se produire au Parc de Sceaux devant 130.000 personnes, Madonna rencontre le Premier Ministre Jacques Chirac. Elle lui présente un chèque de 85.000 dollars comme aide à la recherche contre le sida.

Décembre 1987 : L'édition 1988 du Guinness Book of Records place Madonna comme chanteuse la plus populaire du monde avec 11 millions d'exemplaires vendus de *True Blue,* qui s'est classé n°1 dans 28 pays.

4 décembre 1987 : Madonna dépose une demande de divorce à l'encontre de Sean Penn à Los Angeles.

16 décembre 1987 : Réconciliée avec Sean, Madonna retire sa demande de divorce.

24 décembre 1987 : Sous la direction de Howard Brookner, Madonna démarre le tournage de *Bloodhounds of Broadway*, avec Matt Dillon.

28 décembre 1988 : Madonna poursuit Sean Penn en justice. Selon ce que rapportent divers magazines, il l'aurait attaché à une chaise durant 9 heures.

18 janvier 1989 : Madonna achète une propriété de 3 millions de dollars à Hollywood Hills.

2 février 1989 : Début du tournage de *Dick Tracy* en compagnie de Warren Beatty qui réalise par ailleurs le film.

2 mars 1989 : La chanson « Like a Prayer » apparaît dans le clip publicitaire de Pepsi-Cola durant le Cosby Show — il est ainsi vu par 250 millions de spectateurs dans 40 pays.

30 mars 1989 : Le Révérend Donal Willson menace Pepsi-Cola d'un boycott en raison de la controverse liée au clip de la chanson, dans lequel elle danse devant des croix enflammées.

1er septembre 1989 : Dans l'American Top 40 Book of Records, Madonna est nommée Artiste Féminine des Années 80.

21 septembre 1989 : Le magazine *People* la désigne parmi les « 20 personnalités qui ont défini la décennie ».

1er octobre 1990 : Selon le magazine *Forbes*, Madonna est l'artiste féminin qui détient le plus fort revenu annuel : 39 millions de dollars.

22 octobre : Dans une publicité *Rock the Vote* diffusée sur MTV, elle incite les jeunes à aller voter, enveloppée dans le drapeau américain. Les vétérans jugent la chose provocante.

9 novembre 1990 : Le tournage du clip de « Justify my love » est effectué à l'hôtel Royal Monceau à Paris, sous la direction de Jean-Baptiste Mondino.

27 décembre 1990 : MTV annonce que le clip de « Justify my love » a été censuré du fait de ses connotations sexuelles trop explicites. Le lendemain, une station canadienne, MuchMusic la censure à son tour.

Janvier 1991 : Sous la direction de Woody Allen, Madonna démarre le tournage de *Shadows and Fog* avec Mia Farrow et John Malkovich.

4 janvier 1991 : Suite aux accusations du rabbin Abraham Cooper et du centre Simon Wiesenthal de Los Angeles, Madonna publie une déclaration niant que les paroles de « Justify my love » aient une quelconque intention antisémite.

13 mai 1991 : Madonna assiste à la première du film *In Bed with Madonna* à l'occasion du 44ème Festival de Cannes. Le titre américain du fil est *Truth or Dare*.

8 juillet 1991 : Début du tournage de *Une équipe hors du commun* (*A league of their own*) avec Tom Hanks et Geena Davis.

20 avril 1992 : Signature d'un contrat de sept ans avec Time Warner, de 60 millions de dollars. Elle devient la présidente de sa propre maison de disque, Maverick. Le contrat avec Sire Records est re-négocié et inclut une avance de 5 millions de dollars par album et 20% de *royalties*.

24 septembre 1992 : Durant un défilé de mode pour Jean-Paul Gaultier, Madonna expose sa poitrine nue devant 6.000 personnes, au Shrine Auditorium de Los Angeles.

21 octobre 1992 : Sortie de *Sex,* un livre de 128 pages de fantaisies érotiques photographiées par Steven Meisel, hermétiquement scellé.

8 février 1993 : Madonna démarre le tournage de *Dangerous Games*, d'Abel Ferrerra, en compagnie de Harvey Keitel et James Russo.

31 mars 1994 : Lors de son passage au David Letterman Show sur CBS-TV, Madonna prononce 13 fois le mot « fuck », apparaît vulgaire et obscène. David Letterman exprime son désaveu vis-à-vis d'une telle prestation.

15 octobre 1994 : Tandis qu'elle lance son nouvel album *Bedtime Stories*, Madonna participe au show de Jean-Paul Gaultier à Paris.

16 novembre 1994 : Début du tournage de *Four Rooms* sous la direction de Allison Anders.

15 mars 1995 : Madonna décroche le rôle de Eva Peron dans le film *Evita* adapté de la comédie musicale de Andrew Lloyd Webber.

24 février 1996 : Le groupe de défense des animaux PETA s'en prend à Madonna, accusée de promouvoir la corrida dans les vidéos de « Take a Bow » et « You'll see. »

16 avril 1996 : Madonna laisse savoir qu'elle est enceinte de quatre mois, de son entraîneur personnel Carlos Leon.

14 octobre 1996 : Naissance à Los Angeles de sa fille Lourdes Maria Ciccone Leon.

19 janvier 1997 : Elle est nommée Meilleure Actrice lors du 54ème Golden Globe à Beverley Hills. *Evita* est nommé Meilleur Film, et « You must love me » est la Meilleure Chanson Originale.

5 janvier 1999 : L'album *Ray of Light* récolte 3 Grammy Award : album de l'année, disque de l'année, meilleur album pop, meilleur morceau de danse, meilleure pochette, meilleure vidéo.

22 février 1999 : Max Factor annonce un contrat de 6,5 millions de dollars grâce auquel Madonna va figurer sur les publicités de plusieurs cosmétiques.

1ᵉʳ novembre 1999 : Le Guiness World Records déclare que Madonna est l'artiste féminine qui a vendu le plus de disques de tous les temps : 120 millions d'albums.

11 août 2000 : Naissance d'un fils, Rocco John dont le père est Guy Ritchie.

15 décembre 2000 : Elle achète une propriété de 8 millions de dollars à Londres.

22 décembre 2000 : Madonna épouse Guy Ritchie, à Skibo Castle en Écosse.

3 février 2001 : En plaçant « Don't tell me » à la quatrième position du hit-parade américain, Madonna dépasse les Beatles avec 34 singles dans le Top 10 et talonne Elvis Presley, recordman du domaine.

18 février 2001 : Dans une lettre au *Los Angeles Time*, Madonna prend la défense de Eminem et déclare qu'elle trouve « le langage de George W. bien plus choquant ».

25 mars 2001 : Signature d'un contrat de 1,4 millions de dollars pour apparaître dans une publicité de BMW, filmée par Guy Ritchie.

16 avril 2001 : Le *Sunday TImes* britannique affirme que Madonna et Guy Ritchie sont sixième sur la liste des personnes les plus riches d'Angleterre avec une fortune de 260 millions d'euros.

22 avril 2003 : Sortie de la chanson « American Life ». Celle-ci est boycottée par plusieurs stations de radio américaines en raison de l'opposition de l'artiste à la guerre en Iraq.

28 août 2003 : Alors qu'elle interprète « Hollywood » lors des *MTV Video Music Awards*, Madonna échange un baiser langoureux avec Britney Spears.

15 septembre 2003 : Sortie *The English Roses*, un livre de 48 pages pour les enfants.

10 novembre 2003 : Sortie de *Mr. Peabody's Apples*, le deuxième livre pour enfants de Madonna.

16 décembre 2003 : Madonna annonce qu'elle soutient le candidat démocrate à l'élection américaine.

15 novembre 2005 : Sortie de l'album *Confessions on a Dancefloor*.

Discographie

Madonna
Sortie le 27 juillet 1983
Plus haute position en France : 8
1. Lucky Star
2. Borderline
3. Burning up
4. I know it
5. Holiday
6. Think of me
7. Physical attraction
8. Everybody

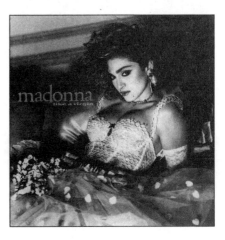

Like a Virgin
Sortie 12 novembre 1984.
Plus haute position en France : 2
1. Material Girl
2. Angel
3. Like a Virgin
4. Over and over

5. Love don't live here anymore
6. Into the groove
7. Dress you up
8. Shoo-be-doo
9. Pretender
10. Stay

True Blue
Sortie le 30 juin 1986.
Plus haute position en France : 1
1. Papa don't preach
2. Open your heart
3. White head
4. Live to tell
5. Where's the party
6. True blue
7. La Isla bonita
8. Jimmy Jimmy
9. Love makes the world go round

You can dance
Sortie le 17 novembre 1987. Album de remixes.
Plus haute position en France : 2
1. Spotlight
2. Holiday
3. Everybody
4. Physical Attraction
5. Over and over
6. Into the groove
7. Where's the party
8. Holiday
9. Into the groove
10. Where's the party

Like a prayer

Sortie le 21 mars 1989.

Plus haute position en France : 1

1. Like a prayer
2. Express yourself
3. Love song
4. Till death do us part
5. Promise to try
6. Cherish
7. Dear Jessie
8. Oh Father
9. Keep it together
10. Pray for Spanish Eyes
11. Act of contrition

I'm breathless

Bande originale du film *Dick Tracy*. Sortie le 22 mai 1990.

Plus haute position en France : 3

1. He's a man
2. Sooner or later
3. Hanky Panky
4. I'm going bananas
5. Cry baby
6. Something to remember
7. Back in business
8. More
9. What can you lose
10. Now I'm following you (part 1)
11. Now I'm following you (part 2)
12. Vogue

The Immaculate Collection

Sortie le 24 novembre 1990.
Plus haute position en France : 2

1. Holiday
2. Lucky Star
3. Borderline
4. Like a virgin
5. Material girl
6. Crazy for you
7. Into the groove
8. Live to tell
9. Papa don't preach
10. Open your heart
11. La Isla bonita
12. Like a prayer
13. Express yourself
14. Cherish
15. Vogue
16. Justify my love
17. Rescue me

Erotica

Sortie le 20 octobre 1992.
Plus haute position en France : 1

1. Erotica
2. Fever
3. Bye bye baby
4. Deeper and deeper
5. Where life begins
6. Bad girl
7. Waiting
8. Thief of heart
9. Words

10. Rain
11. Why it's so hard
12. In this life
13. Did you do it?
14. Secret garden

Bedtime stories

Sortie le 25 octobre 1994.
Plus haute position en France : 2

1. Survival
2. Secret
3. I'd rather be your lover
4. Don't stop
5. Inside of me
6. Human nature
7. Forbidden love
8. Love tried to welcome me
9. Sanctuary
10. Bedtime story
11. Take a bow

Something to remember

Sortie le 7 novembre 1995.
Plus haute position en France : 3

1. I want you
2. I'll remember
3. Take a bow
4. You'll see
5. Crazy for you
6. This used to be my playground
7. Live to tell
8. Love don't live here anymore
9. Something to remember

10. Forbidden love
11. One more chance
12. Rain
13. Oh Father
14. I want you

Ray of light

Sortie le 3 mars 1998.
Plus haute position en France : 2

1. Drowned world/substitute for love
2. Swim
3. Ray of light
4. Candy perfume girl
5. Skin
6. Nothing really matters
7. Sky fits heaven
8. Shanti/Ashtangi
9. Frozen
10. The power of goodbye
11. To have and not to hold
12. Little star
13. Mer girl

Music

Sortie le 19 septembre 2000.
Plus haute position en France : 1

1. Music
2. Impressive instant
3. Runaway lover
4. I deserve it
5. Amazing
6. Nobody's perfect
7. Don't tell me

8. What it feels like a girl
9. Paradise (not for me)
10. Gone
11. American pie
12. Cyberraga

American Life

Sortie le 21 avril 2003.
Plus haute position en France : 1
1. American Life
2. Hollywood
3. I'm so stupid
4. Love profusion
5. Nobody knows me
6. Nothing fails
7. Intervention
8. X-Static process
9. Mother and father
10. Die another day

Confession on a dance floor

15 novembre 2005.
Plus haute position en France : 1
1. Hung up
2. Get together
3. Sorry
4. Future lovers
5. I love New York
6. Let it will be
7. Forbidden love
8. Jump
9. How high
10. Isaac

Dans la même collection :

"Jean-Jacques Goldman, une vie en musiques"
par Mathias Goudeau

"Paul McCartney, la biographie", par Aurélien Allin

"I feel good, mémoires d'une vie", par James Brown

"Serge Gainsbourg, la biographie", par Hubert Allin

"Vanessa Paradis, mot à mots", par Delphine Sloan

"Kyo, la rock aventure", par Charlotte Blum

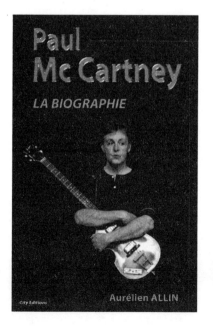

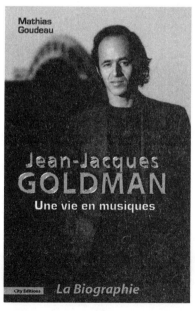

www.city-editions.com